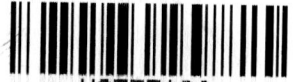

江苏档案精品选编纂委员会

# 江苏省明清以来档案精品选

## 徐州卷

江苏人民出版社

# 《江苏省明清以来档案精品选》

## 编 委 会

# 总 目

# 序

谢 波

档案馆作为永久保管档案的基地，是人类文化传承的重要载体和思想文化创新的重要源泉。

编纂《江苏省明清以来档案精品选》，是全省档案系统共同开展的一项档案文化建设重点工程，是我省档案部门履行“为党管档、为国守史、为民服务”使命要求，围绕中心、服务大局的一项重要举措，根本目的是整合全省档案精品资源，集中公布江苏档案资源建设的丰硕成果，展示江苏历史、人文的丰厚底蕴，服务社会主义文化大发展大繁荣。

江苏物华天宝，人杰地灵，养育了一代又一代勤劳智慧、心灵手巧的人民，创造出了辉煌灿烂的物质文明和精神文明。自明清以来，江苏的综合实力在中国的省级政区中就一直居于前列。新中国成立后特别是改革开放以来，江苏各项事业高速发展，在经济、政治、社会、文化等各方面均处于全国领先位置，积累了雄厚的经济文化实力。这一领先的进程，真实地定格于档案中，保存于全省各级各类档案馆里。

这些档案，浩如烟海。丰富翔实的档案史料，客观记载了江苏各项事业发展演化的脉络，反映了历史发展变化的内在规律，是我们今天多角度深入了解和研究明清以来江苏政治、经济、军事、文化以及社会情况的第一手珍贵资料。特别是中国共产党成立以来形成和保存下来的大量珍贵档案，再现了江苏人民在党的领导下开展革命斗争、社会主义建设和改革开放，全面建设小康社会、建设美丽江苏的光辉历程，这是国家珍贵的文化财富、民族的宝贵遗产，是我们今天开展党史研究的宝贵资源和党史教育的重要素材。

前事不忘，后事之师。记载着历史真实面貌的档案资料，是续写江苏更加辉煌灿烂历史新篇章的重要参考和借鉴。编纂档案文献资料，留存社会发展的足迹，服务今天的经济社会各项事业，是我国档案界、史学界的优秀传统，是中华文明生生不息、不断进步的重要源泉。也正是这一优秀传统，使得中华文明能够随着历史的发展、社会的进步而不断充实新的内容。通过档案工作者有选择地编纂加工，使海量的档案资源更加有序化，为党和政府重大决策提供参考，为人民群众接触档案、了解档案、利用档案提供便利，是档案工作者的职责所在。正是基于这一要求，全省档案部门集中力量，对各级档案馆中的档案进行梳理，编辑出版了《江苏省明清以来档案精品选》。通过本书的编纂出版，整合全省档案精品资源，发挥规模效应，使江苏历史、人文的丰厚底蕴得到集中展示，使档案存史、资政、育人功能得到更好的发挥，同时为我们大力开展爱党、爱国、爱家乡教育提供丰富的第一手教材。这是我省档案部门围绕中心、服务大局的一项重要工作创新，也是档案部门贯彻落实党的十八大精神、服务文化强省建设的具体举措。同时，《江苏省明清以来档案精品选》的编纂出版，定能为学术界开发利用档案创造便利的条件。通过对明清以来历史档案的开发利用，探寻我省近代以来各项事业发展演化的脉络，把握历史发展变化的内在规律，为当代经济社会各项事业发展服务，为建设美丽江苏书写更加辉煌灿烂的新篇章。

2013年7月

# 《江苏省明清以来档案精品选·徐州卷》

## 编 委 会

# 前言

徐州古称彭城，是彭祖故国、项羽故都、刘邦故里，国家历史文化名城。

徐州自古乃兵家必争之地，素称“南国屏藩、北门锁钥”，享有“五省通衢”之誉，是苏鲁豫皖毗邻区域中心城市。在这块地理位置优越、自然条件得天独厚的沃野上，时间和空间、人物与事件构成纵横交错、绚丽多彩的历史，并以文字、照片、实物等形式记录、保存下来，构成浩如烟海的珍贵的档案史料。这些档案史料是徐州人民勤劳智慧的真实记录，也是徐州历史文化遗产的重要组成部分，更是全社会的宝贵记忆。

1959年徐州地（市）、县两级国家综合档案馆相继成立，1983年徐州地区与徐州市合并，各区档案馆相继建立。长期以来，全市档案工作者辛勤努力，不断丰富馆藏，档案资源建设成效显著。目前在徐州市11个县级以上国家综合档案馆中，保存有清代以来近100万卷（册、件）档案文献，门类丰富、结构合理、特色鲜明的地方综合档案馆馆藏体系日趋形成。

自1985年国家实行开放历史档案政策以来，徐州档案工作者致力挖掘馆藏档案史料，加以整理、研究、展览、出版，努力把档案资源转化为各类文化产品，不断提升档案文化影响力。2010年徐州市档案馆成功举办《彭城印迹——珍贵档案史料展》，收到社会广泛好评，许多专家和学者建议将展览内容结集成册、出版发行。与此同时，江苏省档案局决定启动全省集中开发馆藏资源的档案文化精品工程，共同编纂《江苏省明清以来档案精品选》丛书。按照省局统一部署，徐州市档案馆精心编选了《江苏省明清以来档案精品选·徐州卷》。

本书共收录档案史料57件（组），内容包括公文、契约、票券、证照、表册、舆图、报刊、志谱、墨迹、照片和实物等。其中，年代最为久远的是清乾隆本《徐州府志》（1742）；延续时间最长的是始自清乾隆五十九年（1794）、讫于1928年的马氏家族买卖土地文契汇集；数量最多的是淮海战役纪念馆收藏的淮海战役档案汇集；最能体现徐州档案征集工作成效的是近年来由社会征集而来的清道光十五年（1835）敕命、李可染和林散之等书画名家为修葺戏马台的题字、潘琰烈士手迹以及1923年版的《徐州游览指南》等。这些珍贵的档案史料特色鲜明、内容丰富，从不同侧面反映了徐州某些重要历史节点上的政治、经济、社会、文化等发展状况，折射出徐州历史文化名城的深厚底蕴，具有较高的历史研究和艺术欣赏价值，是开展革命传统教育和爱国主义教育的宝贵素材。

记录历史、传承文明，服务社会、造福人民是档案工作的神圣职能，档案馆具有科学保管和开发利用两大功能，档案在安全保管的同时，理应被整理研究，发挥存凭、留史、资政、育人的巨大作用，让更多的公众享受档案，以期重温历史、唤醒记忆，引领未来、共襄文明。

编　者

2013年7月

# 凡例

一、本书档案史料来源于徐州市档案馆、丰县档案馆、沛县档案馆、睢宁县档案馆、邳州市档案馆、新沂市档案馆、徐州市铜山区档案馆、徐州市云龙区档案馆和淮海战役纪念馆、徐州矿务集团档案馆。

二、本书档案史料分为清代档案、民国档案、革命历史档案、中华人民共和国成立后档案和地情资料、书报典籍6类，类目以下按形成时间先后顺序排列。

三、本书档案史料一般以一件为一题，凡同属一事物彼此间有直接联系的以一组为一题，总计57件（组），其中档案类共计48件（组）。

四、本书所收录的档案史料，原文为繁体字的改为简体字，遇有可能引起文义歧异之处，保留原有繁体字；竖排改为横排，同时对原文进行必要的分段、标点和加注。

五、本书所收录的档案史料，为尊重历史、保持原貌，一般原文照录，其间有内容重复及与主题无关部分，则略加删节。遇有缺漏损坏或字迹不清者，以□代之，错字、别字和衍文的校勘以及其他简单注释，均加在正文之内以〔〕说明。增补的字以［］标明。全段删节者以…………标明，段内部分删节者以……标明。

# 目录

# Contents

## 清代档案
## Archives of Qing Dynasty



## 民国档案
## Archives of the Republic of China

## 革命历史档案
## Archives of the Revolutionary History

## 中华人民共和国成立后档案
## Archives after the Founding of PRC



## 地情资料
## Local Information Material

## 书报典籍
## Newspapers and Ancient Books

# 清代档案

立杜賣粮地文契人臧有年為因正用今將祖遺東西地壹段坐落安七啚户家路地方身長弍百肆拾肆弓口仝寬叁拾伍弓計地叁拾伍畝伍分捌厘內帶寔粮叁畝陸分東至臧 西至臧 南至臧 北至買主 四至分明憑中説合情願出賣與馬國佐名下永遠為業當三面言定地價共制錢壹百肆拾玖仟肆百叁拾陸文當日錢契兩交並無欠少亦無準折情由此係兩相情願各無返悔恐後無憑立此杜賣粮地文契永遠存照

乾隆伍拾玖年四月二十三日 立杜賣粮地文契人臧有年 押

中人 王振邦 蔡景華 押

知見 馬振册 臧祥亭

此契於民國 年 月 日驗明准給 字第 號新契 宿遷縣驗訖

正契

# 臧有年杜卖粮地文契

**保管单位：**徐州市档案馆

**内容及评价：**

臧有年杜卖粮地文契包括正契、契尾和1914年江苏省新契纸、1928年国民政府财政部验契纸共计4件。清乾隆五十九年（1794）四月二十三日，徐州府宿迁县臧有年将祖产三十五亩五分八厘绝卖与马国佐，获制钱一百四十九千四百三十六文，双方签订杜卖文契存证。同年十二月，报官、税契，办理注册手续。

正契载有土地数量、坐落地点、四至边界、出卖价钱等，有当事人、中人、知见、官中签字，官印和验讫章。契尾为官方统一印制颁发，盖有满汉文“宿迁县印”。地界、姓名、价银数额和编号随文填写。1914年江苏省新契纸和1928年国民政府财政部验契纸分别由国税厅筹备处和江苏财政厅印发，内容基本相同，包括不动产要项、取得原由、四至限界、所有者、原有者等项。

该组文契格式完整，字迹清晰，验契齐全，是徐州市档案馆保存年代最为久远的档案，对于研究清代徐州政治经济、民俗文契和土地田赋制度具有重要的史料价值。

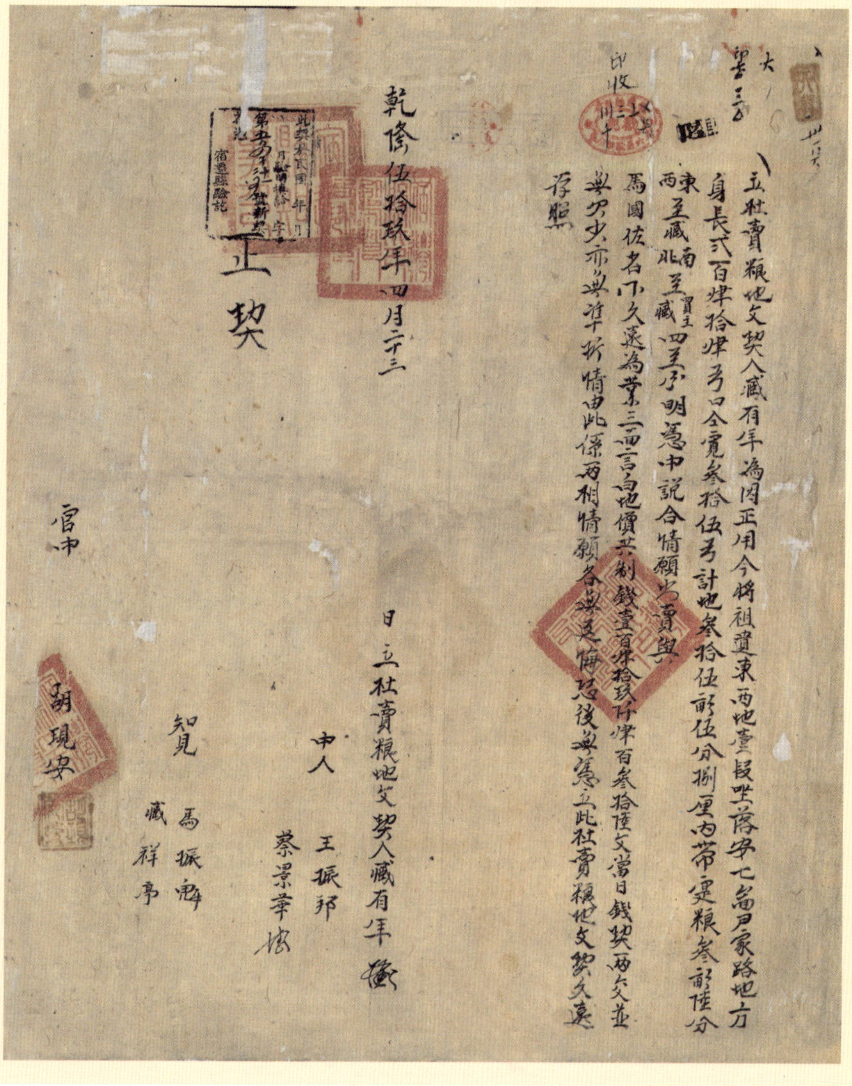

立杜賣粮地文契人臧有年為因正用今將祖遺東西地壹叚坐落安七崗尸家路地方身長弍百肆拾肆弓口仝寬叁拾伍弓計地叁拾伍畝伍分捌厘南帶粮叁畝陸分東至臧 西至臧 南至 北至臧 四至分明 憑中說合情願出賣與馬國佐名下永遠為業 三面言定地價共制錢壹百肆拾玖仟肆百叁拾陸文當日錢契兩交並無欠少 亦無準折情由 此係兩相情願 各無返悔 恐後無憑 立此杜賣粮地文契永遠存照

乾隆伍拾玖年四月二十三日立杜賣粮地文契人臧有年

中人 王振邦 蔡景華

知見 馬振海 臧祥亭

官中 胡現安

正契

清乾隆五十九年（1794）四月二十三日，徐州府宿迁县臧有年将祖产绝卖与马国佐，双方签订的杜卖文契。（42cm×51cm）

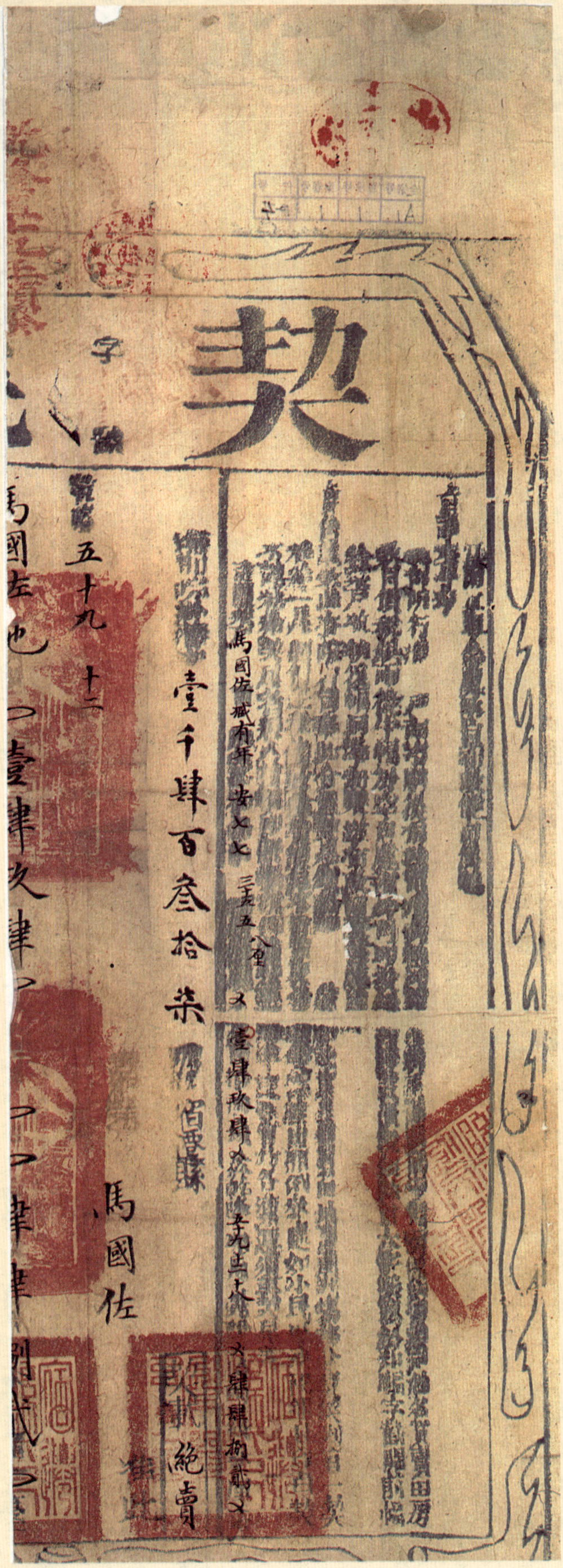

**全文：**

立杜卖粮地文契人臧有年，为因正用，今将祖遗东西地一段，坐落安七富户家路地方，身长贰百肆拾肆弓，口仝宽叁拾伍弓，计地叁拾伍亩伍分捌厘内带寔粮叁亩陆分，东、西至臧，南、北至买主臧，四至分明，凭中说合，情愿出卖与马国佐名下久远为业，三面言白，地价共制钱壹百肆拾玖仟肆百叁拾陆文。当日钱契两交，并无欠少，亦无准折情由，此系两相情愿，各无反悔，恐后无凭，立此杜卖粮地文契久远存照。

乾隆伍拾玖年四月二十三日立杜卖粮地文契人 臧有年押。

中人　王振邦　蔡景华押。

知见　马振魁　臧祥亭。

官中　胡现安。

清乾隆五十九年（1794）十二月，臧有年、马国佐向官府交税，办理过户手续，官方统一印制颁发契尾粘贴于正契之后，并加盖官印。（20cm × 54cm）

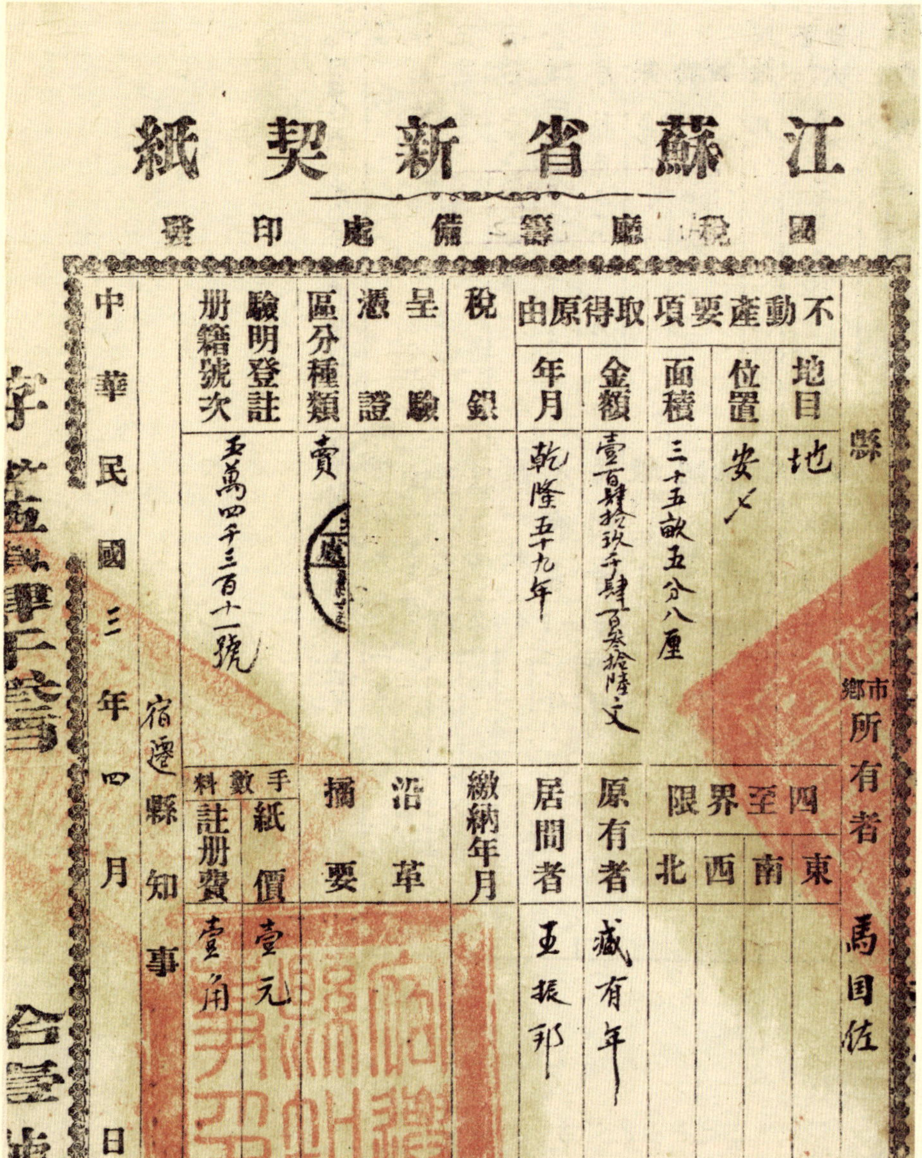

江蘇省新契紙

國稅廳籌備處印發

縣

不動產要項取得原由

地目：地

位置：安乂

面積：三十五畝五分八厘

金額：壹百肆拾玖千肆百叁拾陸文

年月：乾隆五十九年

稅銀

呈驗憑證

區分種類：賣

驗明登註冊籍號次：五萬四千三百十一號

市鄉所有者：馬国佐

四至界限：東 南 西 北

原有者：臧有年

居間者：王振邦

繳納年月

沿革摘要

手數料：紙價 壹元；註冊費 壹角

宿遷縣知事

中華民國三年四月 日

字第 號

1914年江苏省新契纸（21cm×29cm）

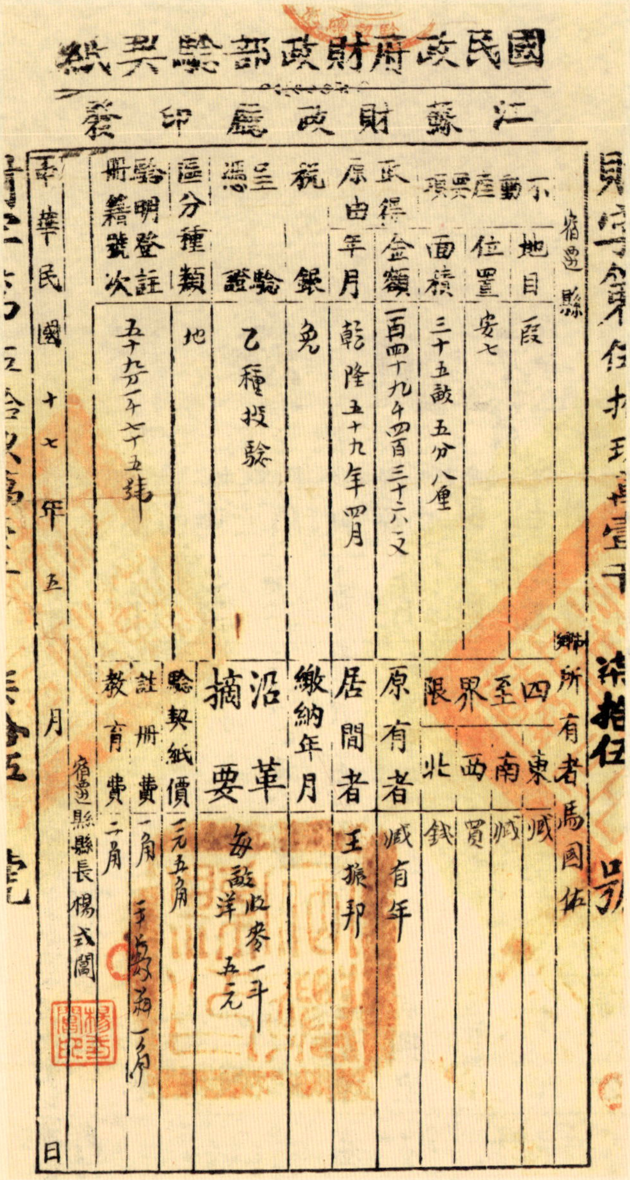
國民政府財政部驗契紙
江蘇財政廳印發
宿遷縣
不動產標項：地目 段；位置 安七；面積 三十五畝五分八厘
取得金額 一百四十九千四百三十六文
原由年月 乾隆五十九年四月
稅銀 免
呈憑驗證 乙種投驗
區分種類 地
驗明登註冊籍號次
四至界限：東 南 西 北
所有者 馬國佐
原有者 臧有年
居間者 王振邦
繳納年月
沿革摘要 每畝收費一斗 洋五元
驗契紙價 一元五角
註冊費 一角
教育費 二角
宿遷縣縣長 楊式閣
中華民國十七年五月 日

1928年国民政府财政部验契纸（16cm×32cm）

**相关知识：**

杜卖文契即买卖田园租业的契约，简称卖契。按照民间习俗，卖契可分为两种：一是活卖，即业主或田主在出卖田业之后，保留赎回或索增、找洗的权利。另一种是绝卖，原则上“银业两讫”，不得再找。

地契分为白契和红契。在买卖或典当房产时，双方订立的契据，未经官府验证，不具备法律效力的为草契，即白契。官府收税后办理过户过税手续，然后在白契上粘贴由官方排版统一印刷的文书（即契尾），最后在粘贴处加盖州县官印（骑缝章），这样的地契为官契，亦称红契。据考，白契起源较早，秦汉以前，即有了田宅交易，而红契大约起源于晋代。

# 马氏家族买卖土地文契

**保管单位：**徐州市档案馆

**内容及评价：**

马氏家族与邻居及族人之间买卖土地形成的各种契约共计50件，其中与臧氏家族土地买卖契约计31件，形成时间延经清乾隆至民国一百余年。地契种类有红契、白契，红契居多，含卖地绝契、当地文契、退官地文契、退租田文契、卖地浮定约、换契等，少量附有国民政府验契单及印花税票。

本组档案时间脉络清晰，土地归属明确，较为清晰地印证了马氏家族成为宿迁县大户的发展史，真实反映了当时社会经济状况、农民税赋、地价变迁和粮食价格，为研究清中晚期地方乡村史提供了第一手素材。

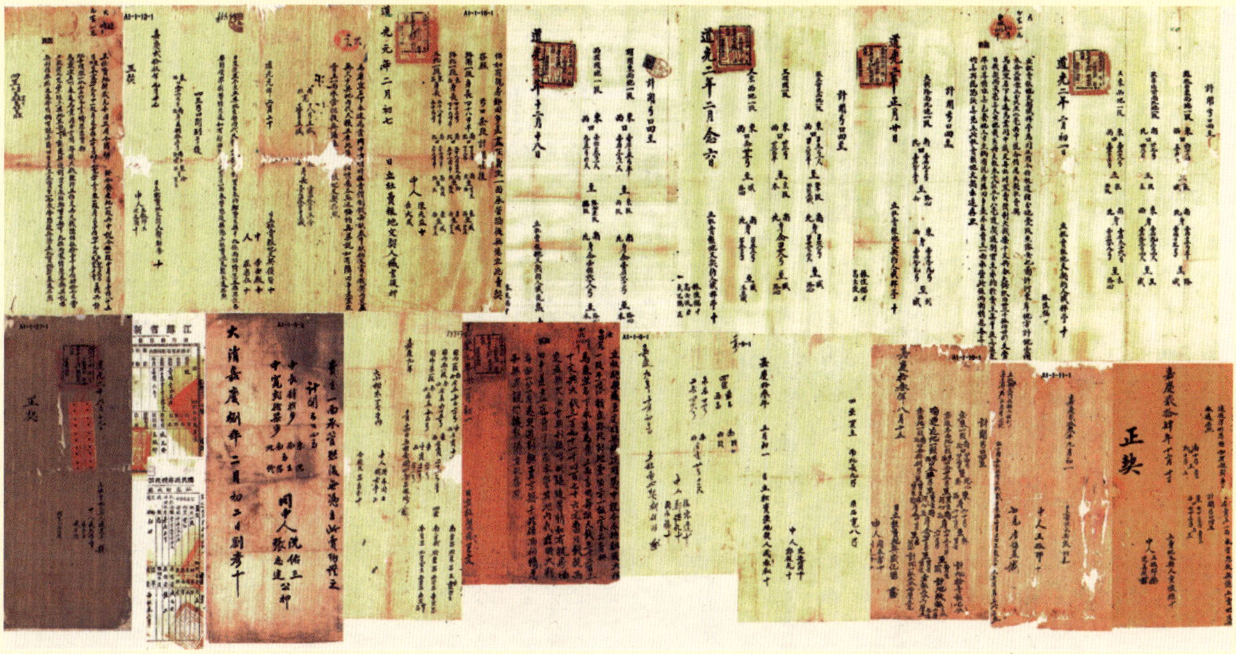

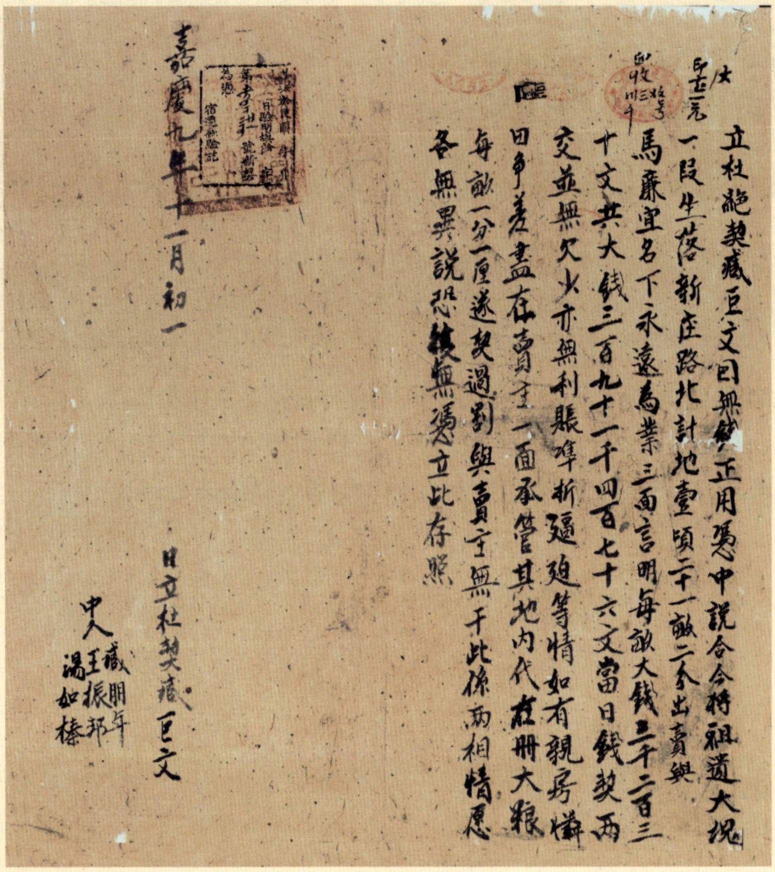

清嘉庆九年（1804）臧巨文、马廉宜杜绝契（44cm×48cm）

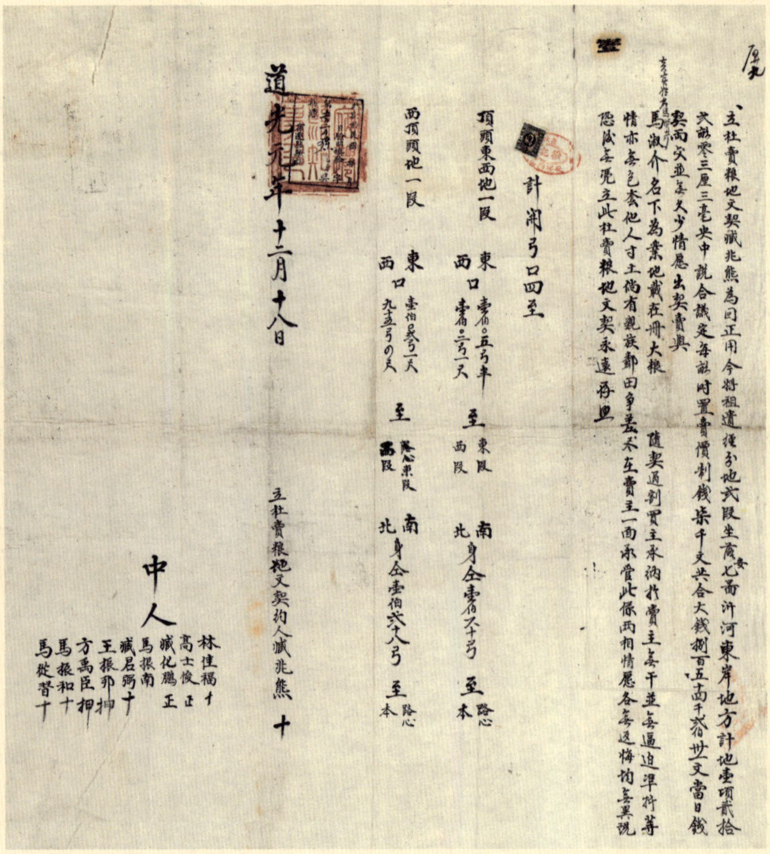

清道光元年（1821）臧兆熊、马淑介杜卖粮地文契（60cm×62cm）

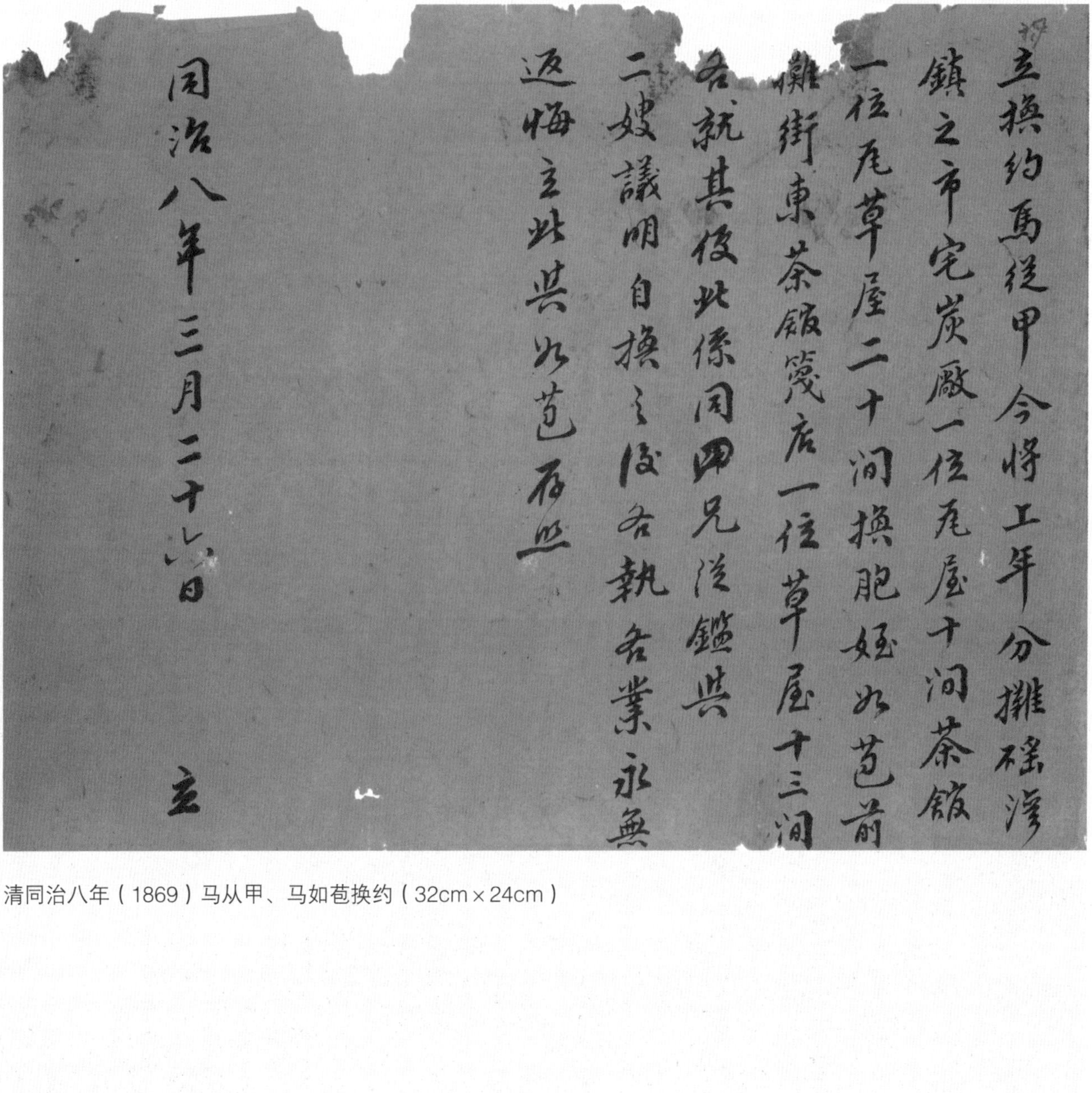
立換約馬從甲今將上年分攤碓灣
鎮之市宅炭廠一位瓦屋十間茶館
一位瓦草屋二十間換胞姪如苞前
攤街東茶館營店一位草屋十三間
各就其後此係同四兄從鑑出
二嫂議明自換之後各執各業永無
返悔立此出與如苞存照
同治八年三月二十六日 立

清同治八年（1869）马从甲、马如苞换约（32cm × 24cm）

# 清道光八年敕命

**保管单位：**睢宁县档案馆

**内容及评价：**

清道光八年（1828），因江南江防河营外委效用王裕恪尽职守，功绩卓著，道光皇帝貤赠其父王文佐为修武佐校尉，貤封其母关氏为九品太孺人。该敕命为中黄色锦缎，织有提花云纹，汉文行款从右至左，满文行款从左至右，是睢宁县档案馆保存年代最为久远的档案，对研究清代政治制度具有较高的史料价值。

清道光八年（1828）敕命（150cm×27cm）

**全文：**

奉天承运皇帝，制曰：宠绥国爵，式嘉阀阅之劳；蔚起门风，用表庭闱之训。尔王文佐，乃江南江防河营外委效用王裕之父。义方启后，穀似光前。积善在躬，树良型于弓冶；克家有子，拓令绪于韬铃。兹以覃恩，贻赠尔为修武佐校尉。锡之敕命，于戏。锡策府之徽章，洊承恩泽；荷天家之庥命，允贲泉垆。

制曰：怙恃同恩，人子勤思于将母；赳桓著绩，王朝锡类以荣亲。尔关氏，乃江南江防河营外委效用王裕之母，七诫娴明，三迁勤笃。令仪不忒，早流珩瑀之声；慈教有成，果见千城之器。兹以覃恩，贻封尔为九品太孺人。于戏。锡龙纶而焕采，用答劬劳；被象服以承庥，允膺光宠。

江南江防河营

道光八年十一月初九日

外委效用王裕之父母

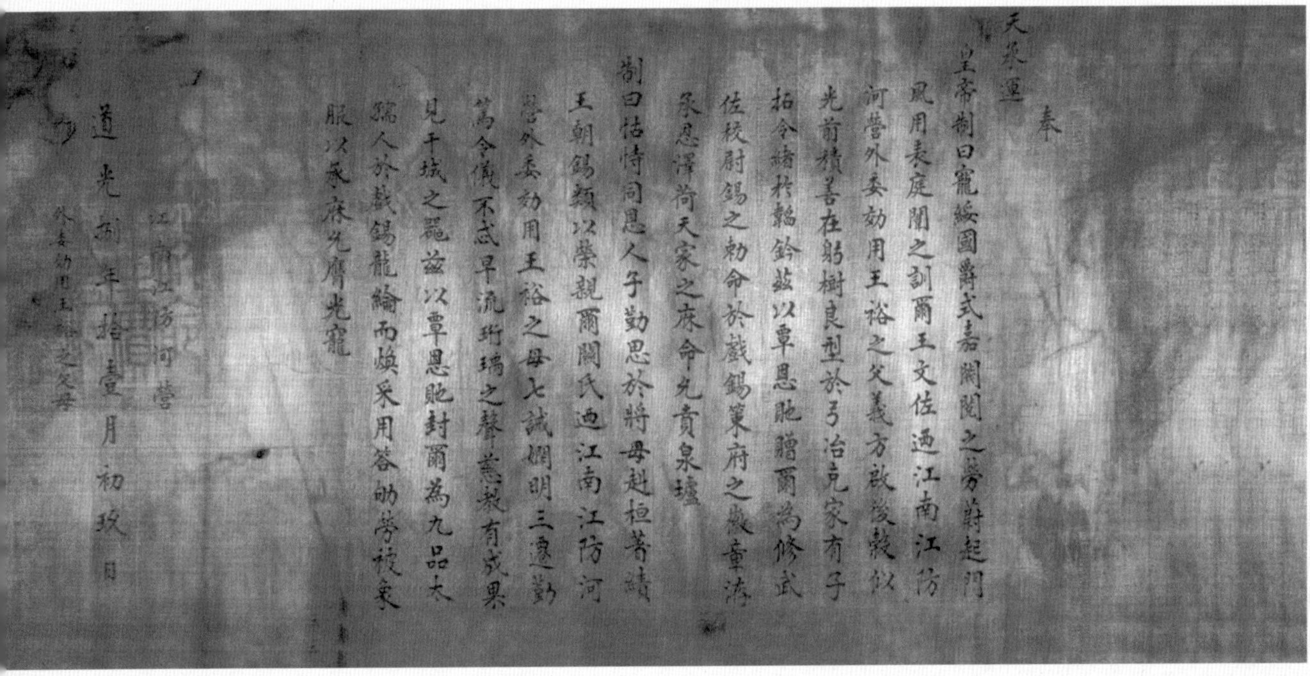
奉
天承運
皇帝制曰寵綏國爵式嘉閥閱之勞蔚起門
風用表庭闈之訓爾王文佐迺江南江防
河營外委効用王裕之父義方啟後穀似
光前積善在躬樹良型於弓冶克家有子
拓令緒於韜鈐茲以覃恩貤贈爾為修武
佐校尉錫之勅命於戲錫策府之徽章洊
承恩澤荷天家之庥命允賁泉壚
制曰怙恃同恩人子勤思於將母赳桓著績
王朝錫類以榮親爾關氏迺江南江防河
營外委効用王裕之母七誡嫻明三遷勤
篤令儀不忒早流珩瑀之聲慈教有成果
見干城之器茲以覃恩貤封爾為九品太
孺人於戲錫龍綸而煥采用答劬勞被象
服以承庥允膺光寵
江南江防河營
道光捌年拾壹月初玖日
外委効用王裕之父母

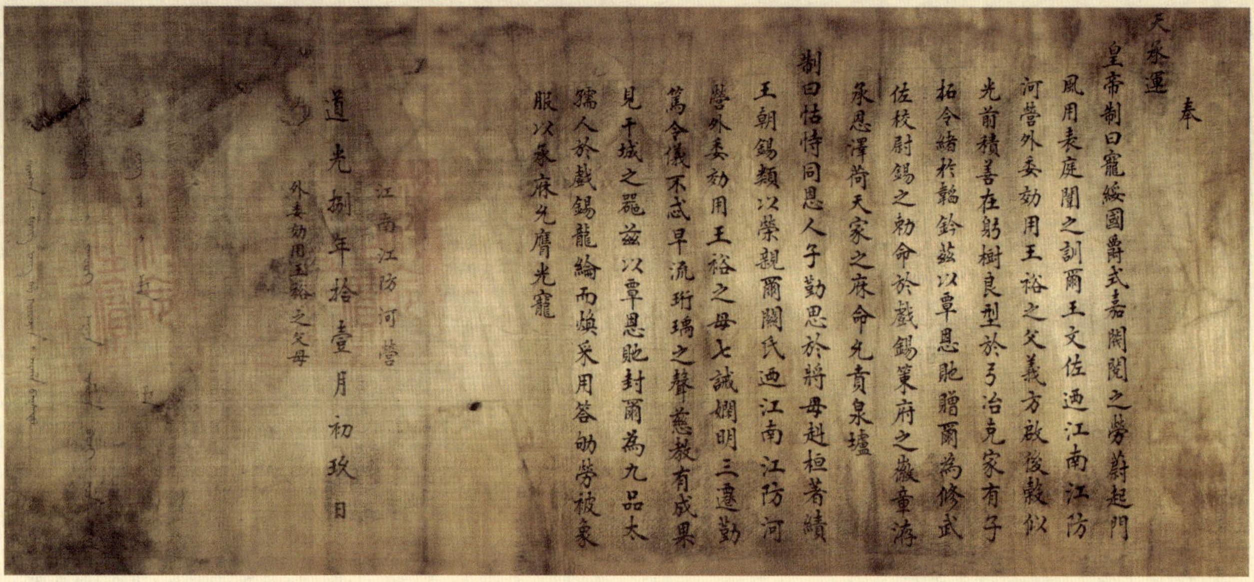
奉
天承運
皇帝制曰寵綏國爵式嘉閥閱之勞蔚起門
風用表庭闈之訓爾王文佐迺江南江防
河營外委効用王裕之父義方啟後穀似
光前積善在躬樹良型於弓冶克家有子
拓令緒於韜鈐茲以覃恩貤贈爾為修武
佐校尉錫之勅命於戲錫策府之徽章洊
承恩澤荷天家之庥命允賁泉壤
制曰恃怙同恩人子勤思於將母赳桓著績
王朝錫類以榮親爾閻氏迺江南江防河
營外委効用王裕之母七誡嫺明三遷勤
篤令儀不忒早流珩瑀之聲慈教有成果
見干城之器茲以覃恩貤封爾為九品太
孺人於戲錫龍綸而煥采用答劬勞被象
服以承庥允膺光寵
道光捌年拾壹月初玖日
江南江防河營
外委効用王裕之父母

清道光八年（1828）敕命局部

## 相关知识：

清制，对一品至五品官员的封赠，以“诰命”授予，对六品以下官员的封赠，以“敕命”授予。以封典给祖父母、父母和妻子，已故的称“赠”，在世的称“封”。

# 清道光十五年敕命

**保管单位：** 新沂市档案馆

**内容及评价：**

清道光十五年（1835）敕命是新沂市档案馆保存年代最为久远的档案，中黄色锦缎，织有提花云纹，汉文行款从右至左，满文行款从左至右。主要内容为清道光年间（1821～1850），石清选任山东兖州镇标台庄营得胜闸汛千总，因戍守期间恪尽职守，功绩卓著，道光皇帝貤赠其父石见成为武略骑尉，貤封其母姜氏为太安人。

1990年，新沂市新店乡石金声先生临终之际，念及“此文物虽属家珍，然保存意义之巨，收藏技术之善，私家诚不如公家，故晓大义以全家”，将此敕命无偿捐赠国家，交由新沂市档案馆永久收藏，“以表举家老少一片微薄之爱国赤忱”。

此敕命自清道光十五年（1835）保存至今，不仅具有收藏价值，而且对于研究清代的吏治特别是官员奖惩具有重要价值。

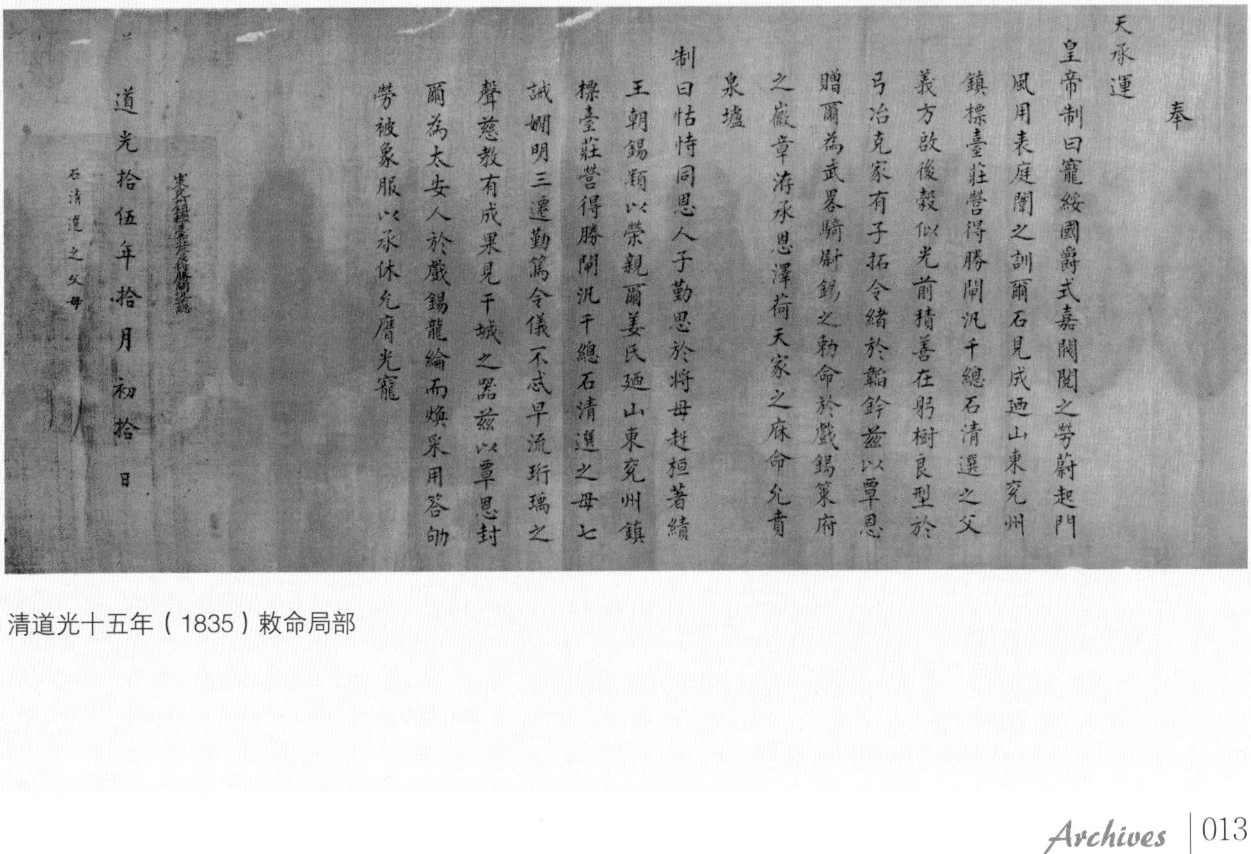
奉
天承運
皇帝制曰寵綏國爵式嘉閥閱之勞蔚起門
風用表庭闈之訓爾石見成迺山東兗州
鎮標臺莊營得勝閘汛千總石清選之父
義方啟後穀似光前積善在躬樹良型於
弓冶克家有子拓令緒於韜鈐茲以覃恩
贈爾為武略騎尉錫之勅命於戲錫策府
之嚴章溥承恩澤荷天家之庥命允賁
泉壚
制曰怙恃同恩人子勤思於將母赴桓著績
王朝錫類以榮親爾姜氏迺山東兗州鎮
標臺莊營得勝閘汛千總石清選之母七
誡嫻明三遷勤篤令儀不忒早流珩瑀之
聲慈教有成果見干城之器茲以覃恩封
爾為太安人於戲錫龍綸而煥采用答劬
勞被象服以承休允膺光寵
道光拾伍年拾月初拾日
石清選之父母

清道光十五年（1835）敕命局部

清道光十五年（1835）敕命（250cm×30cm）

**全文：**

奉天承运皇帝，制曰：宠绥国爵，式嘉阀阅之劳；蔚起门风，用表庭闱之训。尔石见成，乃山东兖州镇标台庄营得胜闸汛千总石清选之父。义方启后，榖似光前。积善在躬，树良型于弓冶；克家有子，拓令绪于韬钤。兹以覃恩，赠尔为武畧骑尉。锡之敕命，于戏。锡策府之徽章，洊承恩泽；荷天家之庥命，允贲泉垆。

制曰：怙恃同恩，人子勤思于将母；赳桓着绩，王朝锡类以荣亲。尔姜氏，乃山东兖州镇标台庄营得胜闸汛千总石清选之母。七诫娴明， 三迁勤笃。令仪不忒，早流珩瑀之声；慈教有成，果见千成之器。兹以覃恩，封尔为太安人。于戏。锡龙纶而焕采，用答劬劳；被象服以承休，允膺光宠。

山东兖州镇标台庄营得胜闸汛千总

道光拾伍年拾月初拾日

石清选之父母

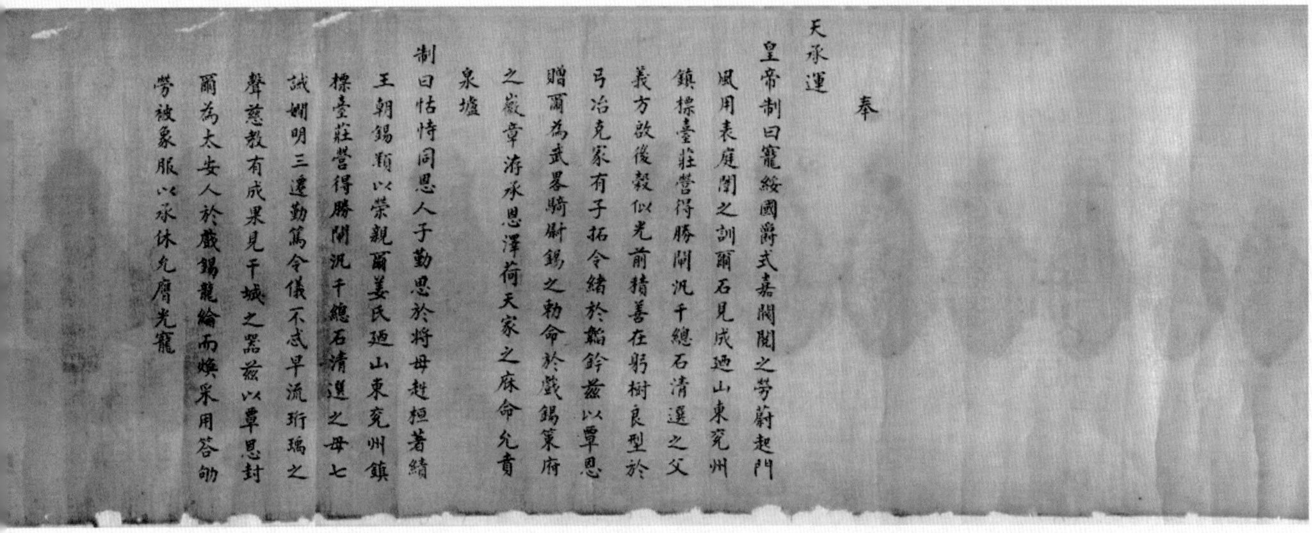
奉
天承運
皇帝制曰寵綏國爵式嘉閥閱之勞蔚起門
風用表庭闈之訓爾石見成廼山東兗州
鎮標臺莊營得勝閘汛千總石清選之父
義方啟後穀似光前積善在躬樹良型於
弓冶克家有子拓令緒於韜鈐茲以覃恩
贈爾為武畧騎尉錫之勅命於戲錫策府
之嚴章溥承恩澤荷天家之庥命允賁
泉壚
制曰怙恃同恩人子勤思於將母赳桓著績
王朝錫類以榮親爾姜氏廼山東兗州鎮
標臺莊營得勝閘汛千總石清選之母七
誡嫻明三遷勤篤令儀不忒早流珩璜之
聲慈教有成果見干城之器茲以覃恩封
爾為太安人於戲錫龍綸而煥采用答劬
勞被象服以承休允膺光寵

# 钱子宣典房契约

**保管单位：**徐州市铜山区档案馆

**内容及评价：**

清光绪六年（1880），钱子宣与刘咏如订立房屋典当契约，双方约定：钱子宣以湘平纹银两千六百两的价格将自建27间房屋典当与刘咏如，当期6年，期满后原价收赎。契约记录了所典房屋的位置、数量、典当期限和价格，有立契人和中见签名。该契约是铜山区档案馆保存年代最为久远的档案，对研究清代地方经济情况和房屋交易制度具有一定的参考价值。

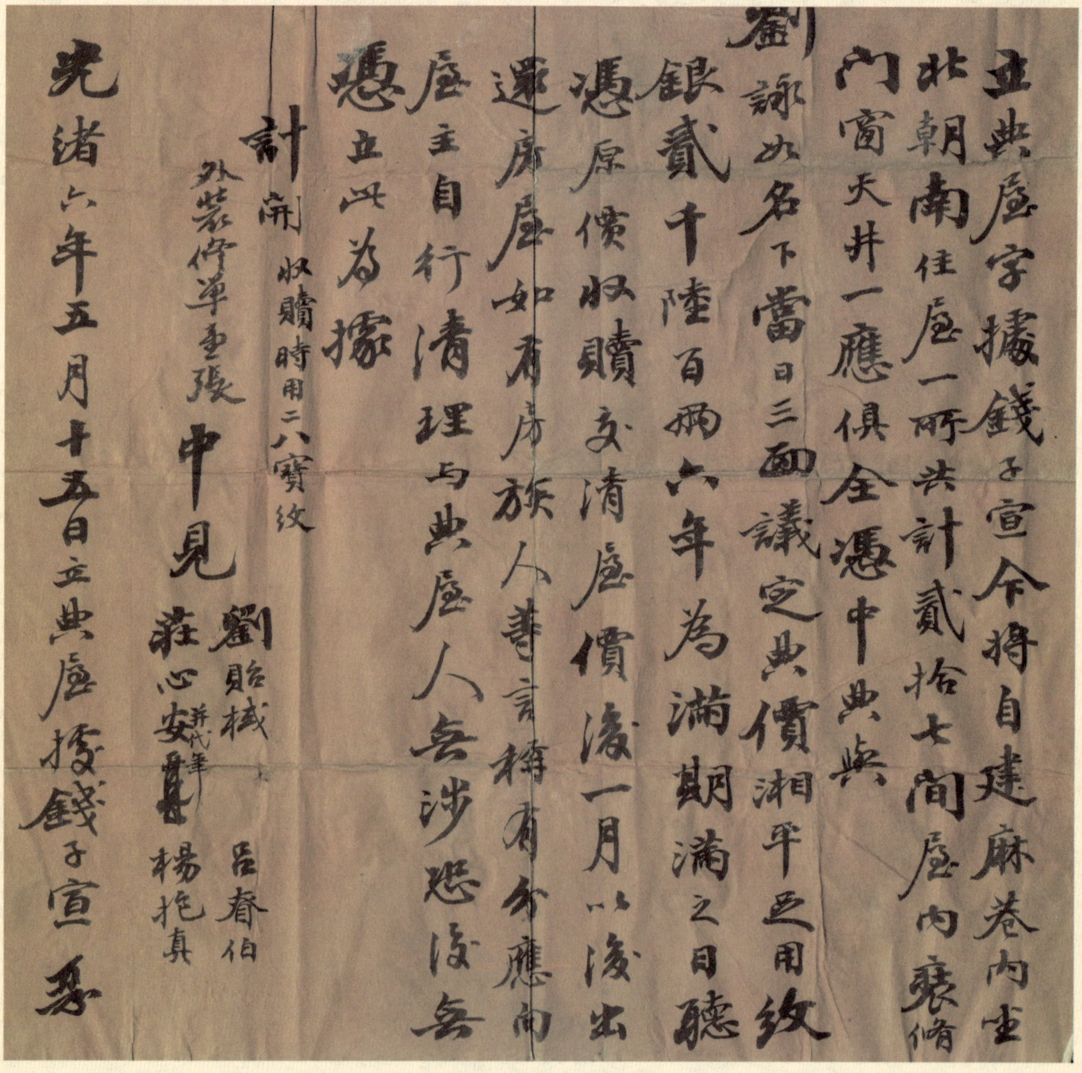
立典屋字據錢子宣今將自建麻巷內坐
北朝南住屋一所共計貳拾七間屋內裝修
門窗天井一應俱全憑中典與
劉詠如名下當日三面議定典價湘平足用紋
銀貳千陸百兩六年為滿期滿之日聽
憑原價收贖交清屋價後一月以後出
還房屋如有房族人等言稱有分應向
屋主自行清理與典屋人無涉恐後無
憑立此為據
計開 收贖時用二八寶紋
外裝修單壹張
中見 劉貽械 呂春伯 莊心安并代筆 楊抱真
光緒六年五月十五日立典屋據錢子宣押

钱子宣典房契约（22cm×24cm）

**全文：**

立典屋字据钱子宣，今将自建麻巷内坐北朝南住屋一所共计贰拾七间，屋内装修、门窗、天井一应俱全，凭中典与刘咏如名下。当日三面议定，典价湘平足用纹银贰千陆百两。六年为满，期满之日听凭原价收赎。交清屋价后一月以后出还房屋，如有房族人等言称有分，应向屋主自行清理，与典屋人无涉。恐后无凭，立此为据。

计开：

收赎时用二八宝纹。

外装修单壹张。

中见　刘贻棫　庄心安并代笔　吕春伯　杨抱真。

光绪六年五月十五日立典屋据钱子宣押。

# 清徐州知府桂中行手迹

**保管单位：**徐州市档案馆

**内容及评价：**

桂中行（？～1895），字履真，清代江西临川人。光绪年间（1875～1908）四任徐州知府，并一度兼摄徐州道。治徐十二年，修堤筑埝，消除水患，课农劝士，盗贼衰息，民以“青天”呼之。桂中行多才多艺，善八分书，工书画，尤能画兰。清光绪十二年（1886）立夏后三日，桂中行临《泰山都尉孔君碑》30字，求正于利宾先生。利宾，即王韬（1828～1897），初名王利宾，江苏苏州人，是中国近代著名改良派思想家。

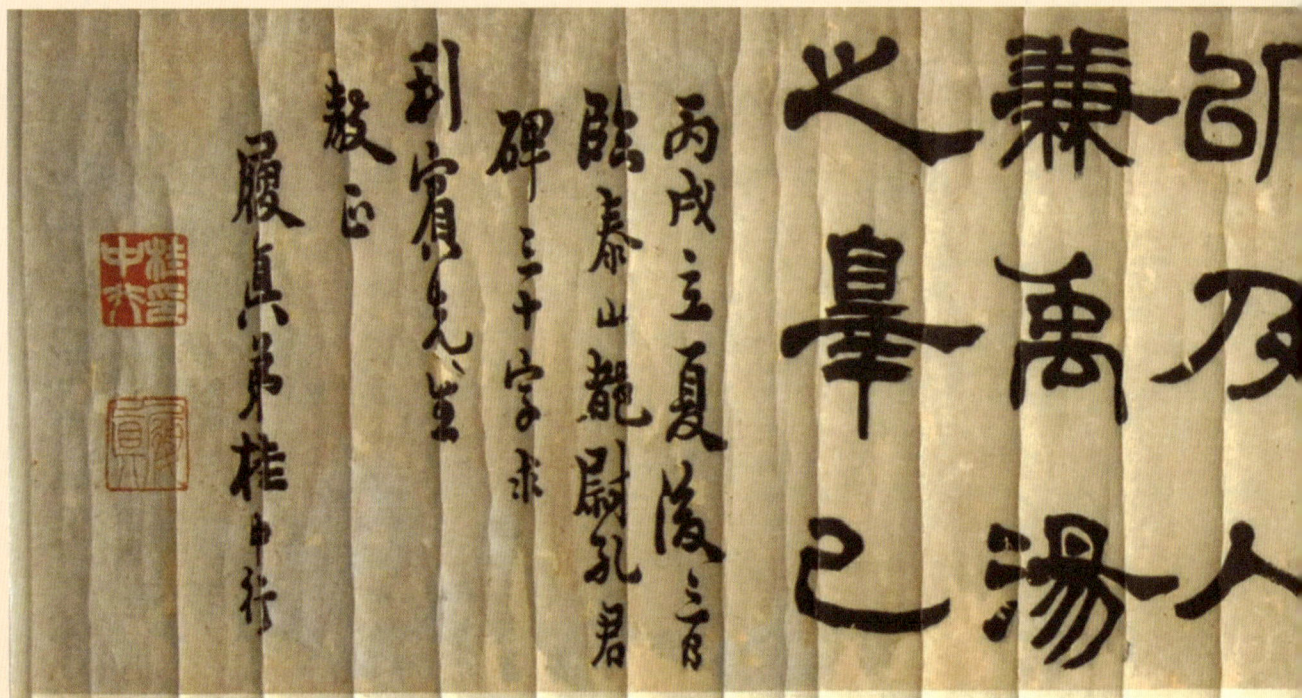


清徐州知府桂中行手迹（155cm×39cm）

**全文：**

遂举孝廉，除郎中都昌长，只传五教，尊贤养老。躬忠恕以及人，兼禹、汤之罪己。

丙戌立夏后三日，临泰山都尉孔君碑三十字，求利宾先生教正。

履真弟桂中行

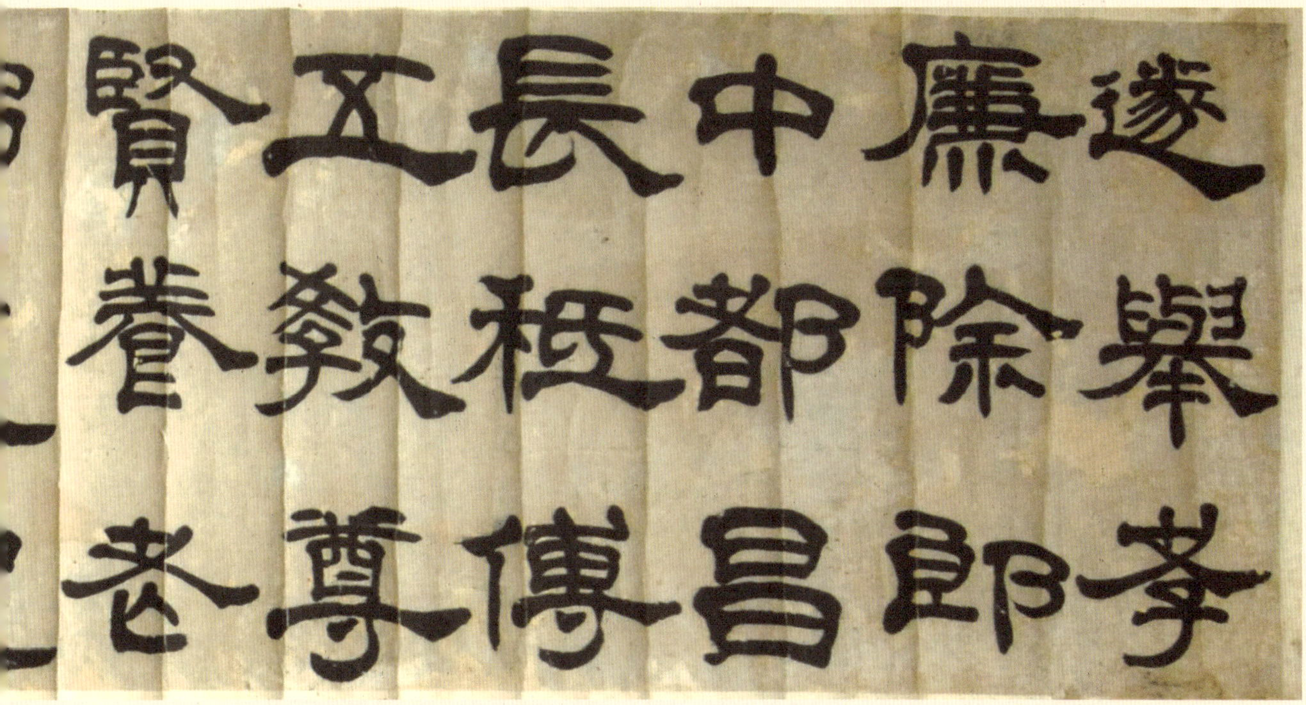


**相关知识：**

汉泰山都尉孔宙碑，汉延熹七年（164）立，15行，行28字，存山东曲阜孔庙。东汉时期，泰山周围动乱未平，擢孔宙（孔子第十九代孙）为泰山都尉，令其治理。孔宙以文治之，旬月而平。为怀念其政绩，门生故吏勒铭颂其德。该碑自欧阳修《集古录》收载之后，历代均有著录，对后世影响较大。

# 王薛氏分书

**保管单位：**徐州市档案馆

**内容及评价：**

该件档案是清光绪年间（1875～1908）王薛氏就家产分配所立的分关（分家析产）契约。清光绪二十七年（1901），恐日后家产难以分配，王薛氏在众亲友族人的见证下，将家业分配给三子一女，并就赡养和身后事宜作出安排。该分书是徐州市档案馆保存的两件清代分家契约中较为完好的一件，大到祖业房产，小到家用器物，一一具细，距今已有百余年的历史，对研究家庭关系的发展、演变具有一定的参考价值。

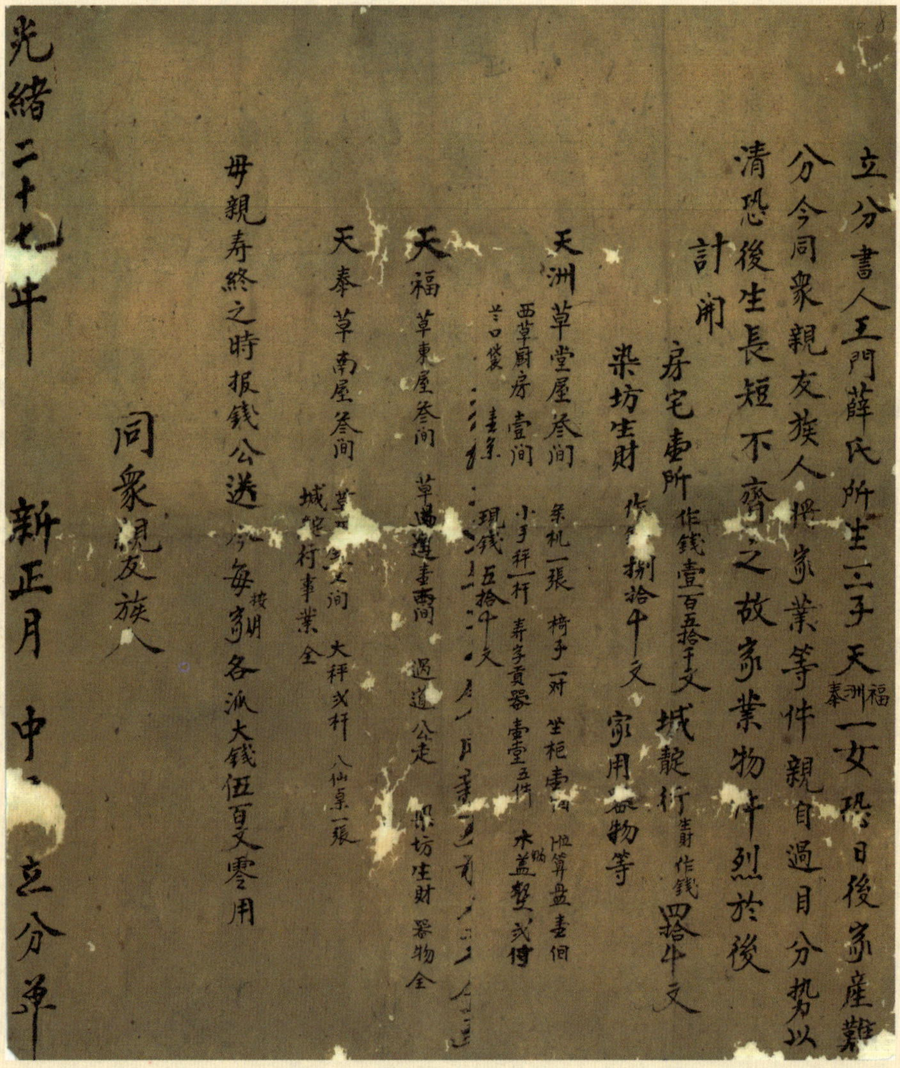
立分書人王門薛氏所生三子天福洲奉一女恐日後家產難
分今同眾親友族人將家業等件親自過目分劈以
清恐後生長短不齊之故家業物件烈於後
計開
房宅壹所 作錢壹百五拾千文 城靛行 作錢四拾千文
染坊生財 作錢捌拾千文 家用器物等
天洲 草堂屋叁間 條机一張 椅子一对 坐柜壹個 算盘壹個
西草厨房壹間 小手秤一杆 壽字貢器壹堂五件 木盖盤弍付
天福 草東屋叁間 草過道壹間 過道公走 染坊生財 器物全
天奉 草南屋叁間 城靛行事業全 大秤弍杆 八仙桌一張
母親寿終之時 报钱公送 每獨各派大钱伍百文零用
同眾親友族人
光緒二十七年 新正月 中 立分单

王薛氏分书（40cm×47cm）

**全文：**

立分书人王门薛氏所生三子天福、天洲、天奉一女，恐日后家产难分，今同众亲友族人将家业等件亲自过目，分势以清，恐后生长短不齐之故，家业物件烈〔列〕于后。

计开：

房宅壹所　作钱壹百五拾千文。

碱靛行生财　作钱四拾千文。

染坊生财　作钱捌拾千文。

家用器物等。

天洲：

草堂屋叁间，条几一张，椅子一对，坐柜壹个，竹算盘壹个。

西草厨房壹间，小手秤一杆，寿字贡器壹堂五件，木锅盖□贰付，□口袋壹条，现钱五拾千文。

天福：

草东屋叁间，草□□壹□间，过道公走，染坊生财，器物全。

天奉：

草南屋叁间，草□□□间，大秤贰杆，八仙桌一张，碱靛行事业全。

母亲寿终之时报钱公送。今每家按月各派大钱伍百文零用。

同众亲友族人。

光绪二十七年新正月中□立分单。

# 调解马氏宗族纠纷甘结状

**保管单位：**徐州市档案馆

**内容及评价：**

此件档案为清光绪三十四年（1908）臧海珊等人为调解马氏宗族纠纷而上呈的甘结状。内容大致为：马汪氏呈控马如泉牵涉马如苞等一案，由于马汪氏之夫马如芑与马如泉本属近房，后经宗族内部调解，嫌疑尽释，马汪氏愿带子归宗，马氏宗族则给予其一定经济补偿。虽调解完毕，但仍须报官具结。该档案印证了官方一贯的息讼传统，反映了宗族在民事调解中的地位和作用，为研究清代民事纠纷提供了真实案例。

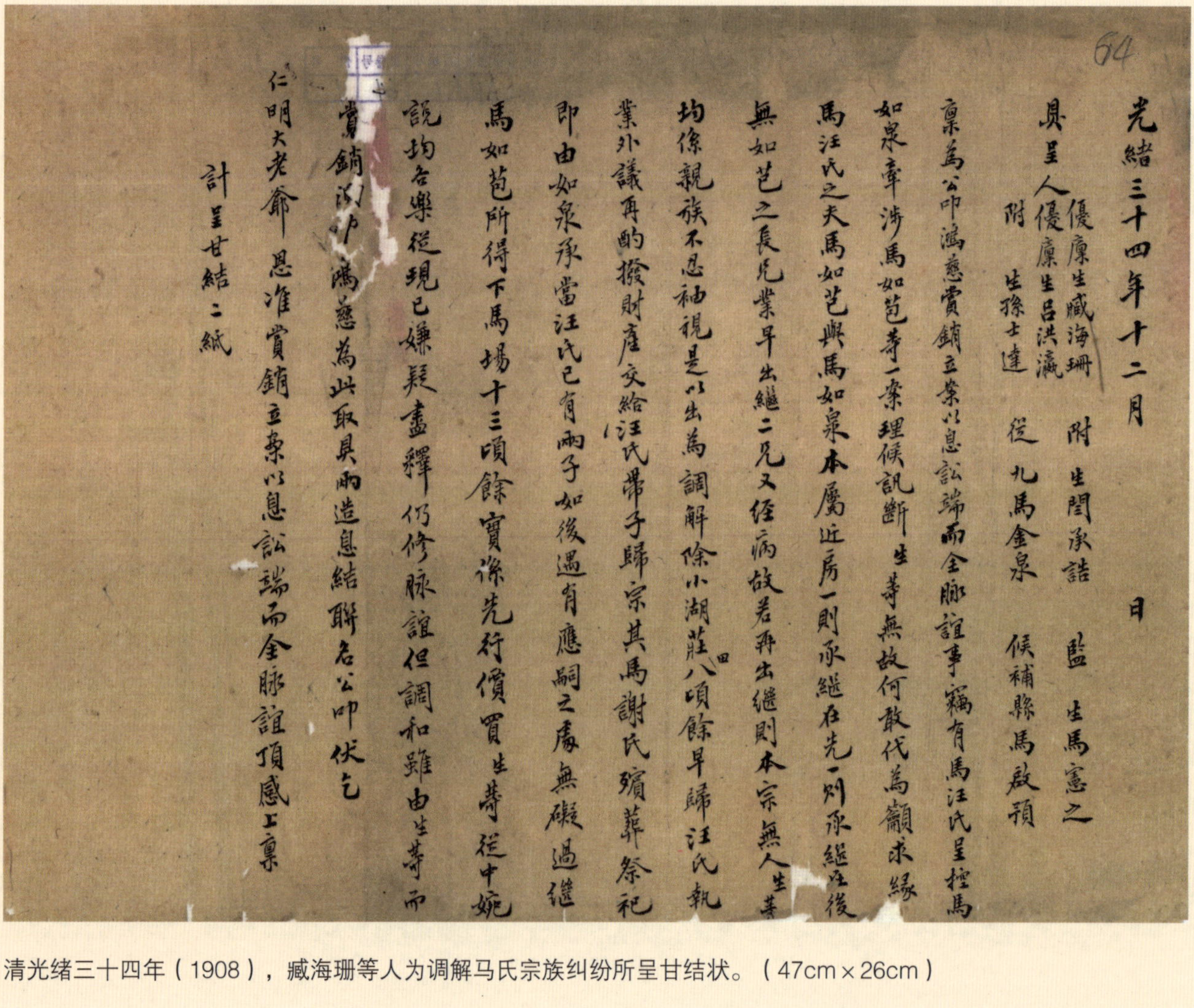

64

光緒三十四年十二月 日

具呈人優廩生臧海珊 附生閻承誥 監生馬憲之
優廩生呂洪瀛 從九馬金泉 候補縣馬啟顏
附生孫士達

稟為公叩鴻慈賞銷立案以息訟端而全族誼事竊有馬汪氏呈控馬如泉牽涉馬如苞等一案理候訊斷生等無故何敢代為籲求緣馬汪氏之夫馬如芑與馬如泉本屬近房一則承繼在先一則承繼在後無如芑之長兒業早出繼二兒又經病故若再出繼則本宗無人生等均係親族不忍袖視是以出為調解除小湖莊八頃四餘早歸汪氏執業外議再酌撥財產交給汪氏帶子歸宗其馬謝氏殯葬祭祀即由如泉承當汪氏已有兩子如後遇有應嗣之處無礙過繼馬如苞所得下馬場十三頃餘實係先行價買生等從中婉說均各樂從現已嫌疑盡釋仍修族誼但調和雖由生等而賞銷須叩鴻慈為此取具兩造息結聯名公叩伏乞

仁明大老爺恩准賞銷立案以息訟端而全族誼頂感上稟

計呈甘結二紙

清光绪三十四年（1908），臧海珊等人为调解马氏宗族纠纷所呈甘结状。（47cm × 26cm）

**全文：**

光绪三十四年十二月 日

具呈人：

优廪生 臧海珊。

优廪生 吕洪瀛。

附生 孙士达。

附生 闫承诰。

从九 马金泉。

监生 马宪之。

候补县 马启预。

禀：为公叩鸿慈赏销立案，以息讼端，而全脉谊事：窃有马汪氏呈控马如泉牵涉马如苞等一案，理候讯断。生等无故何敢代为吁求，缘马汪氏之夫马如艺与马如泉本属近房，一则承继在先，一则承继在后。无如艺之长兄业早出继，二兄又经病故，若再出继，则本宗无人。生等均系亲族，不忍袖视，是以出为调解。除小湖庄田八顷余早归汪氏执业外，议再酌拨财产交给汪氏带子归宗，其马谢氏殡葬祭祀即由如泉承当。汪氏已有两子，如后遇有应嗣之处，无碍过继。马如苞所得下马场十三顷余实系先行价买，生等从中婉说，均各乐从。现已嫌疑尽释，仍修脉谊，但调和虽由生等，而赏销□叩鸿慈。为此取具两造息结，联名公叩，伏乞仁明大老爷恩准赏销立案，以息讼端而全脉谊。顶感上禀。

计呈甘结二纸。

# 江宁布政使司总理清赋督垦局司照

**保管单位：**徐州市档案馆

**内容及评价：**

清光绪年间（1875～1908），江宁布政使司委派大员前往徐州设立湖滩总局，会同徐州道府清查徐州府宿迁县骆马湖滩地情况。鉴于“该滩地高低不一，一遇水患，筑堰决堤于潴蓄”，决定仍循旧章，按年完纳租钱，凡是湖民认垦滩地者均发给执照。

据宿迁县造册呈请，清光绪三十二年（1906）三月、清光绪三十三年（1907）十月，江宁布政使司总理清赋督垦局分别向顺五图业户颁发了司照。徐州市档案馆共保存三件，其中臧士保2件，臧西成1件。司照文书制式统一，除个别字体剥落，印制基本清晰，事由具体，内容翔实，地界、征租银数、姓名、时间随文填写，客观反映了当时的招垦史实，对研究清中后期清赋和垦荒制度具有一定的史料参考价值。

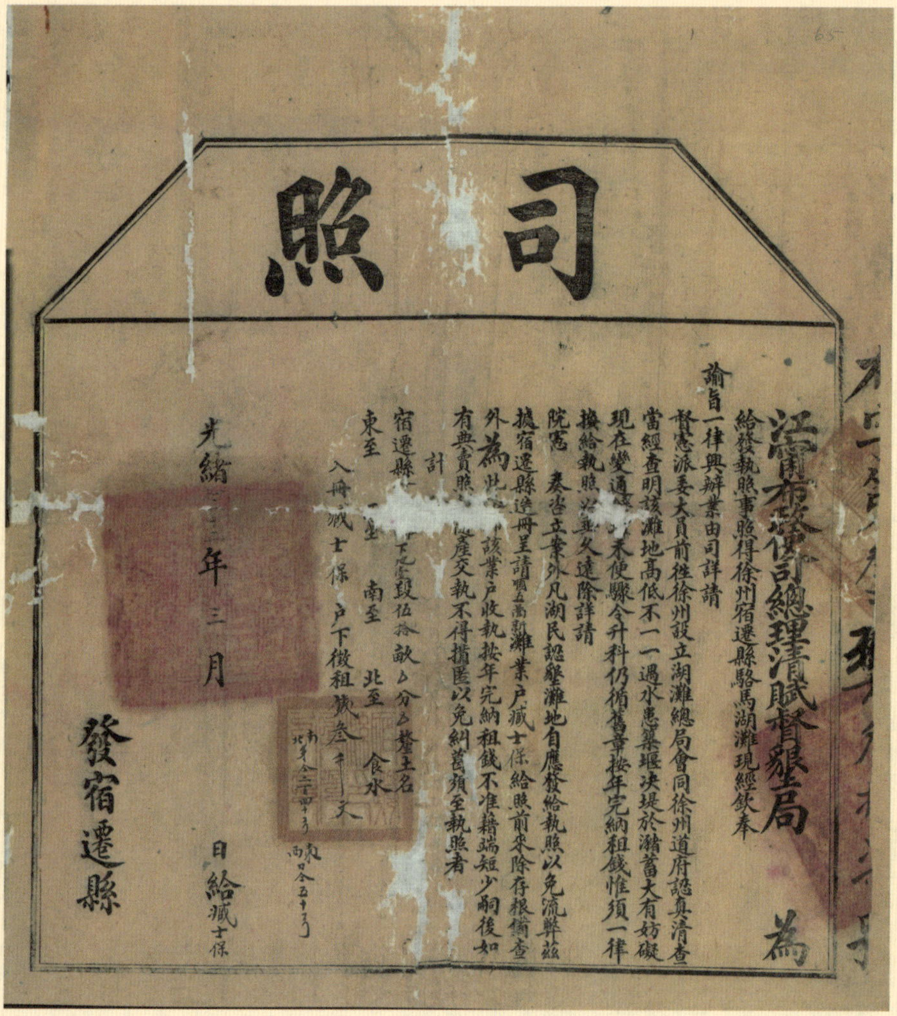
司照

江甯布政使司總理清賦督墾局 為

給發執照事照得徐州宿遷縣駱馬湖灘現經欽奉

諭旨一律興辦業由司詳請

督憲派委大員前往徐州設立湖灘總局會同徐州道府認真清查

當經查明該灘地高低不一一遇水患築堰決堤於瀦蓄大有妨礙

現在變通…未使驟令升科仍循舊章按年完納租錢惟須一律

換給執照以垂久遠除詳請

院憲 奏咨立案外凡湖民認墾灘地自應發給執照以免流弊茲

據宿遷縣造冊呈請順五圖新灘業户臧士保給照前來除存根備查

外為此…該業户收執按年完納租錢不准藉端短少嗣後如

有典賣照…產交執不得揣匿以免糾葛須至執照者

計

宿遷縣…段伍拾畝…分…釐土名

東至 南至 北至 食水

入冊臧士保 户下徵租錢叁千…文

光緒三十二年三月 日給臧士保

發宿遷縣

清光绪三十二年（1906）三月，江宁布政使司总理清赋督垦局为顺五图新滩业户臧士保颁发的司照。（42cm×47cm）

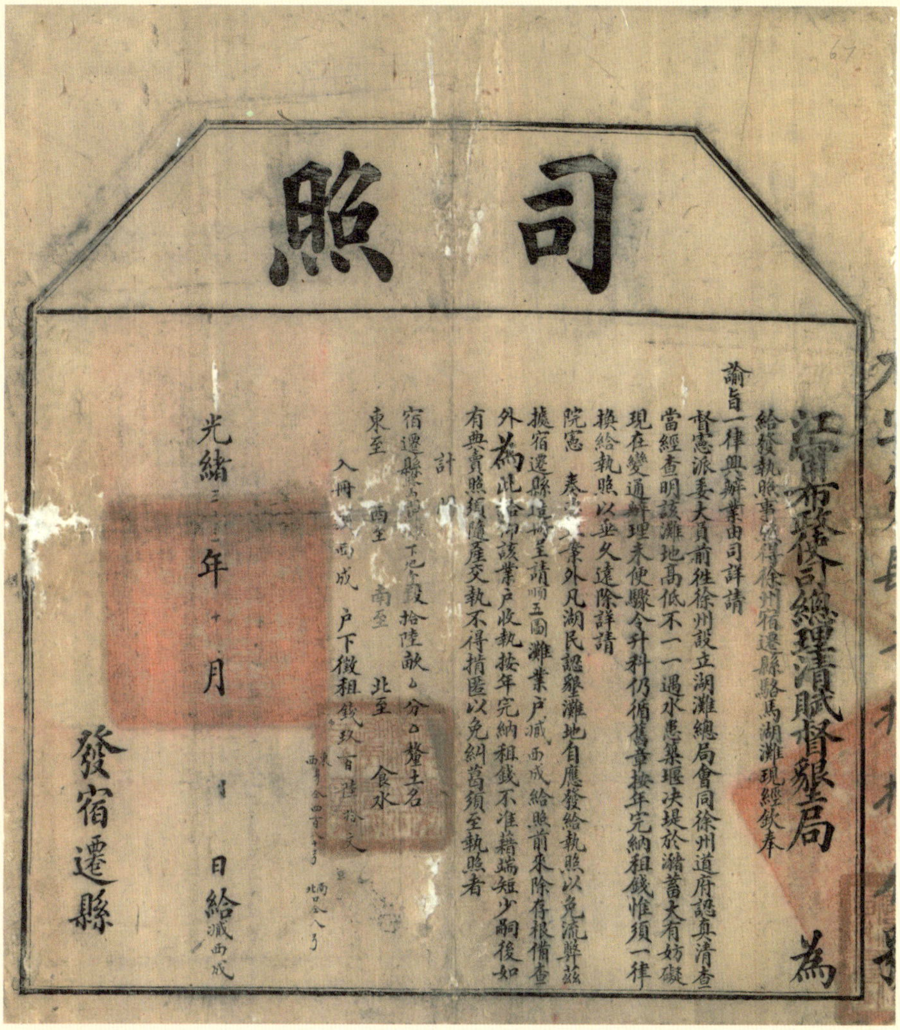
司照

江甯布政使司總理清賦督墾局 為

給發執照事照得徐州宿遷縣駱馬湖灘現經欽奉

諭旨一律興辦業由司詳請

督憲派委大員前往徐州設立湖灘總局會同徐州道府認真清查

當經查明該灘地高低不一一遇水患築堰決堤於瀦蓄大有妨礙

現在變通辦理未便驟令升科仍循舊章按年完納租錢惟須一律

換給執照以垂久遠除詳請

院憲 奏咨立案外凡湖民認墾灘地自應發給執照以免流弊茲

據宿遷縣造冊呈請順五圖灘業戶臧西成給照前來除存根備查

外為此給仰該業戶收執按年完納租錢不准藉端短少嗣後如

有典賣照須隨產交執不得捐匿以免糾葛須至執照者

計

東至 西至 南至 北至

光緒三十三年十月 日給 臧西成

發宿遷縣

清光绪三十三年（1907）十月，江宁布政使司总理清赋督垦局为顺五图滩业户臧西成颁发的司照。（42cm×47cm）

**全文：**

江宁布政使司总理清赋督垦局为给发执照事：照得徐州宿迁县骆马湖滩现经钦奉谕旨一律兴办，业由司详请：

督宪派委大员前往徐州设立湖滩总局，会同徐州道府认真清查。当经查明，该滩地高低不一，一遇水患，筑堰决堤于潴蓄，大有妨碍现在变通办理，未便骤令升科，仍循旧章，按年完纳租钱，惟须一律换给执照，以垂久远。除详请院宪奏咨立案外，凡湖民认垦滩地，自应发给执照，以免流弊。兹据宿迁县造册呈请，顺五图滩业户臧西成给照前来，除存根备查外，为此给仰该业户收执，按年完纳租钱，不准籍端短少，嗣后如有典卖，照须随产交执，不得掯匿，以免纠葛。须至执照者。

计□[开]：

宿迁县骆马湖新滩下地壹段拾陆亩分厘土名。

东至 西至 南至 北至食水。

入册臧西成，户下征租钱玖百陆拾文。

东西身仝四百八十弓，南北口仝八弓。

光绪三十三年十月□日给臧西成。

**相关知识：**

清政府镇压太平天国后，开始整顿田赋，力图恢复原有的征收数额。采取的措施主要有两种：一是清赋，即“清户口”、“清地籍”、“清地亩”。二是垦辟和放荒，扩大田赋征收。至清同治末（19世纪70年代中期），江苏、浙江、安徽等省一般都设立了招垦的专门机构，订立章程，查勘荒地，并向自愿垦荒者发放垦荒地领单、验单，后改为司照。

不孝之俊等侍奉無狀禍延
顯繼祖妣杭太夫人痛於 中華民國十五年九月五日巳時壽終
北京寓廬內寢距生於前清同治九年夏曆庚午五月二十五
日午時享壽五十有七歲 不孝振漢侍奉在側親視含殮遵禮
成服匐匍扶 柩回籍因兆域未卜權爲浮厝茲謹擇於民國
二十三年一月二十六日卽夏曆十二月十二日安葬於銅山
縣之雲龍山東麓新阡叨在

# 江苏都督府训令

**保管单位：**徐州市铜山区档案馆

**内容及评价：**

1912年，因铜山县审判厅推事人事调整，江苏都督府颁发第444号训令，委派奉天地方厅推事周炯接任。该训令由代理江苏都督庄蕴宽签发，加盖有“中华民国军政府江苏都督印”、“江苏省都督府提法司印”和“约旨卑思”之印。

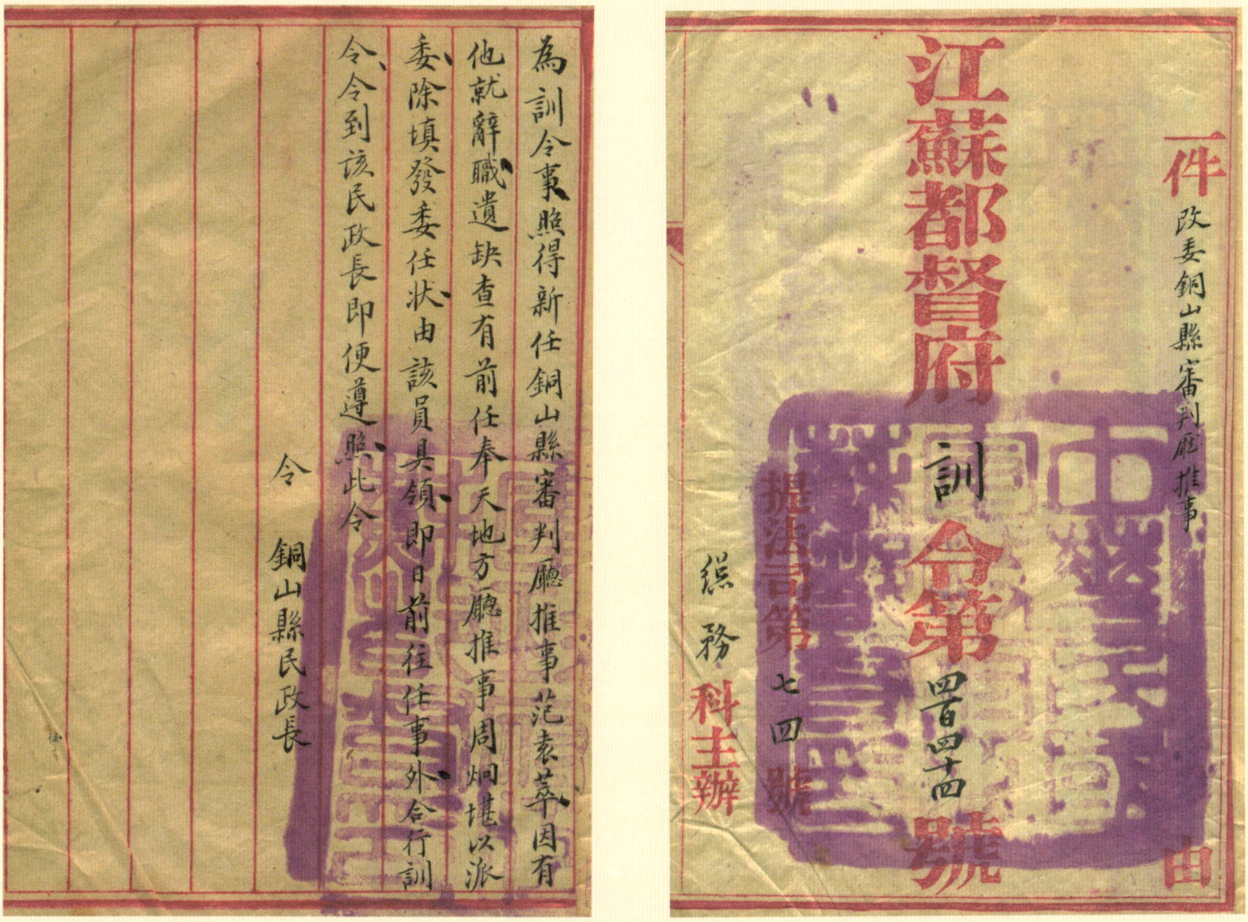


1912年江苏都督府第444号训令（20cm×27cm）

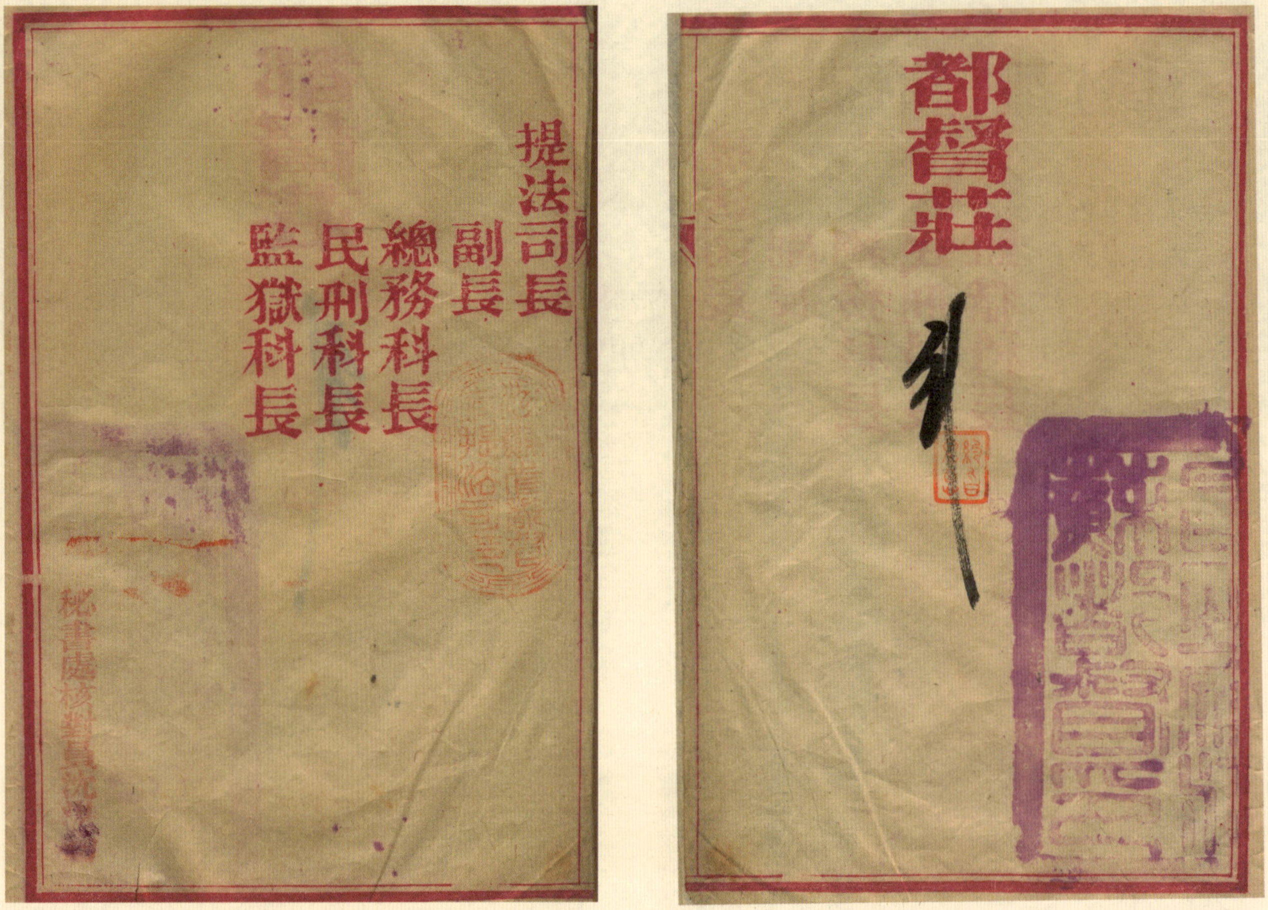
提法司長
副長
總務科長
民刑科長
監獄科長

都督莊

1912年江苏都督府第444号训令（20cm×27cm）

**全文：**

## 改委铜山县审判厅推事

江苏都督府训令第四百四十四号

提法司第七四号

为训令事：照得新任铜山县审判厅推事范袁萃，因有他就辞职，遗缺查有前任奉天地方厅推事周炯堪以派委。除填发委任状，由该员具领，即日前往任事外，合行训令。令到该民政长即便遵照。此令。

令　铜山县民政长。

［都督庄批］：行

# 江苏徐州培心中学同学录

**保管单位：**徐州市档案馆

**内容及评价：**

1922年夏，江苏徐州培心中学第十四班毕业，为方便通讯联系，刊印江苏徐州培心中学同学录。内容包括序、教职员录、中学科第四年级、中学科第三年级、中学科第二年级、中学科第一年级、高小科第三年级、高小科第二年级、高小科第一年级等部分，收录校长、学监、舍监、教师和学生计138人，项目包括姓名、年龄、籍贯、通讯处、履历等。从该同学录可以看出，培心中学设置高级小学和中学两级教育机构，已具有一定的教学规模。

由于民国时期档案资料的散失，徐州地区教会办学的档案文献较为稀缺，该同学录作为第一手材料，记载了培心中学建立情况、办学规模和发展过程，对研究民国早期徐州教育史和教会办学情况具有一定的参考价值。

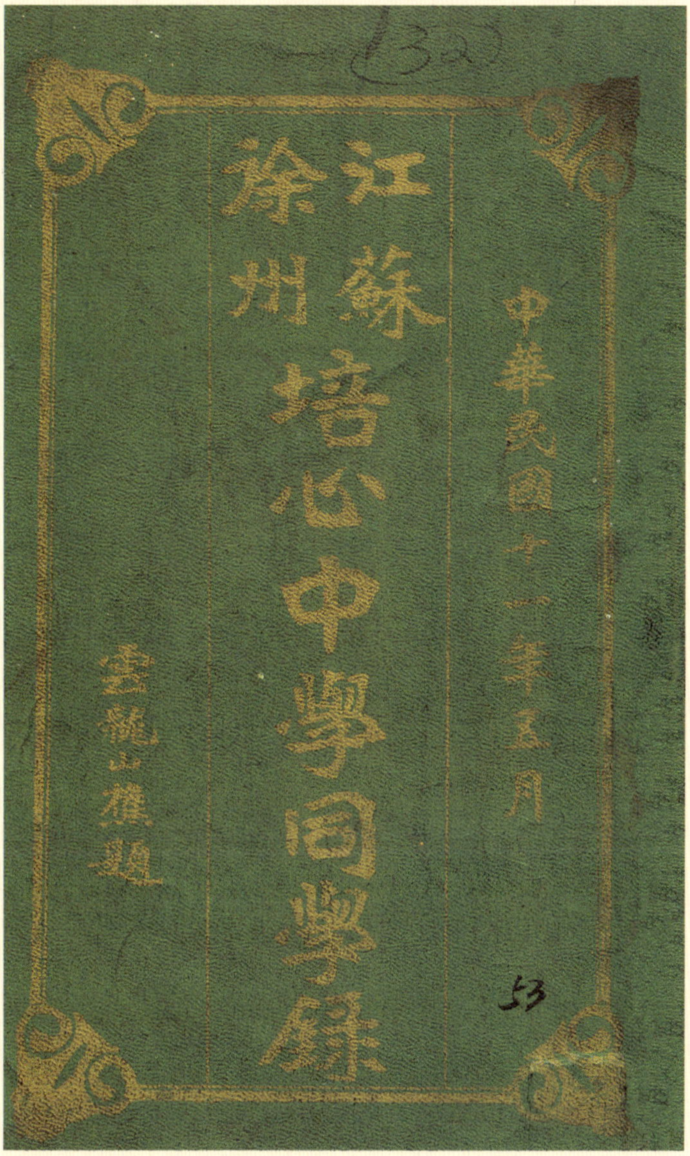


江苏徐州培心中学同学录（13cm × 20m）

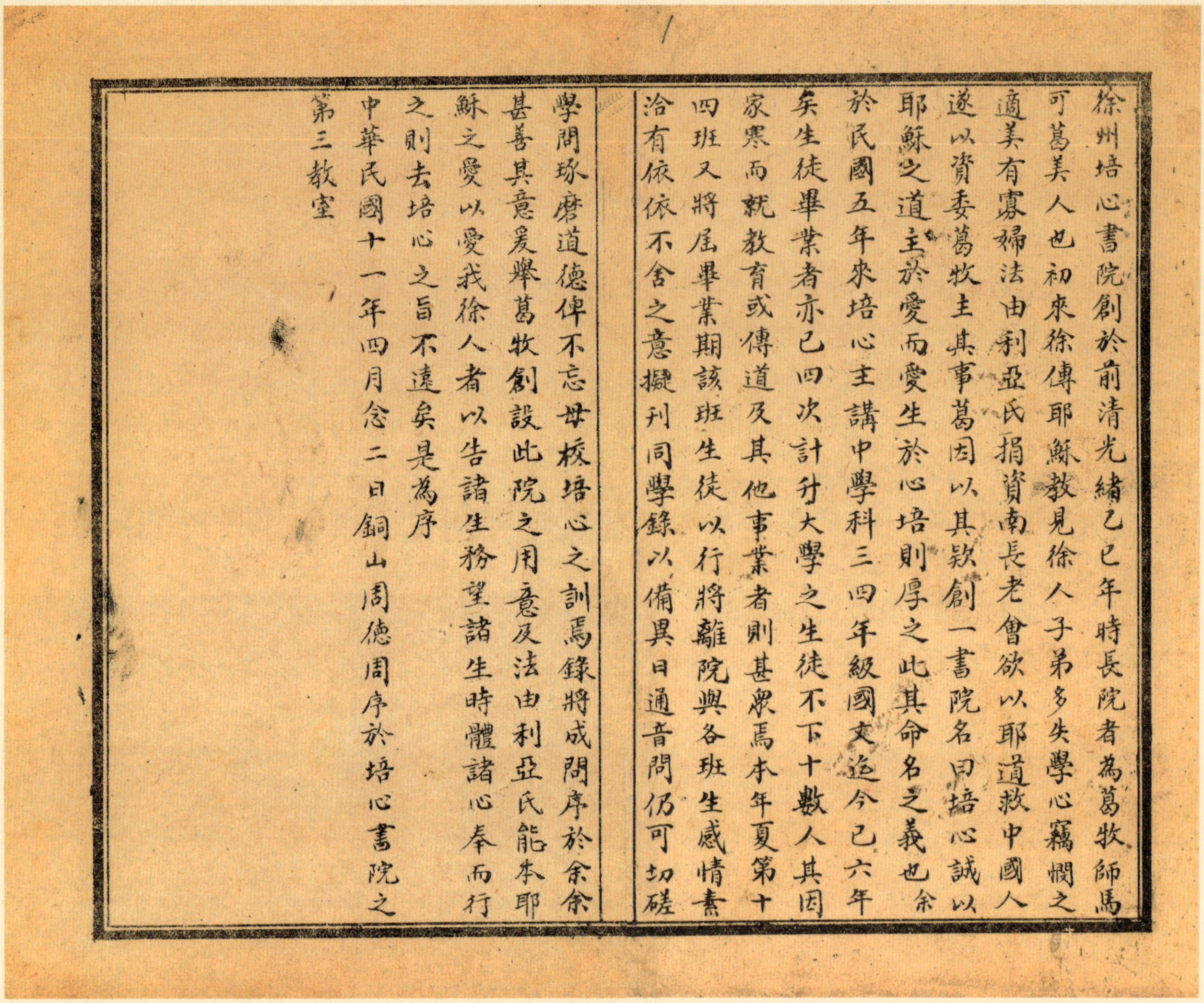

徐州培心書院創於前清光緒乙巳年時長院者為葛牧師馬可葛美人也初來徐傳耶穌教見徐人子弟多失學心竊憫之適美有寡婦法由利亞氏捐資南長老會欲以耶道救中國人遂以資委葛牧主其事葛因以其款創一書院名曰培心誠以耶穌之道主於愛而愛生於心培則厚之此其命名之義也余於民國五年來培心主講中學科三四年級國文迄今已六年矣生徒畢業者亦已四次計升大學之生徒不下十數人其因家寒而就教育或傳道及其他事業者則甚衆焉本年夏第十四班又將屆畢業期該班生徒以行將離院與各班生感情素洽有依依不舍之意擬刊同學錄以備異日通音問仍可切磋學問琢磨道德俾不忘母校培心之訓焉錄將成問序於余余甚善其意爰舉葛牧創設此院之用意及法由利亞氏能本耶穌之愛以愛我徐人者以告諸生務望諸生時體諸心奉而行之則去培心之旨不遠矣是為序

中華民國十一年四月念二日銅山周德周序於培心書院之第三教室

江苏徐州培心中学同学录序

**全文：**

徐州培心书院创于前清光绪乙巳年，时长院者为葛牧师。马可葛，美人也。初来徐传耶稣教，见徐人子弟多失学，心窃悯之。适美有寡妇法由利亚氏捐资南长老会，欲以耶道救中国人，遂以资委葛牧主其事。葛因以其款创一书院名曰培心，诚以耶稣之道主于爱，而爱生于心，培则厚之，此其命名之义也。余于民国五年来培心主讲中学科三、四年级国文，迄今已六年矣，生徒毕业者亦已四次，计升大学之生徒不下十数人，其因家寒而就教育或传道及其他事业者则甚众焉。本年夏第十四班又将届毕业期，该班生徒以行将离院，与各班生感情素洽，有依依不舍之意。拟刊同学录，以备异日通音问，仍可切磋学问、琢磨道德，俾不忘母校培心之训焉。录将成，问序于余。余甚善其意，爰举葛牧创设此院之用意及法由利亚氏能本耶稣之爱以爱我徐人者以告诸生，务望诸生时体诸心，奉而行之，则去培心之旨不远矣。是为序。

中华民国十一年四月念二日铜山周德周序于培心书院之第三教室。

江苏徐州培心中学同学录·教职员名录

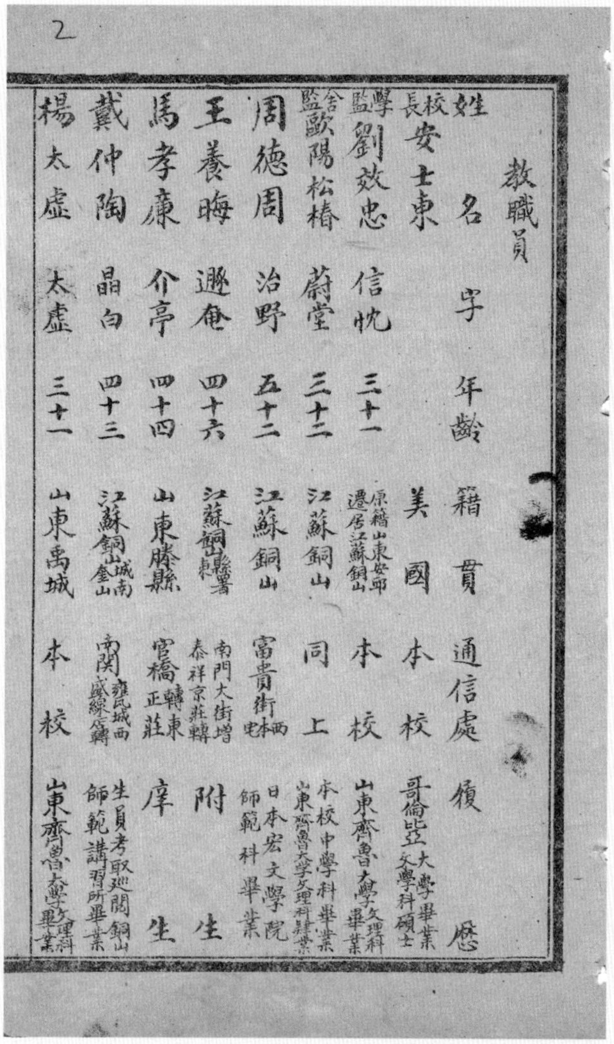

2

教職員

| 姓名 | 字 | 年齡 | 籍貫 | 通信處 | 履歷 |
| --- | --- | --- | --- | --- | --- |
| 校長 安士東 | | | 美國 | 本校 | 哥倫比亞大學畢業文學科碩士 |
| 學監 劉效忠 | 信忱 | 三十一 | 江蘇銅山 | 本校 | 山東齊魯大學文理科畢業 |
| 舍監 歐陽松椿 | 蔚堂 | 三十二 | 原籍山東安邱遷居江蘇銅山 | 同上 | 本校中學科畢業山東齊魯大學文理科肄業 |
| 周德周 | 治野 | 五十二 | 江蘇銅山 | 富貴街西栖本屯 | 日本宏文學院師範科畢業 |
| 王養晦 | 遯庵 | 四十六 | 江蘇銅山縣署東 | 南門大街增泰祥京莊轉 | 附生 |
| 馬孝康 | 介亭 | 四十四 | 山東滕縣 | 官橋轉東正莊 | 庠生 |
| 戴仲陶 | 晶白 | 四十三 | 江蘇銅山城南奎山 | 南關雍氏城西盛綠店轉 | 生員考取延閱銅山師範講習所畢業 |
| 楊太虛 | 太虛 | 三十一 | 山東禹城 | 本校 | 山東齊魯大學文理科畢業 |

**相关知识：**

江苏徐州培心中学建于清光绪三十一年（1905），原名培心书院，为美国南长老会传教士葛马可创办。1919年，更名为培心中学。1932年秋，培心中学与正心女子中学合并为“培正中学”。1938年日军入侵，徐州沦陷，培正中学停办。1945年抗日战争胜利，培正中学复校。1951年至1952年，徐州市人民政府接办培正中学，更名为徐州市第五中学。

# 胡氏家族档案

**保管单位：**徐州市云龙区档案馆

**内容及评价：**

胡氏家族档案包括胡肇芬支存钱折，胡肇枰、胡肇菉家产纠纷调解书，胡王氏、胡肇枰调解书，苏淮特别区行政公署营业税调查登记证，新光书店开办合同、分股协议，徐州市政府批准一成书店歇业令，邮政有奖定期储金证书，“大东亚战争”二周年纪念邮政有奖定期储金证书等11件。该组档案始自1924年，迄于1952年，类目丰富，包括公文、合约、票券、证照等类，内容涉及工商登记、税务办理、资产注册、家产纠纷及调解文据等多个方面，其中的胡肇芬支存钱折记载详细，书法工整，是云龙区档案馆保存年代最为久远的档案。该档案不仅是胡氏家族经营发展的原始记录，对研究民国时期徐州地区金融历史也具有重要的史料价值。

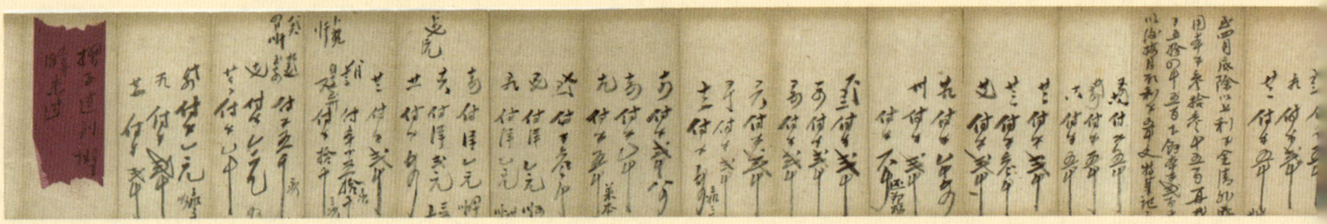

胡肇芬支存钱折（242cm ×11cm）

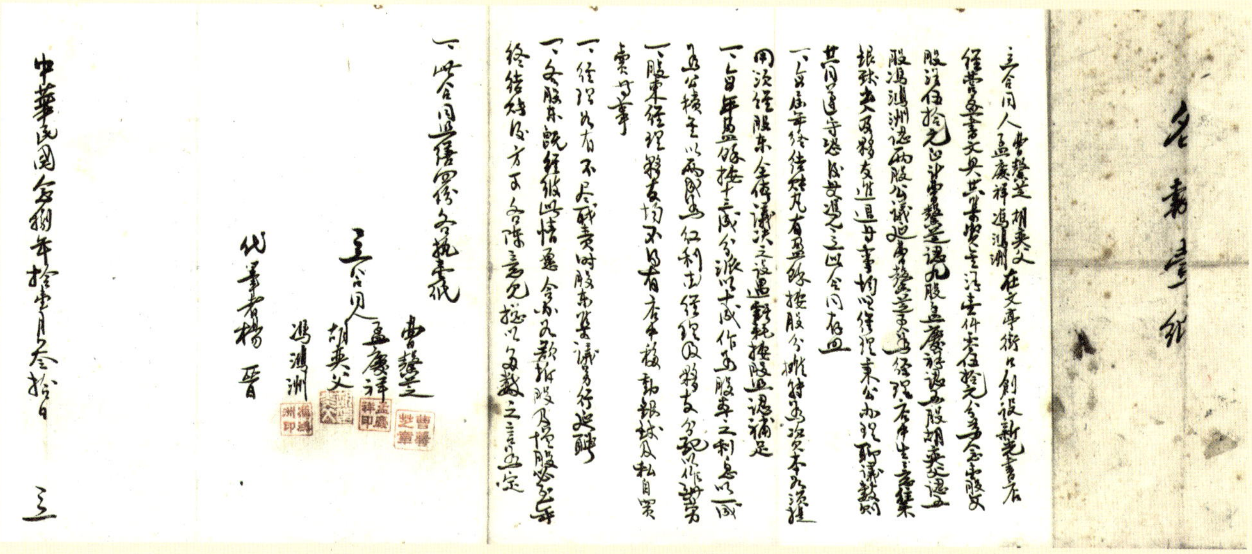

1939年11月30日，曹馨芝、孟庆祥、胡奕父、冯鸿洲四人共同出资创设新光书店，立此合同。合同内容包括新光书店地址，各人出资金额、股份数量，经理人选及职责等。（66cm ×21cm）

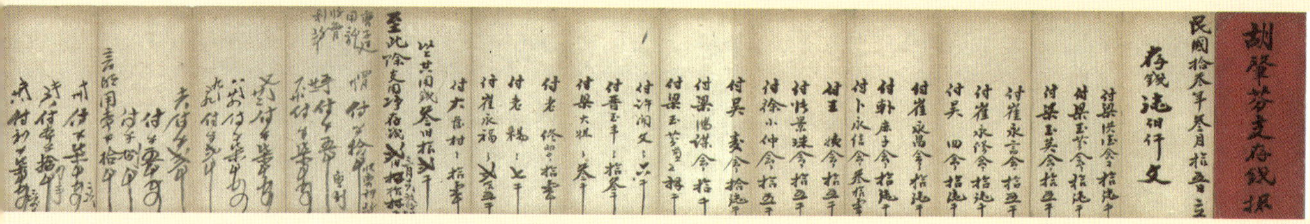

1949年1月1日，新光书店因环境因素不能继续合资经营，胡奕父、冯鸿洲两人按股分出，立此分股字据。（38cm×26cm）

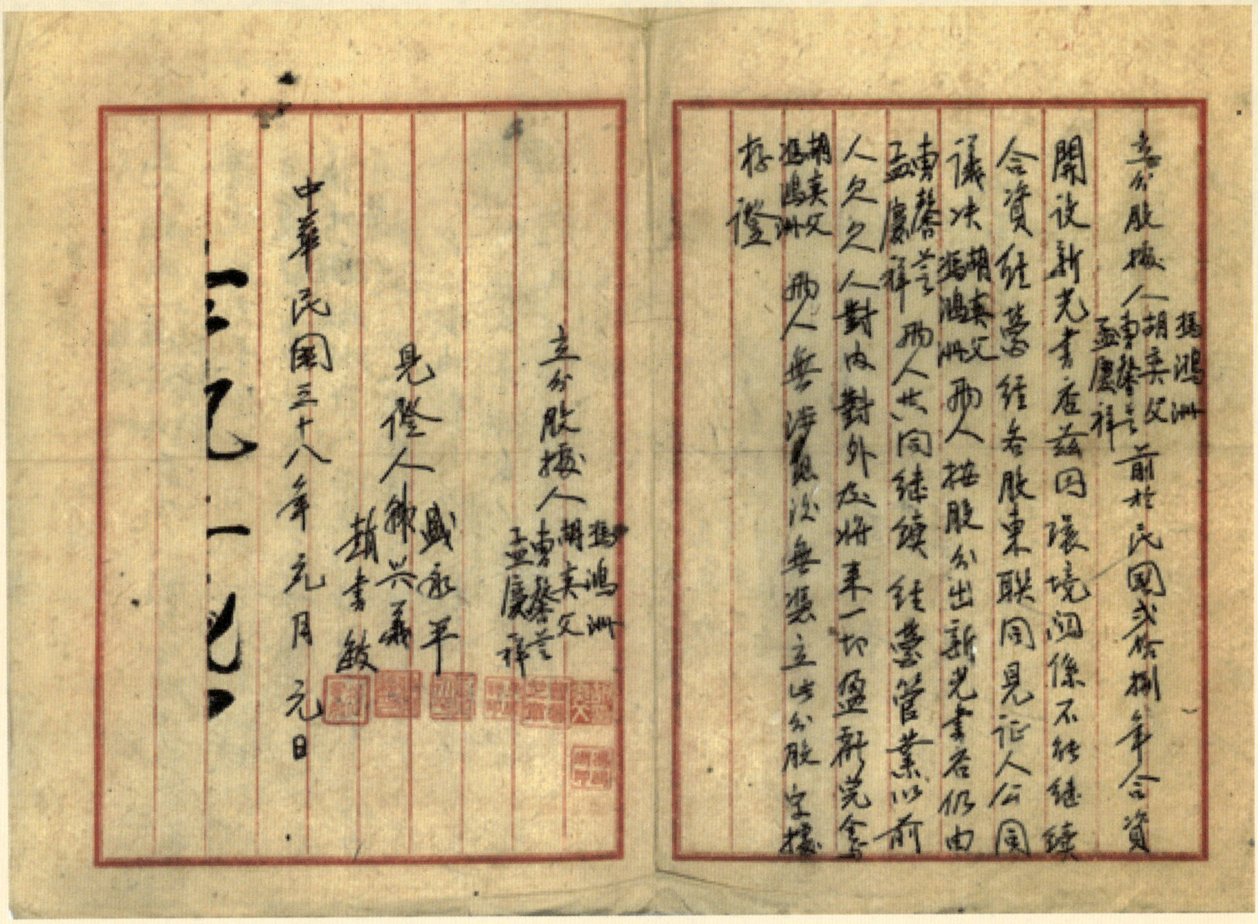

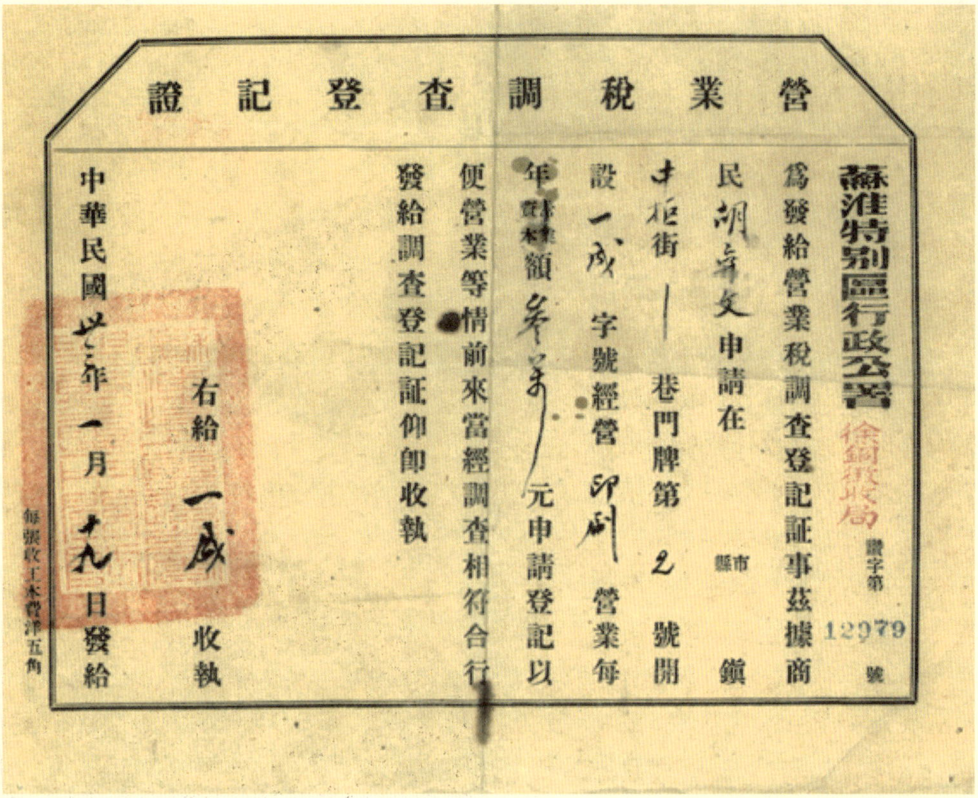
營業稅調查登記證

蘇淮特別區行政公署 徐銅徵收局 證字第 12979 號

為發給營業稅調查登記証事茲據商民胡奕文申請在 縣市 鎮中樞街 | 巷門牌第 之 號開設一成 字號經營 印刷 營業每年營業額 元申請登記以便營業等情前來當經調查相符合行發給調查登記証仰即收執

右給 一成 收執

中華民國卅三年一月十九日發給

每張收工本費洋五角

1944年1月19日，胡奕文申请在徐州中枢街内开设一成字号，经营印刷业务，苏淮特别区行政公署调查核准后，颁发的营业税调查登记证。（28cm×22cm）

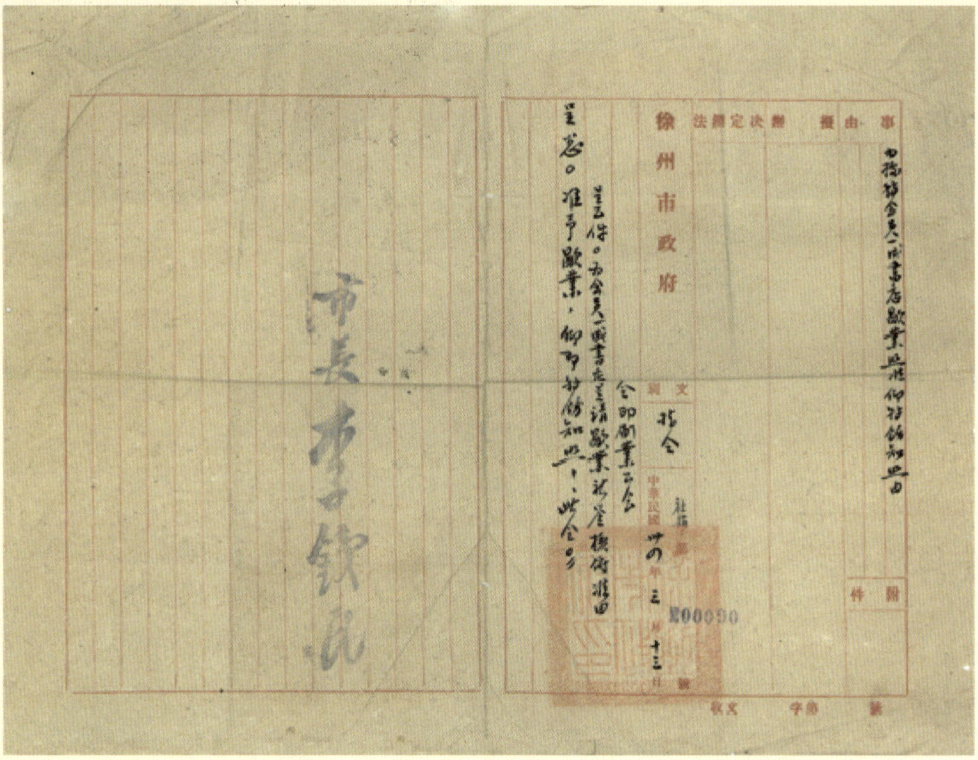


1945年3月13日，徐州市政府批准一成书店歇业令。（36cm×27.5cm）

# 津浦铁路徽章

**保管单位：**徐州市档案馆

**内容及评价：**

津浦铁路徽章，银质镂金，民国时期印铸局制造。正面刻有津浦铁路路徽图案，由中间的一只红色扶轮和两侧一双黑色羽翼构成。红色扶轮分别由天津、浦口和线路（Line）的英文首字母“T”、“P”、“L”组成，“津”、“浦”两字的共同笔画经巧妙变化处理后，构成一双黑色羽翼分列两侧。徽章背面刻有“印铸局”字样及徽章编号。据相关资料显示，津浦铁路路徽图案几经演变，此枚徽章应为印铸局早期制造，构图紧凑，形象简约，做工精致，对于研究铁路路徽演变和民国时期印铸技术具有一定的参考价值。

民国时期印铸局制造的津浦铁路徽章（3cm × 3cm）

**相关知识：**

民国时期，印铸局掌理县以上机关印信、官防、官章的铸造、登记，勋章、奖旗、奖章、纪念章的制发，总统府所颁法规及公报的编印，职员录的刊行和公文纸统一印制等事项。

# 张伯英手迹

**保管单位：**徐州市档案馆

**内容及评价：**

张伯英（1871～1949），字勺圃，号云龙山民，晚号东涯老人，室名远山楼、小来禽馆，江苏徐州人。近代著名书法家、金石鉴赏家、诗人、学者，1924年任北洋政府副秘书长。书法造诣精深，以行楷最有成就，亦善篆隶，与傅增湘、郑孝胥、华世奎齐名，时称民初书法四大家。此幅对联“笔挥松竹皆神品，庭养芝兰有妙才”，朴实秀逸，古拙自然，尽显张氏书法精要，又暗合张氏为人风骨，意度高远。

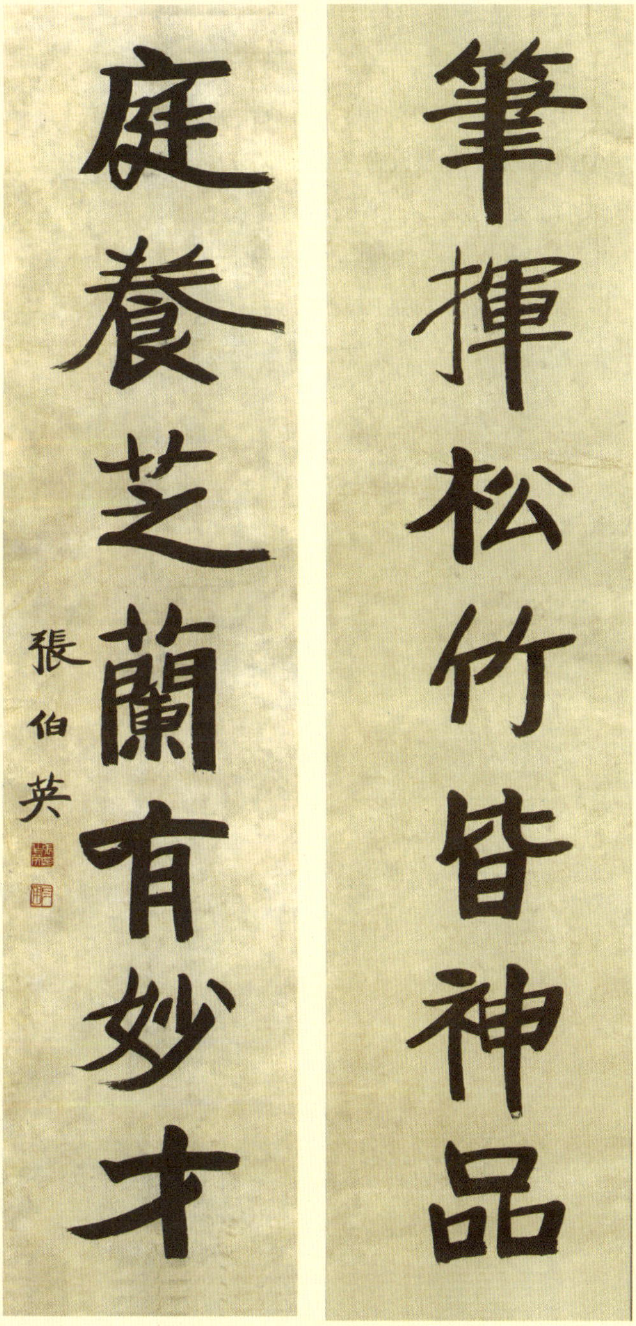


张伯英手迹（单幅32cm×134cm）

# 于右任手迹

**保管单位：**睢宁县档案馆

**内容及评价：**

于右任（1879～1964），原名伯循，字诱人，陕西三原人。近代著名政治家、书法家、教育家，也是中国近现代高等教育奠基人之一。早年加入中国同盟会，追随孙中山反对帝制。辛亥革命后，曾任南京政府交通部次长，国民政府常委、军委会常委、审计院院长，后长期担任监察院院长。于右任是著名的爱国诗人、海内外有巨大影响的书法大师，被誉为“当代草圣”。

这首七言绝句是1930年于右任为追悼推翻晚清政府、献身民主革命的黄花岗七十二烈士所作。该幅作品笔酣墨饱，气势超然，凝重俊逸兼而有之，具有较高艺术鉴赏和收藏价值。

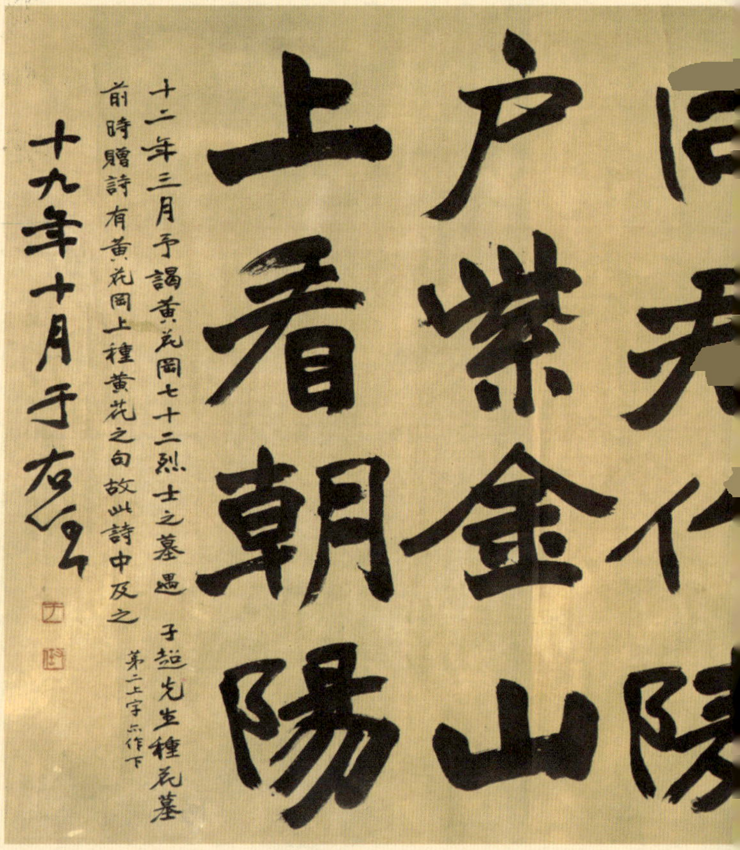


于右任手迹（235cm×130cm）

**全文：**

子超先生两正。

黄花冈上万花黄，粤海曾偕吊国殇。

今日同君作陵户，紫金山上看朝阳。

十二年三月予谒黄花冈七十二烈士之墓，遇子超先生种花墓前，时赠诗有“黄花冈上种黄花”之句，故此诗中及之。

第二上字亦作下。

十九年十月于右任

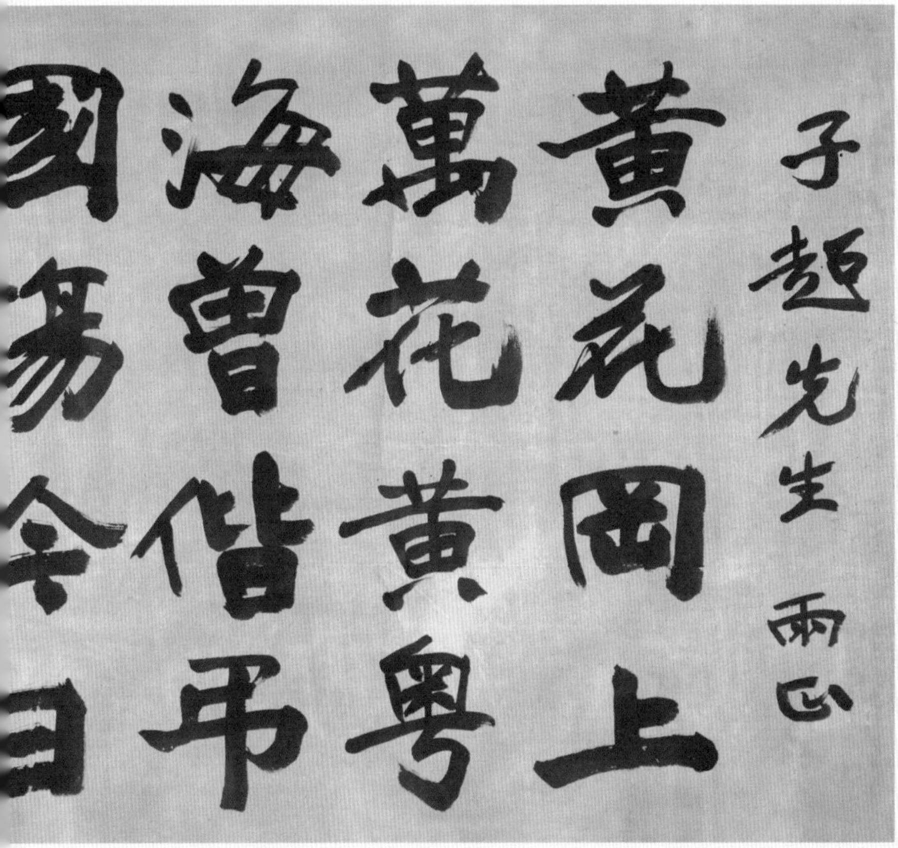

# 苗荫南像集

**保管单位：**徐州市铜山区档案馆

**内容及评价：**

苗荫南，1922年生，江苏徐州人。服役于鲁苏边区苏北游击第三纵队第一支队、青年远征军第204师611团等，1949年10月随部队起义。《苗荫南像集》计2册，收存照片171张，形成时间为1930年至1948年，内容包括苗荫南在学习生活和军旅生涯中形成和保存的照片，其中较为珍贵的有蒋介石在集会上讲话的照片、日本中国派遣军总参谋副长今井武夫赴湖南芷江请示受降的照片和白崇禧、陈诚等国民党要员的签名照片。该像集时间跨度较长，数量众多，内容丰富，具有十分珍贵的史料价值。

蒋介石在集会上讲话（7.5cm×5cm）

日本中国派遣军总参谋副长今井武夫赴湖南芷江请示受降（6cm×5cm）

白崇禧签名照片（12cm×18cm）

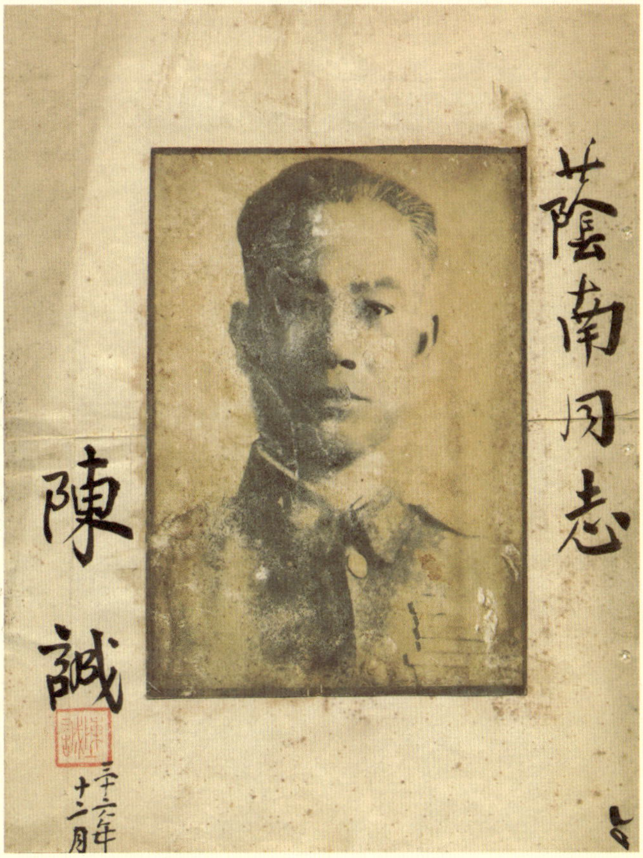


陈诚签名照片（12cm×18cm）

# 张振汉生母悼文集

**保管单位：**徐州市档案馆

**内容及评价：**

张振汉（1893～1967），别号炎生，江苏徐州人。1931年4月任国民党第41师中将师长。1935年6月在湘鄂围剿红军的忠堡战役中被俘后参加红军，并随红二方面军参加长征。解放后，先后任长沙市人民政府委员、副市长、湖南省政协常委、民革中央团结委员、全国政协委员。

1926年9月5日，张振汉之母杭氏病逝于北京。为感寡母养育之恩，1934年1月，张振汉护送灵柩回到原籍江苏徐州，隆重举行葬礼。蒋介石、林森、汪精卫、孙科、居正等国民党政要纷纷赠送挽幛或题写像赞。

20世纪80年代，徐州市档案馆征集到该挽幛和像赞的影印残本，计84页。由于封面、后页俱已缺失，原文集名称难以考证，全貌亦无从知晓。残本部分主要包括“像赞”63幅，“挽幛”8幅，“诔词”2幅，“告窆诗”1幅和“告窆”、“讣闻”、“哀启”等内容。其中的“挽幛”、“像赞”和“诔词”等文字典雅隽永，彰显国学魅力，对于民国历史和民俗文化研究具有重要参考价值。

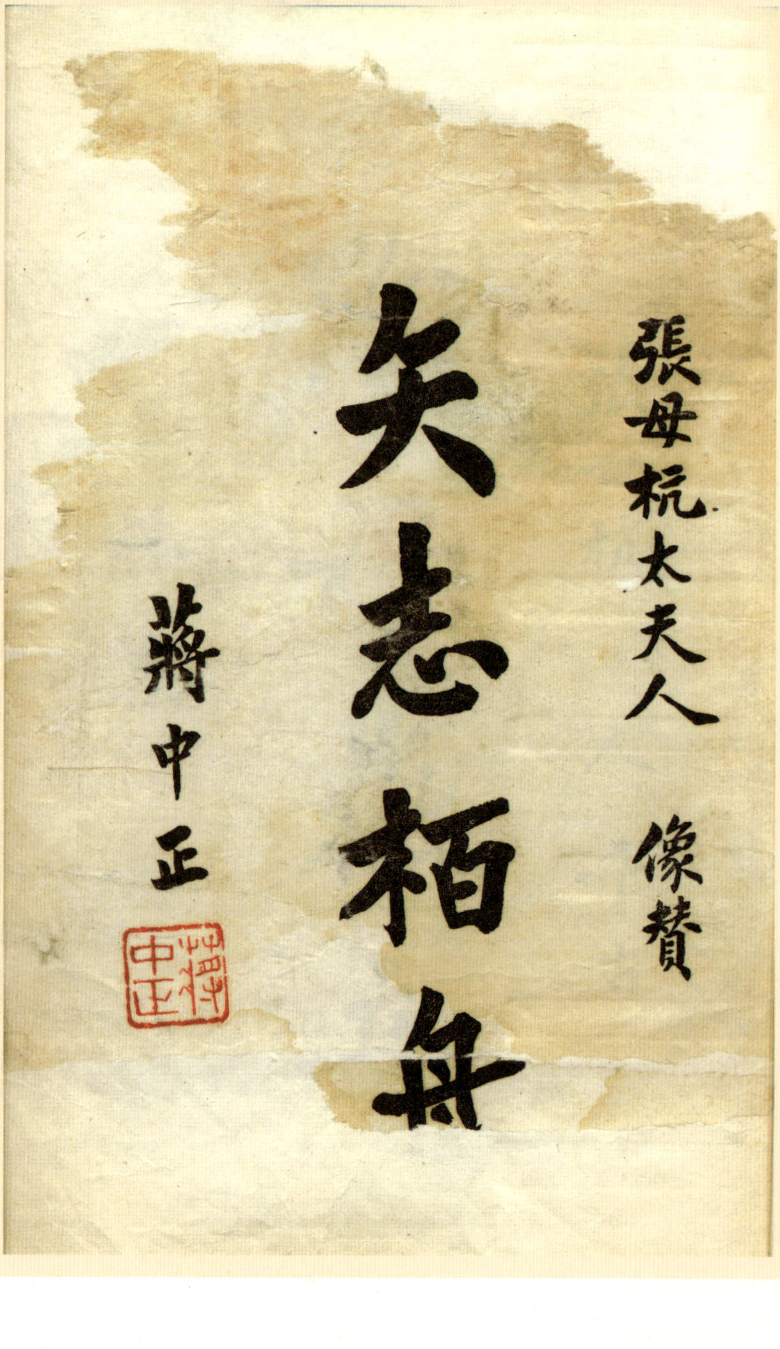


蒋中正所题像赞（20cm×29cm）

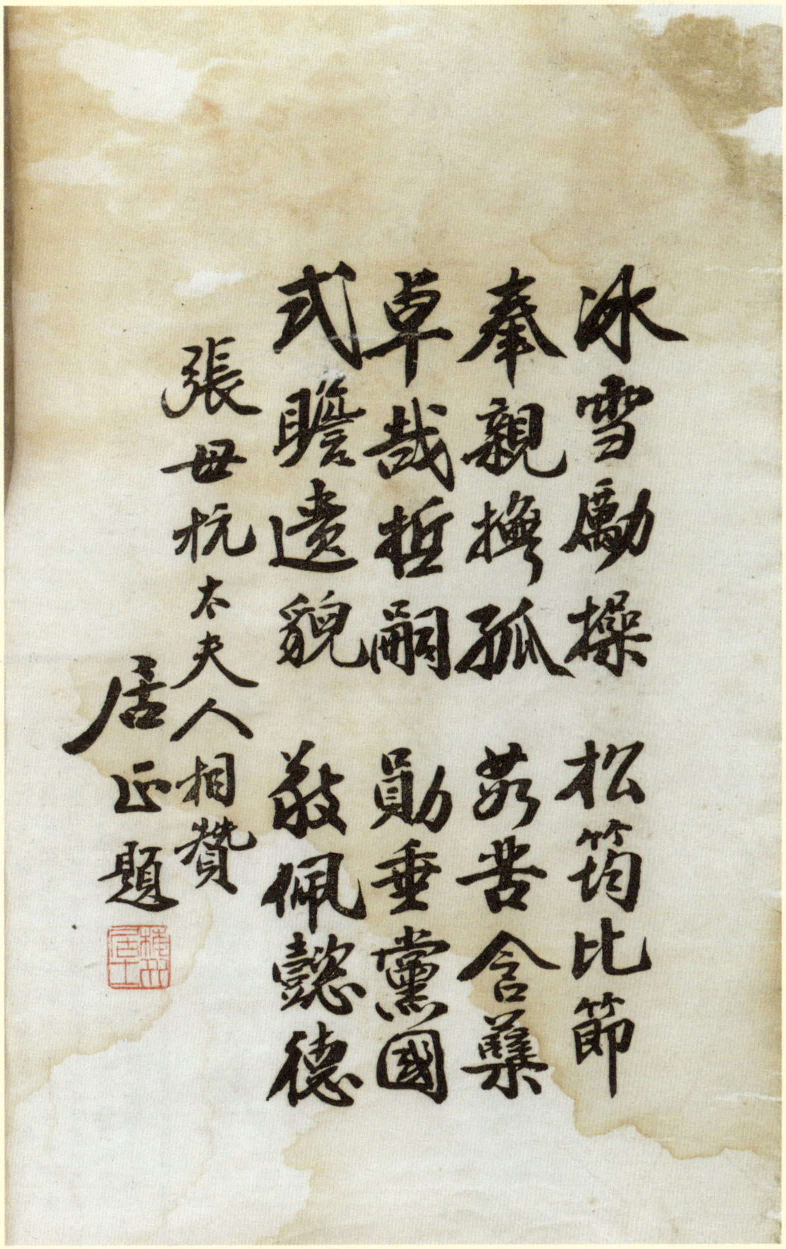
冰雪勵操 松筠比節
奉親撫孤 茹苦含蘗
卓哉哲嗣 勛垂黨國
式瞻遺貌 敬佩懿德
張母杭太夫人相贊
居正題

居正所题像赞（20cm×29cm）

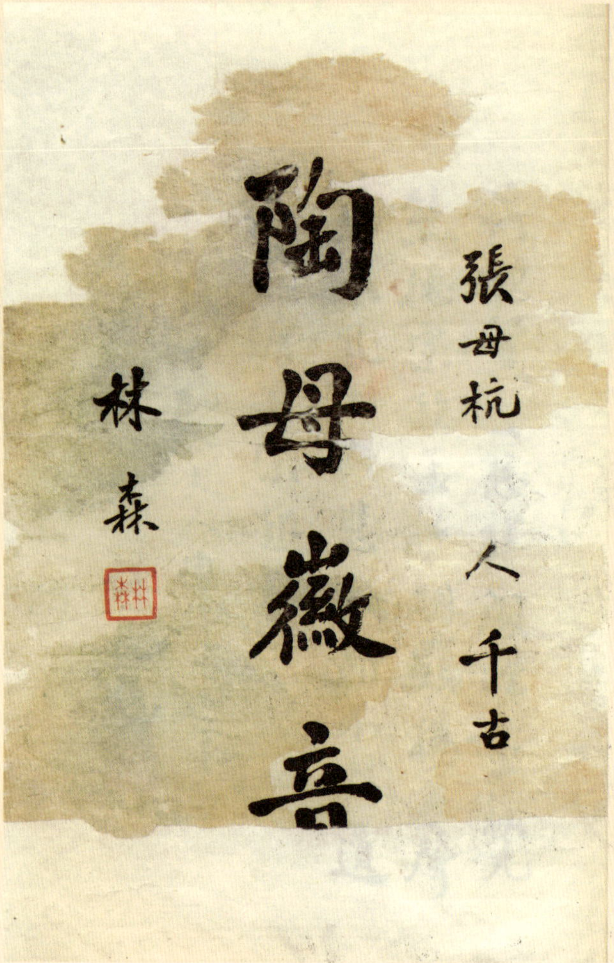
張母杭人千古
陶母徽音
林森

林森所题挽幛（20cm×29cm）

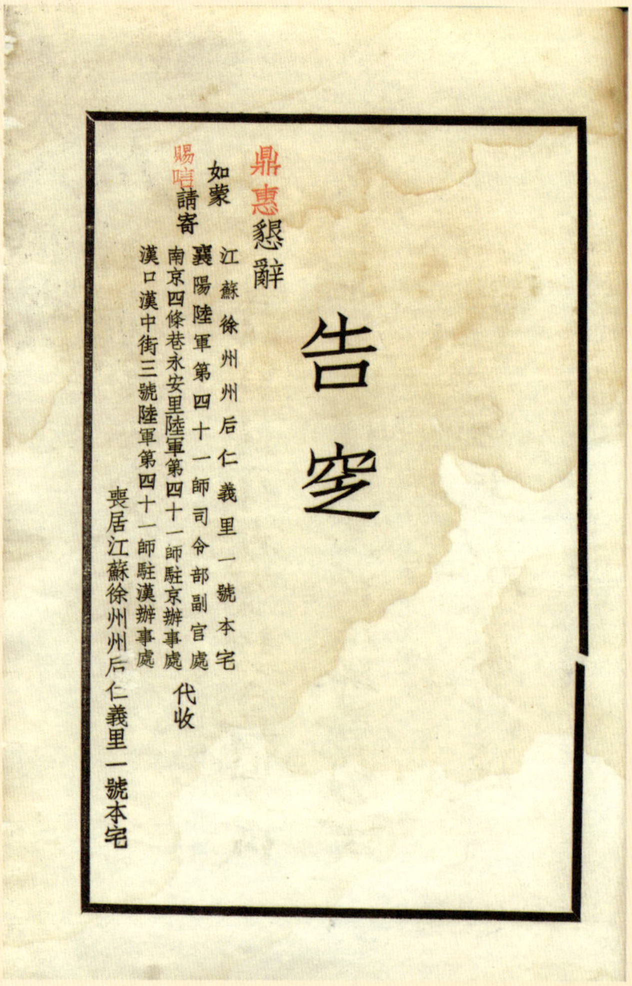
告窆

鼎惠懇辭

如蒙 江蘇徐州州后仁義里一號本宅

賜唁請寄 襄陽陸軍第四十一師司令部副官處

南京四條巷永安里陸軍第四十一師駐京辦事處 代收

漢口漢中街三號陸軍第四十一師駐漢辦事處

喪居江蘇徐州州后仁義里一號本宅

告窆（20cm×29cm）

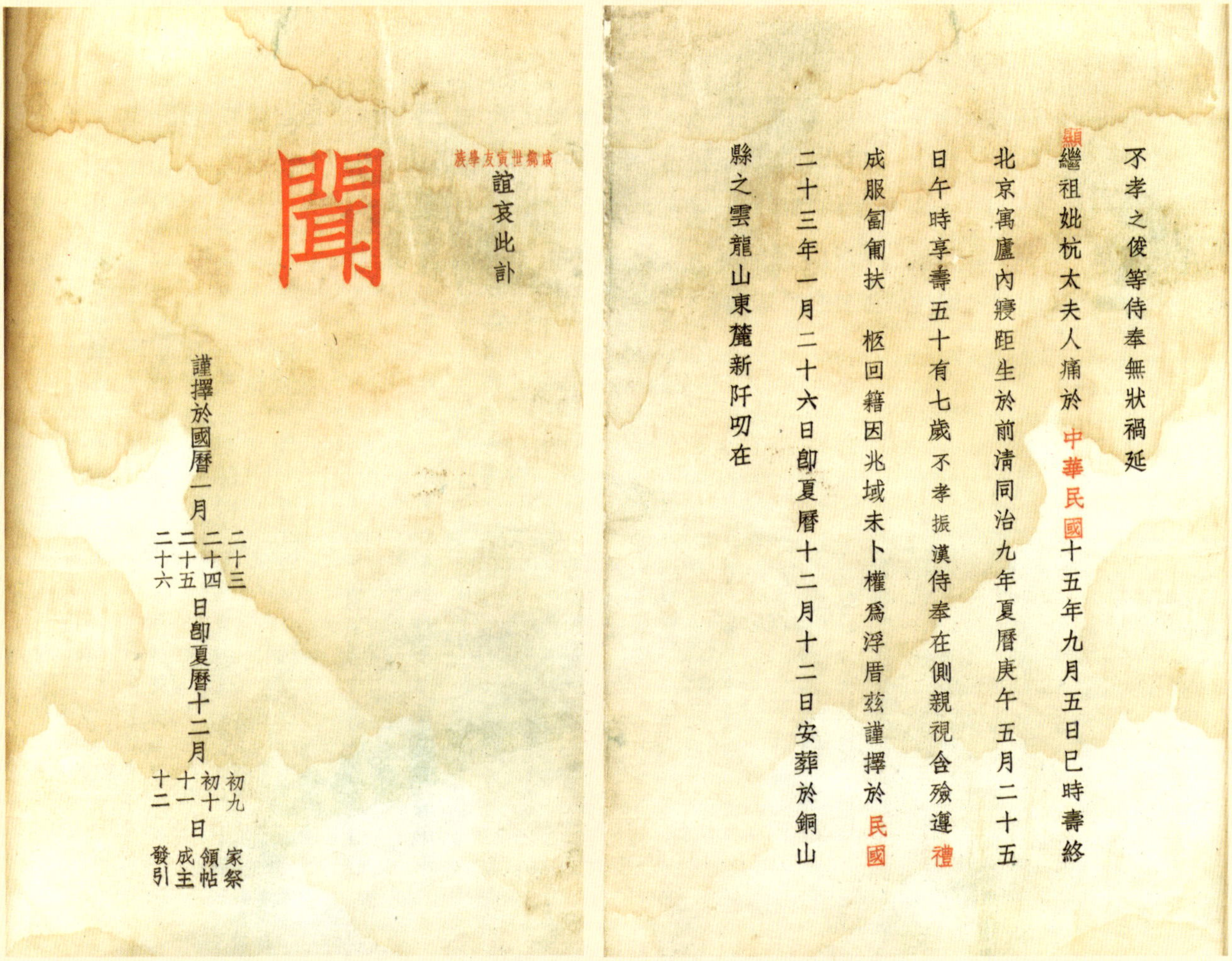
不孝之俊等侍奉無狀禍延
顯繼祖妣杭太夫人痛於中華民國十五年九月五日巳時壽終
北京寓廬內寢距生於前清同治九年夏曆庚午五月二十五
日午時享壽五十有七歲不孝振漢侍奉在側親視含殮遵禮
成服匐匍扶柩回籍因兆域未卜權爲浮厝兹謹擇於民國
二十三年一月二十六日卽夏曆十二月十二日安葬於銅山
縣之雲龍山東麓新阡叨在

戚鄉世寅友學族誼哀此訃

聞

謹擇於國曆一月二十三日卽夏曆十二月初九日家祭
謹擇於國曆一月二十四日卽夏曆十二月初十日領帖
謹擇於國曆一月二十五日卽夏曆十二月十一日成主
謹擇於國曆一月二十六日卽夏曆十二月十二日發引

讣闻（20cm×29cm）

# 黄体润日记

**保管单位：**丰县档案馆

**内容及评价：**

黄体润，1898年生，字玉山，江苏丰县人，曾任国民党丰县代理县长、县党部书记长、苏鲁豫皖第二挺进军第九纵队少将司令、江苏萧县县长等职。淮海战役后，辗转去台湾。

黄体润日记记载了1933年至1948年间，丰县地方党政军务、抗日战争、国共合作、国共内战，以及生产、救灾、教育、治安等方面的主要活动，反映了政治、经济、军事、文化等方面诸多重要变革，是研究丰县地方史乃至民国史的重要参考资料。

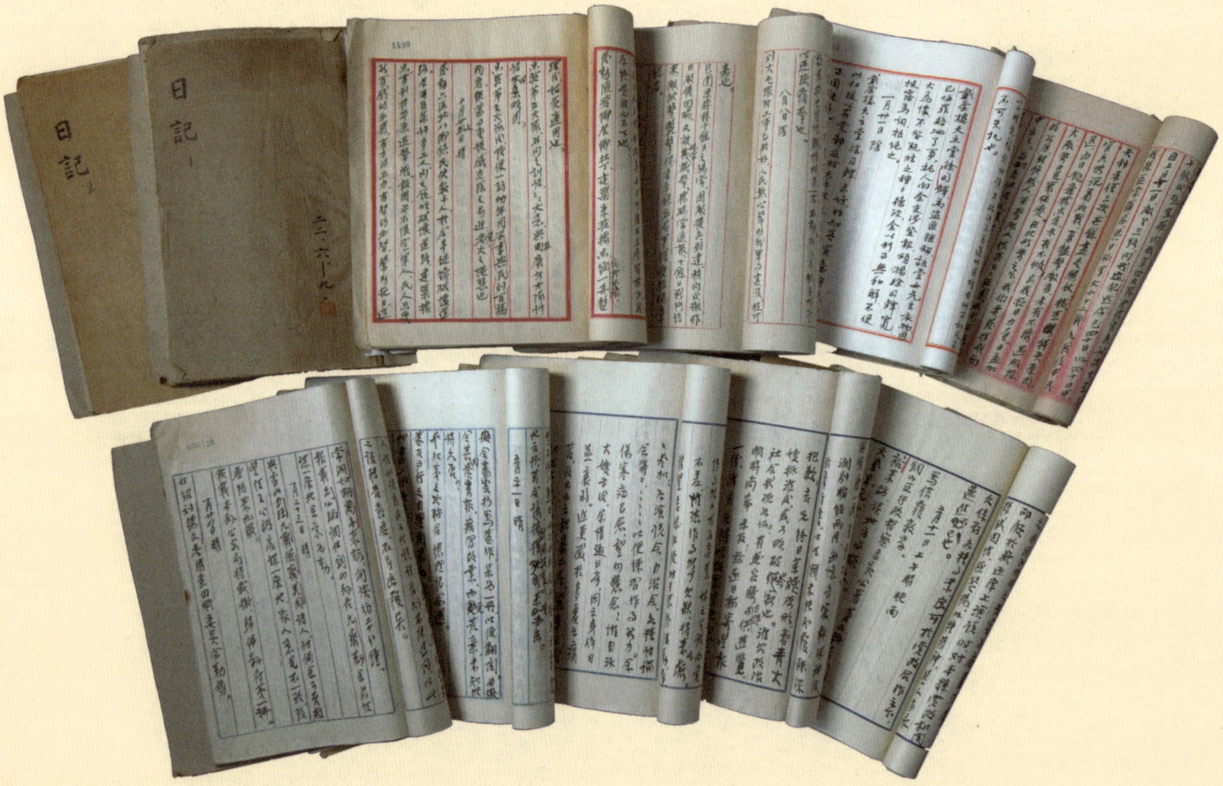

黄体润日记（单本18cm×26cm）

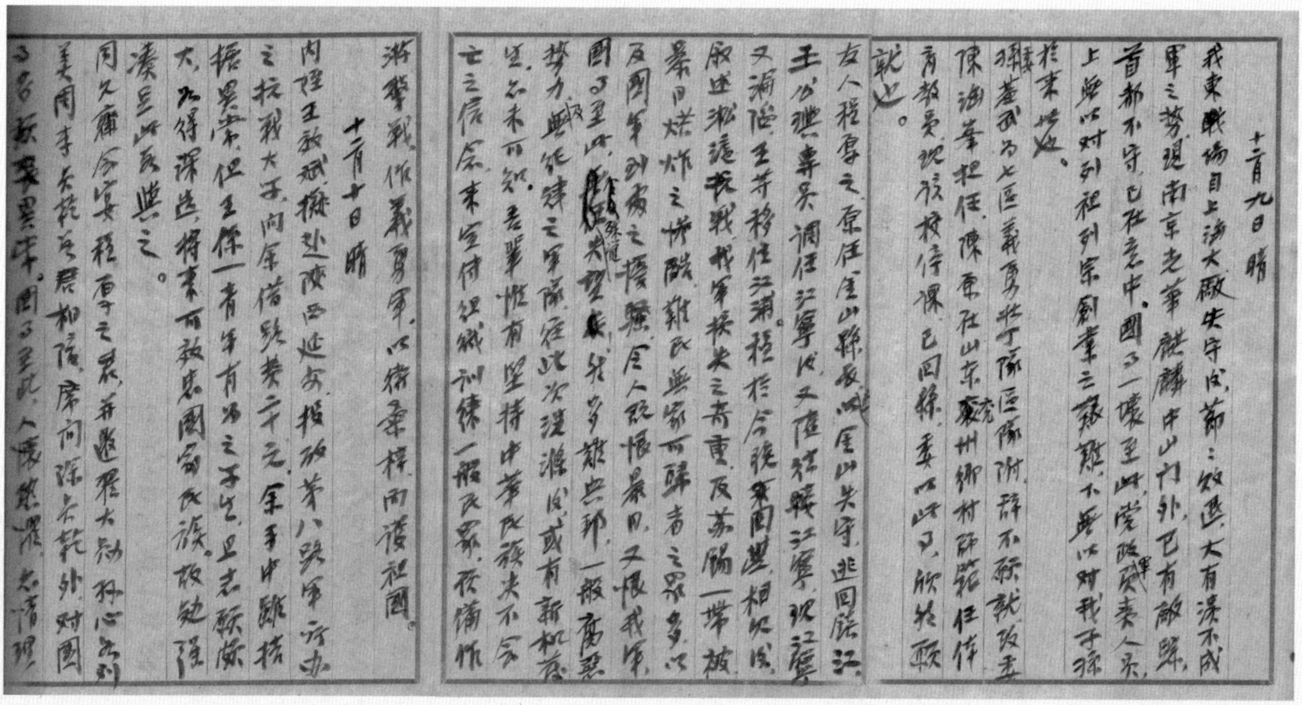

黄体润日记节选

## 全文（节选）：

民国二十六年（1937）十二月九日 晴

我东战场自上海大厂失守后，节节败退，大有溃不成军之势。现南京光华、麒麟、中山门外，已有敌踪，首都不守已在意中。国事一坏至此，党政军负责人员，上无以对列祖列宗创业之艰难，下无以对我子孙于来世也。

…………

程［厚之］于今晚回丰，相见后，叙述淞沪抗战，我军损失之奇重。及苏锡一带，被暴日轰炸之惨酷，难民无家可归者之众多，以及国军到处之扰骚，令人即恨暴日，又恨我军，国事至此，殊觉失望。然多难兴邦，一般腐恶势力，及无纪律之军队，经此次洗涤后，或有新机发生，亦未可知。吾辈只有坚持中华民族决不会亡之信念，来宣传组织训练一般民众，预备作游击战，作义勇军，以卫桑梓，而护祖国。

民国二十七年（1938）七月十一日 晴

天将黎明，勤务李先德忽谓东门有枪声，旋据东门报告，谓已发现敌人。初疑系误会，未几，忽闻机枪声大作，知敌确来攻城。以城内守兵无多，且食粮缺乏，遂通知四门守兵准备退出。及余同大队附李旭辰队长将退出西门，即与敌兵相遇，双方开枪互击，一时枪弹如雨，余狂奔至凤凰嗉南，始脱离危险……

今日午后，得各方报告：知攻城之敌约二、三百人，由单县继续来丰之敌人，有汽车数十辆，给养车数十辆，马兵百余，步兵数百，共约千余人，分驻城关……

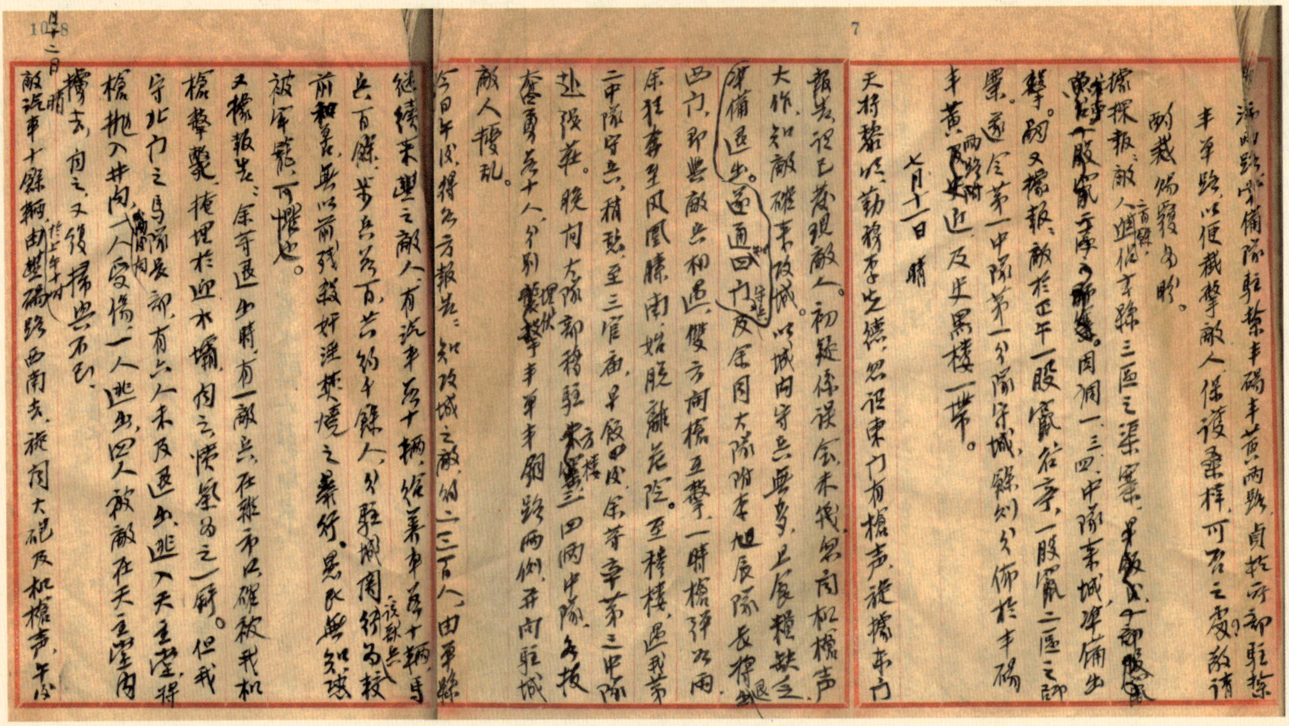

黄体润日记节选

# 华东煤矿股份有限公司股票

**保管单位：**徐州矿务集团档案馆

**内容及评价：**

华东煤矿股份有限公司股票，1935年发行，徐州矿务集团档案馆保存有63件。主体为藕褐色，票面边框四角印有“华东”字样，单面印制，分上下两部分，上方印有“华东煤矿股份有限公司股票”和股票编号，下方由左至右包括注册时间、股银总数、股东姓名、股份数量、银额钱数、股份号数起止等项。落款处有董事签名和印章，末具股票发行时间。该股票发行于华东煤矿股份有限公司创建之初，为研究徐州近现代煤矿工业发展提供了原始凭证，具有较高的史料价值和收藏价值。

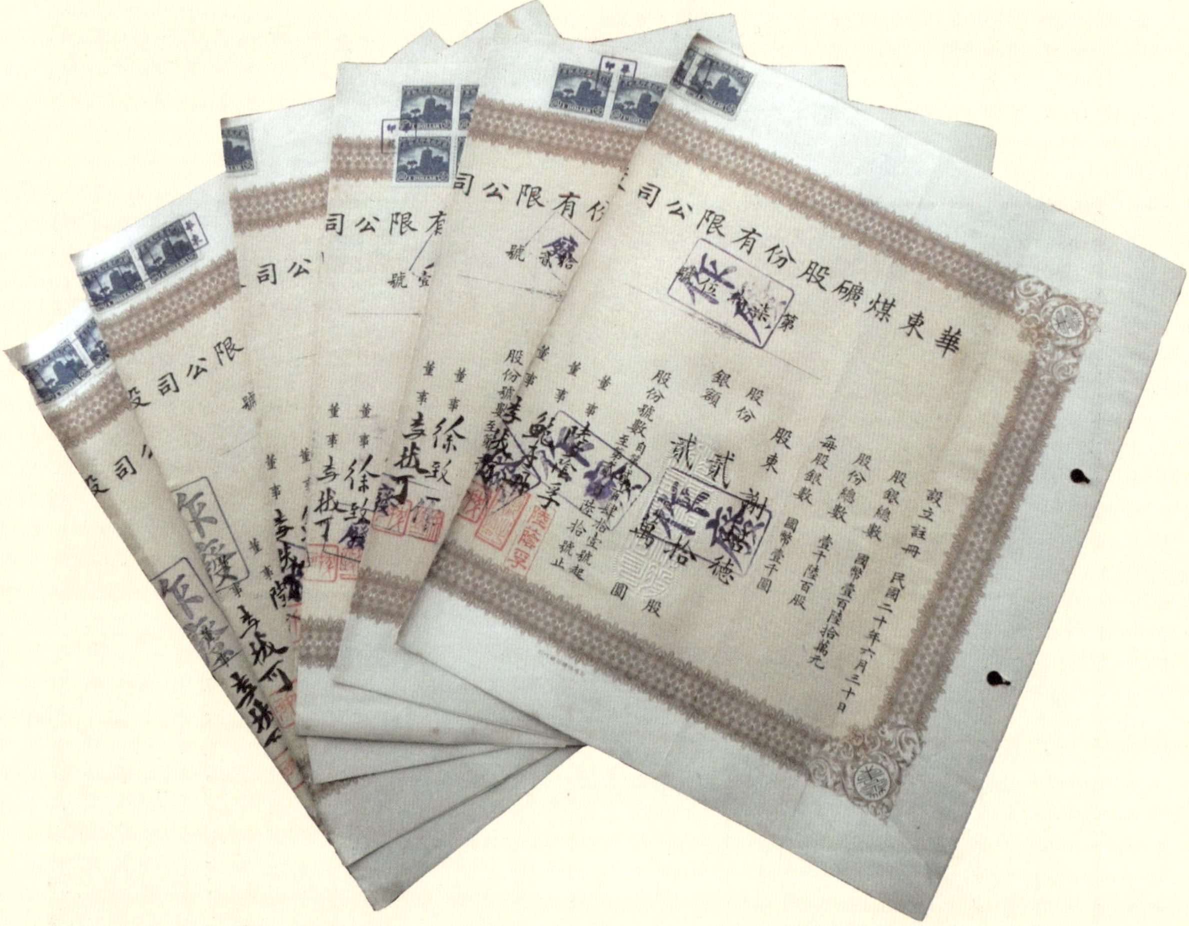


1935年，华东煤矿股份有限公司发行的股票。

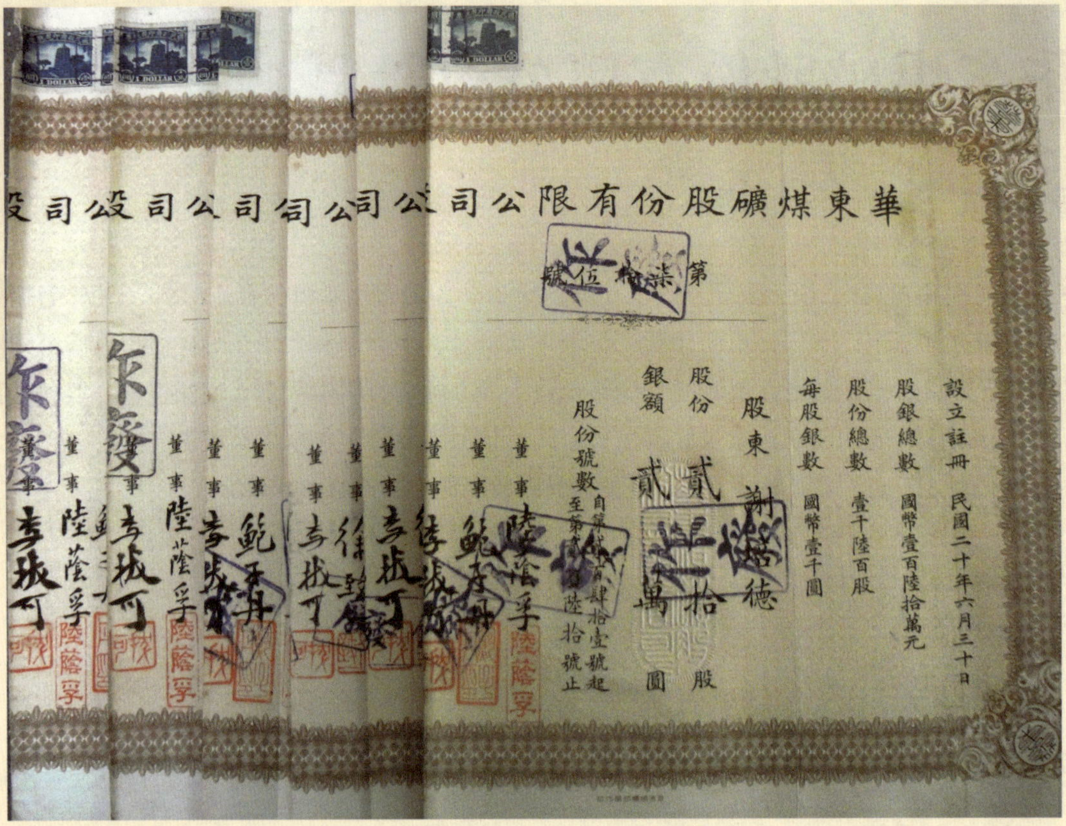

華東煤礦股份有限公司

第　號

設立註冊　民國二十年六月三十日
股銀總數　國幣壹百陸拾萬元
股份總數　壹千陸百股
每股銀數　國幣壹千圓
股東　謝培德
股份　貳拾　股
銀額　貳萬　圓
股份號數　自第　號起至第　陸拾號止
董事　陸蔭孚
董事　李拔可

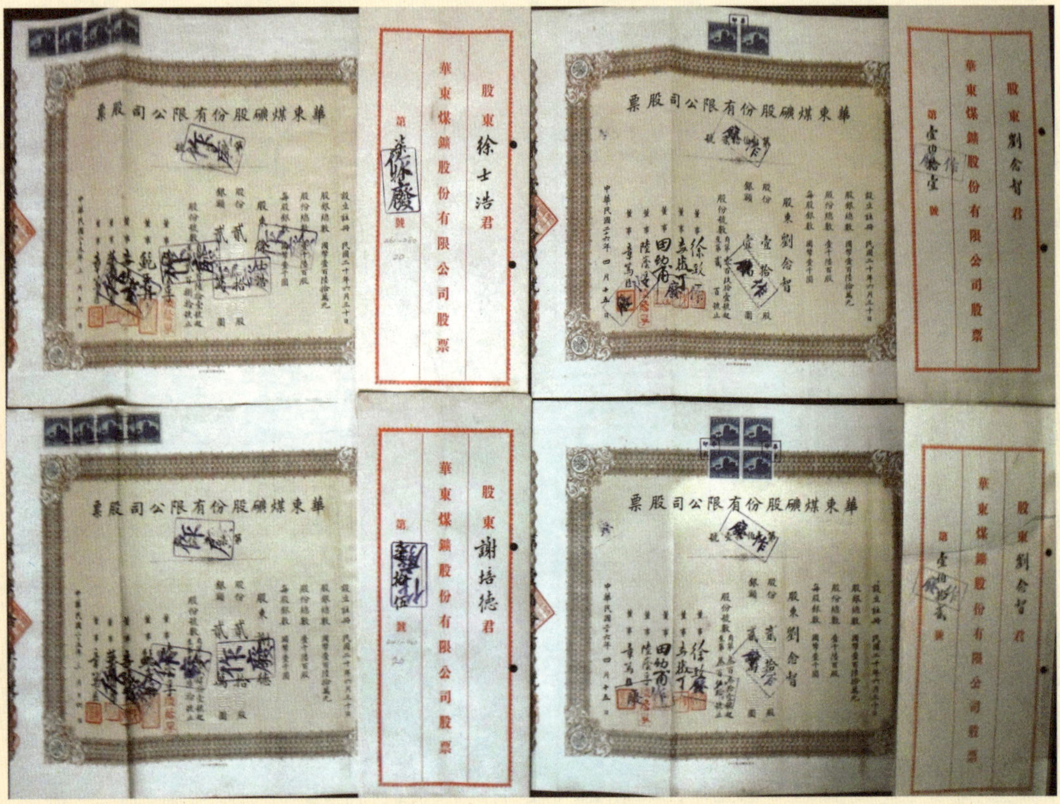

華東煤鑛股份有限公司股票　股東徐士浩君
華東煤鑛股份有限公司股票　股東謝培德君

1935年，华东煤矿股份有限公司发行的股票。

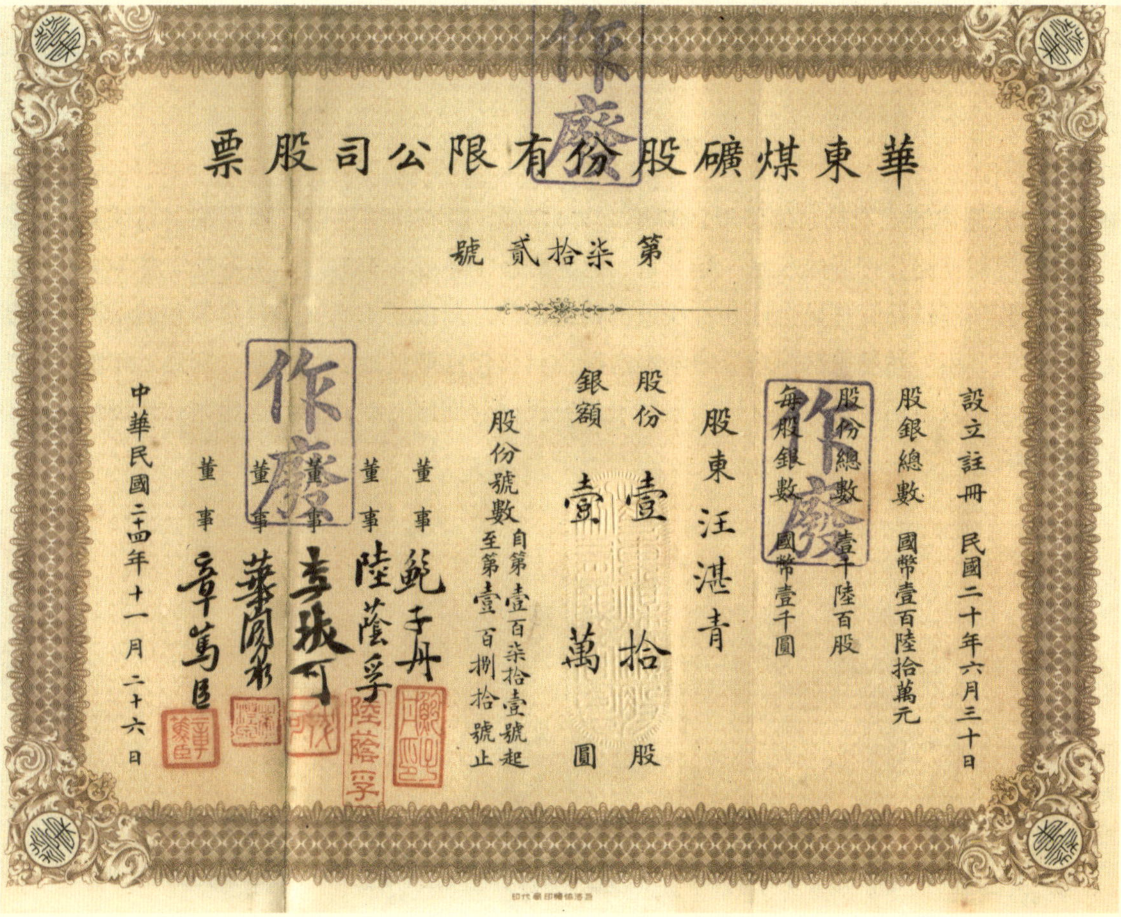
華東煤礦股份有限公司股票

第柒拾貳號

設立註冊 民國二十年六月三十日

股銀總數 國幣壹百陸拾萬元

股份總數壹千陸百股

每股銀數 國幣壹千圓

股東汪湛青

股份 壹拾 股

銀額 壹萬 圓

股份號數 自第壹百柒拾壹號起至第壹百捌拾號止

董事

董事

董事

董事

董事

中華民國二十四年十一月二十六日

作廢

股东汪湛青所持华东煤矿股份有限公司股票（31cm×26cm）

**相关知识：**

清光绪六年（1880）夏，洪水冲出贾家汪境内之煤苗。周勉等人据此挖窑探矿，终在孙家林（今贾汪境内）一带发现煤层，遂与他人合挖一露天煤坑，采煤出售。徐州百年采煤史由此发端。清光绪八年（1882）八月，南京候选知府胡恩燮筹银数十万两，延请西洋矿师巴尔前往贾家汪等地勘矿。同年十二月，左宗棠应胡恩燮之请，上书光绪皇帝，力求开采贾汪等地的煤铁矿，光绪帝亲批同意。清光绪二十四年（1898），贾汪煤矿公司成立。“贾家汪”自此渐称贾汪。1930年，上海民族资本家刘鸿生集股80万元大洋，接办贾汪矿场，成立华东煤矿股份有限公司。1933年10月，刘鸿生又投资50万元勘探夏桥新区，动工开凿夏桥一、二号新井，次年投产，成为华东地区主要煤矿之一。1948年11月9日，贾汪解放，华东煤矿股份有限公司由人民政府接管，改称贾汪煤矿。

# 中华国有铁路津浦线职员录

**保管单位：**徐州市档案馆

**内容与评价：**

中华国有铁路津浦线职员录编印于1937年，共448页，附有津浦铁路管理局编制系统及主要职员一览表。收录有津浦铁路管理局局长室、秘书室、总务处、工务处、车务处、机务处、驻津办事处、调查室、主计处派驻津浦铁路管理局会计处、铁道部铁道队警总局派驻津浦铁路警察署和躬景图书馆等内部机构及所属的段、组、站场等部门职员的基本情况，具体包括职员姓名、职务、别号、年龄、籍贯、到路年月、通信地址及电话号码等项。该档案对于研究民国时期国有铁路的机构建制和建设情况具有重要的史料参考价值。

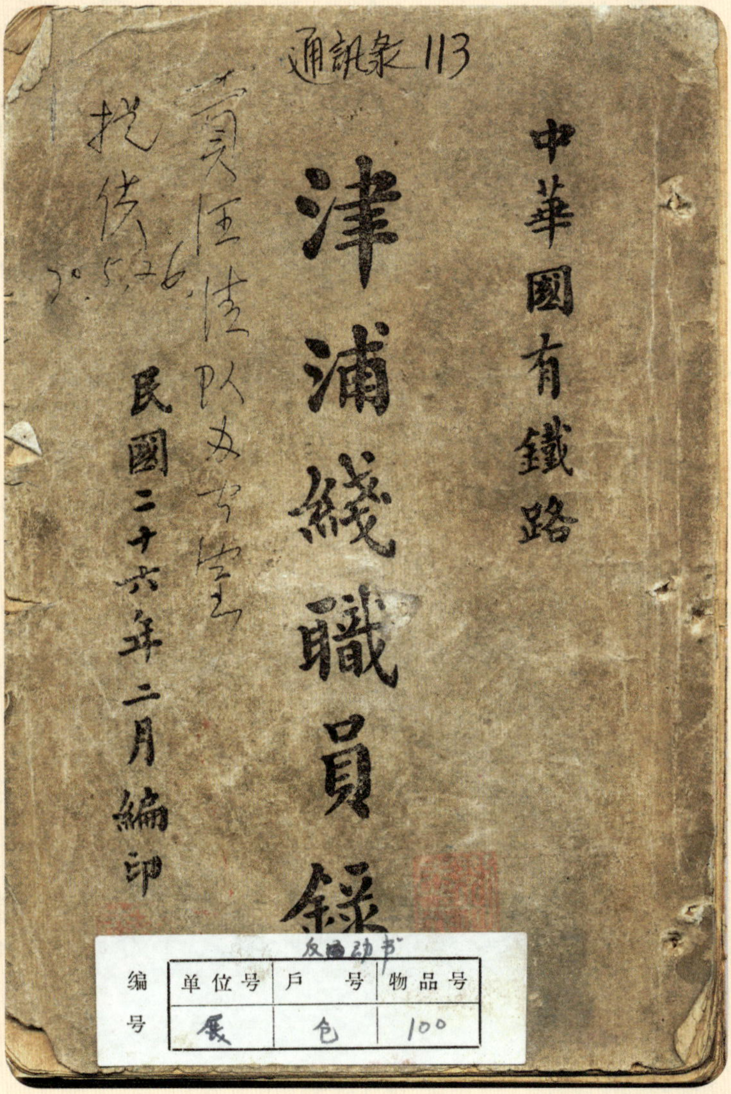


中华国有铁路津浦线职员录
（19cm × 14cm）

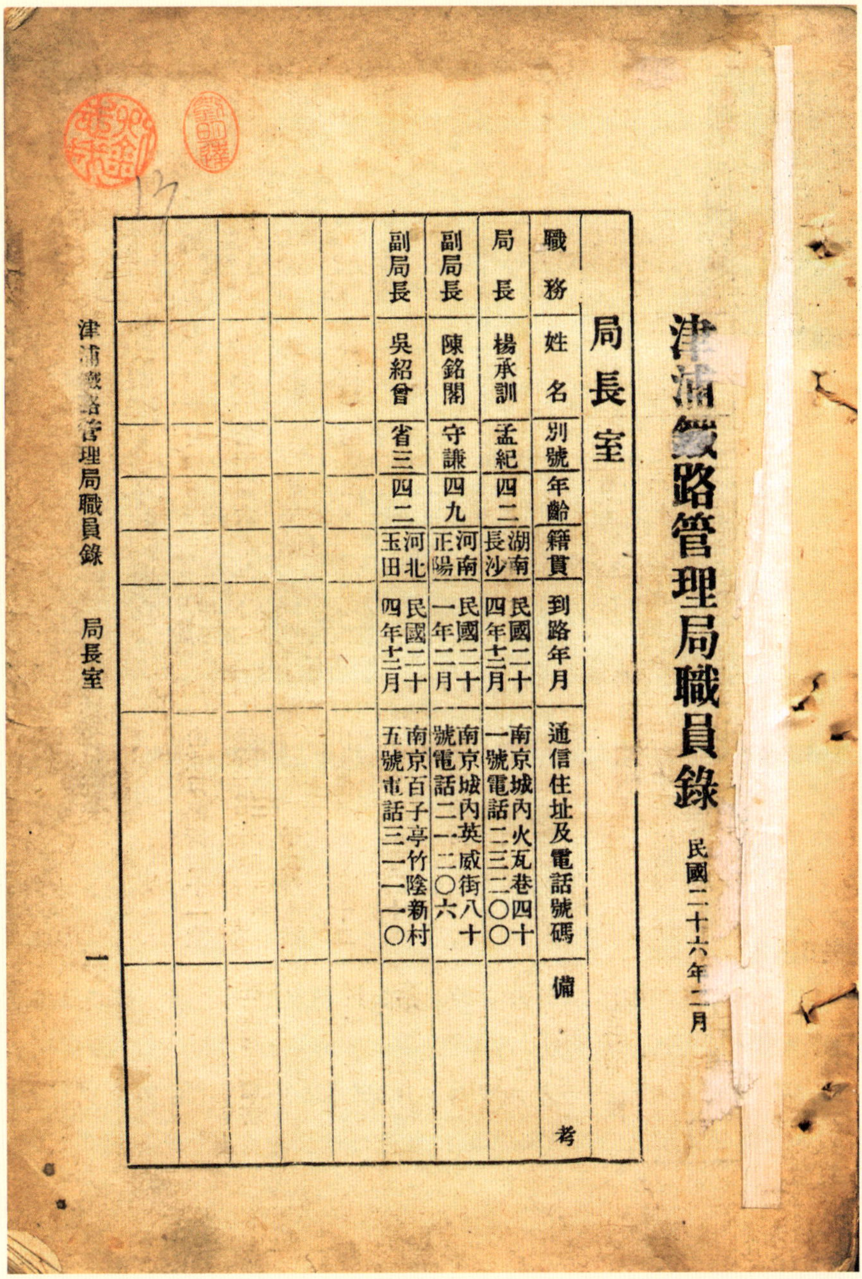

# 津浦鐵路管理局職員錄

民國二十六年二月

## 局長室

| 職務 | 姓名 | 別號 | 年齡 | 籍貫 | 到路年月 | 通信住址及電話號碼 | 備考 |
|---|---|---|---|---|---|---|---|
| 局長 | 楊承訓 | 孟紀 | 四二 | 湖南長沙 | 民國二十四年十二月 | 南京城內火瓦巷四十一號電話二三二〇〇 | |
| 副局長 | 陳銘閣 | 守謙 | 四九 | 河南正陽 | 民國二十一年二月 | 南京城內英威街八十號電話二一二〇六 | |
| 副局長 | 吳紹曾 | 省三 | 四二 | 河北玉田 | 民國二十四年十二月 | 南京百子亭竹陰新村五號電話三一一一〇 | |

津浦鐵路管理局職員錄　局長室　一

中华国有铁路津浦线职员录・局长室

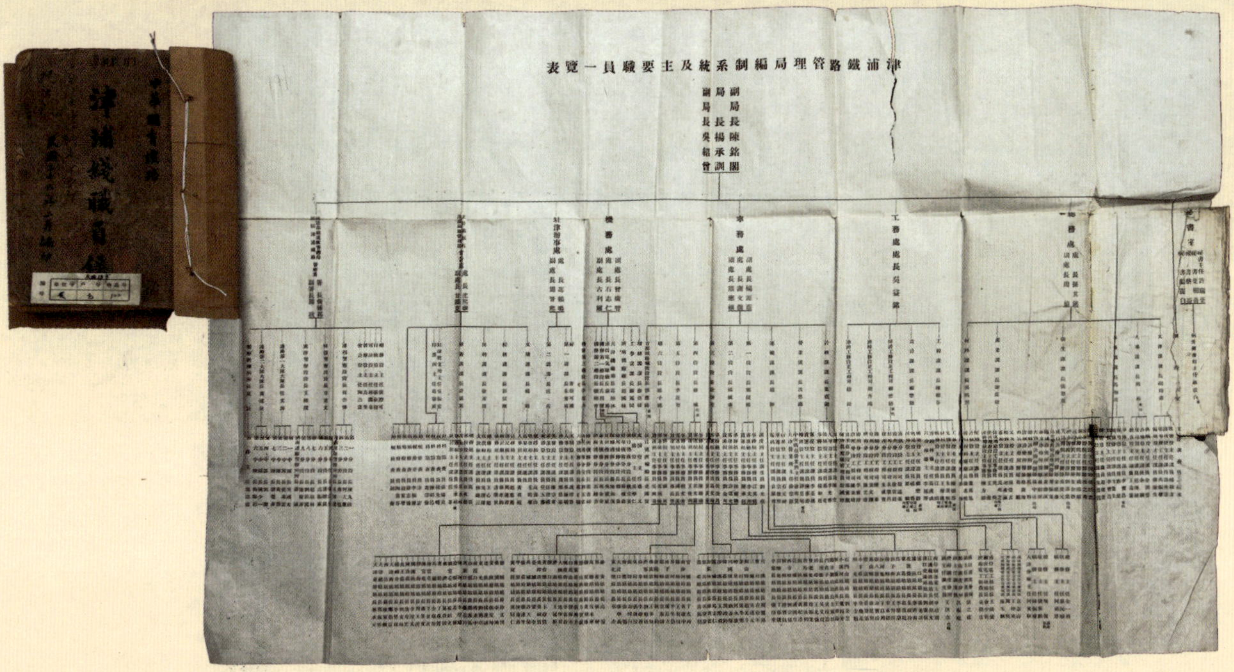


中华国有铁路津浦线职员录所附津浦铁路管理局编制系统及主要职员一览表

**相关知识：**

清光绪三十四年（1908），清政府被迫与英、德签订《天津、浦口铁路借款合同》，借款500万英镑，规定天津至韩庄运河桥为北段，由德国修筑，韩庄运河桥至浦口为南段，由英国修筑。1912年12月，津浦路全线贯通，长1009公里，成为沟通华北与长江下游的南北交通大动脉。全线直达通车后，南、北段合并，在天津成立津浦铁路总局，在浦口设立分局。1914年1月，津浦铁路总局改称津浦铁路管理局，浦口铁路分局改称浦口办事处。1927年3月，国民革命军攻克南京后，在浦口成立津浦铁路管理局，后在徐州设车务、工务、机务等分段。

# 江苏省农民银行丰县办事处档案

**保管单位：**丰县档案馆

**内容及评价：**

江苏省农民银行丰县办事处成立于1935年5月，丰县档案馆存有其档案275件，内容包括机构设置、行政管理的公文，人事工作通则，职员一览表，职员薪饷表单，贷款计划、办法，公库问题往来文书和1937年至1948年的营业决算报表等。该部分银行档案类目较为丰富，内容具体，是研究民国时期丰县地方经济史的第一手资料，具有重要的文献价值。

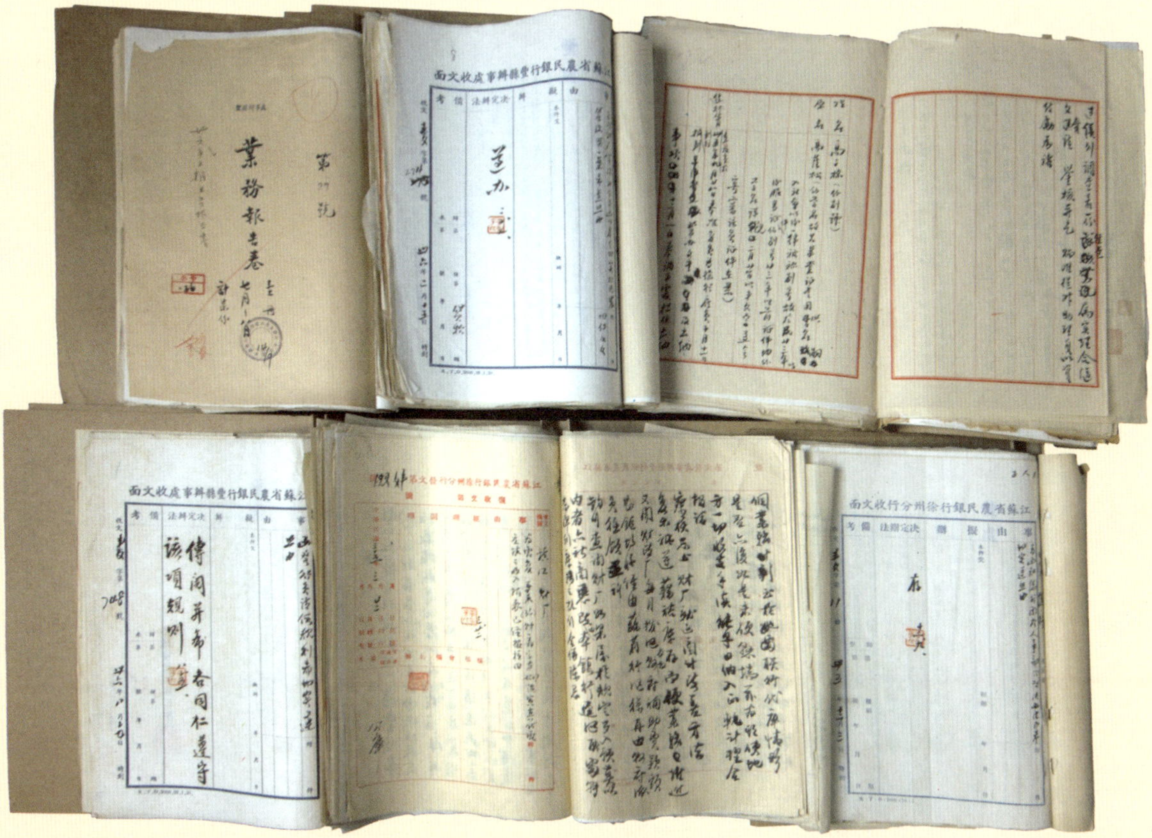

江苏省农民银行丰县办事处档案

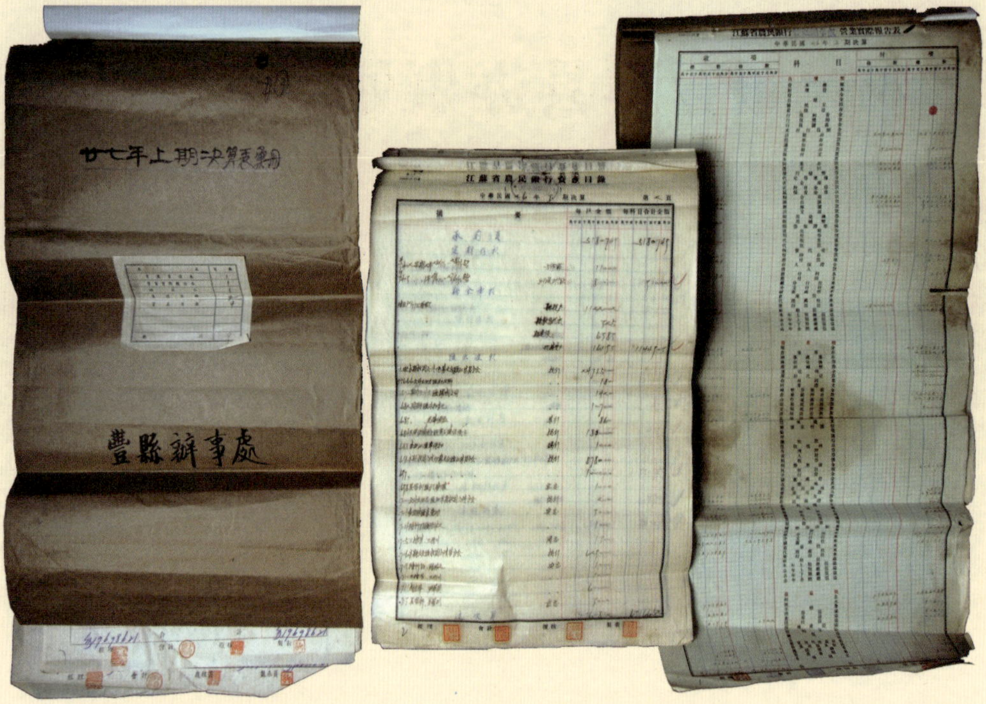


江苏省农民银行丰县办事处决算报表、资产目录、营业报告（单本25cm×52cm）

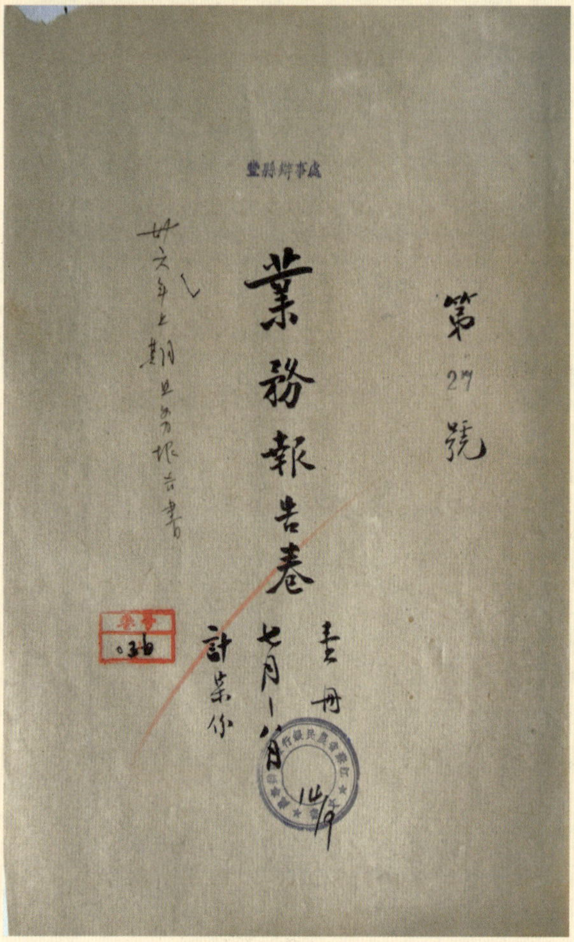


江苏省农民银行丰县办事处1947年上期业务报告卷（26cm×38cm）

## 全文（节选）：

### 江苏省农民银行丰县办事处三十六年上期业务报告书

一、概述

查丰县处江苏西北隅，邻近鲁豫。当苏鲁边区公路孔道。鲁南苏北无事则已，有事则战略上地位甚属重要。以其可辅翼津浦线进窥徐州，威胁首都。抗战期间敌人重军驻守，胜利以后共匪几度窥扰，职是故也。地方民性纯良，犹存古风，敦信义，尚俭节，第以迭遭敌伪共匪相互榨躏，致多家无斗升之粮，身无完整之衣。然其忠诚习性仍未稍尝改也。本地农产品以麦黍豆棉为主，战前每年均有大宗输出外销，他如羊毛产量亦多。本处在战前曾设有仓库办理棉贷储押业务，颇具规模。嗣以战事中止，现本处以筹复不久，资力未复，目前尚无力为此。不过春间中国农民银行曾先后在此举办棉贷、农贷各种贷款十一亿元。中央合作金库亦在此间贷放壹亿元，农村稍获滋苏。至于本期本处在此间初以受鲁南战事影响，业务未能推展，于四月间局势转好后方始渐次开拓，吸收存款，举办放款，俟期尽力而为，以求收支平衡，乃终以亏累已久，开支逐月加大（主要为薪津之调整，米贴之增加），加以总行对于小本贷款又迭令禁放，空使本处多余头寸无法利用，坐失利息收入时机，以致亏损数字无法弥减，本期帐面数字虽损，而地方商业所赖本处贷款以滋苏者实多。此私表尚可告慰者也。兹将本期各种业务数字分别列表附后，藉便核对尚幸有以。

指正为祷。

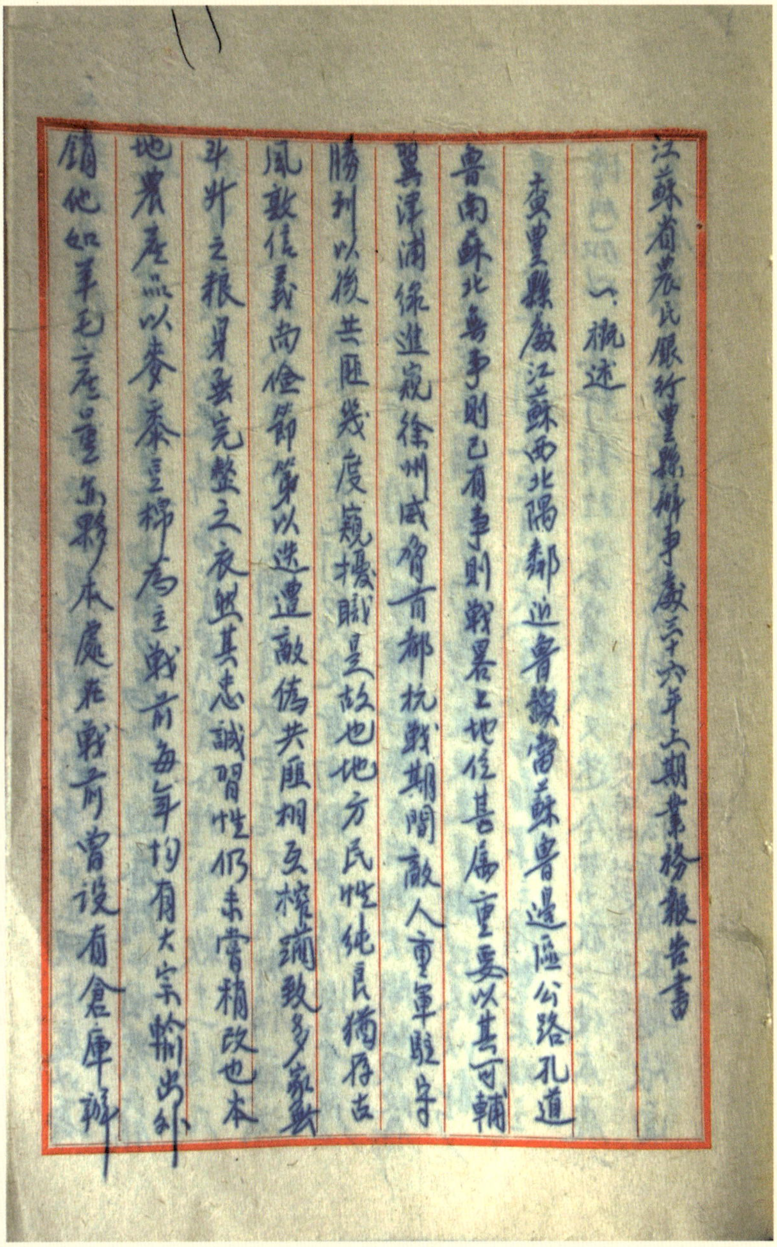
江蘇省農民銀行豐縣辦事處三十六年上期業務報告書
一、概述
查豐縣處江蘇西北隅鄰近魯豫當蘇魯邊區公路孔道
魯南蘇北無事則已有事則戰略上地位甚屬重要以其可輔
翼津浦綫進窺徐州威脅首都抗戰期間敵人重軍駐守
勝利以後共匪幾度窺擾職是故也地方民性純良猶存古
風敦信義尚儉節第以迭遭敵偽共匪相互榨躪致多家無
斗升之粮身無完整之衣然其忠誠習性仍未嘗稍改也本
地農產品以麥黍豆棉為主戰前每年均有大宗輸出外
銷他如羊毛產量亦多本處在戰前曾設有倉庫辦

江苏省农民银行丰县办事处1947年上期业务报告书（26cm×38cm）

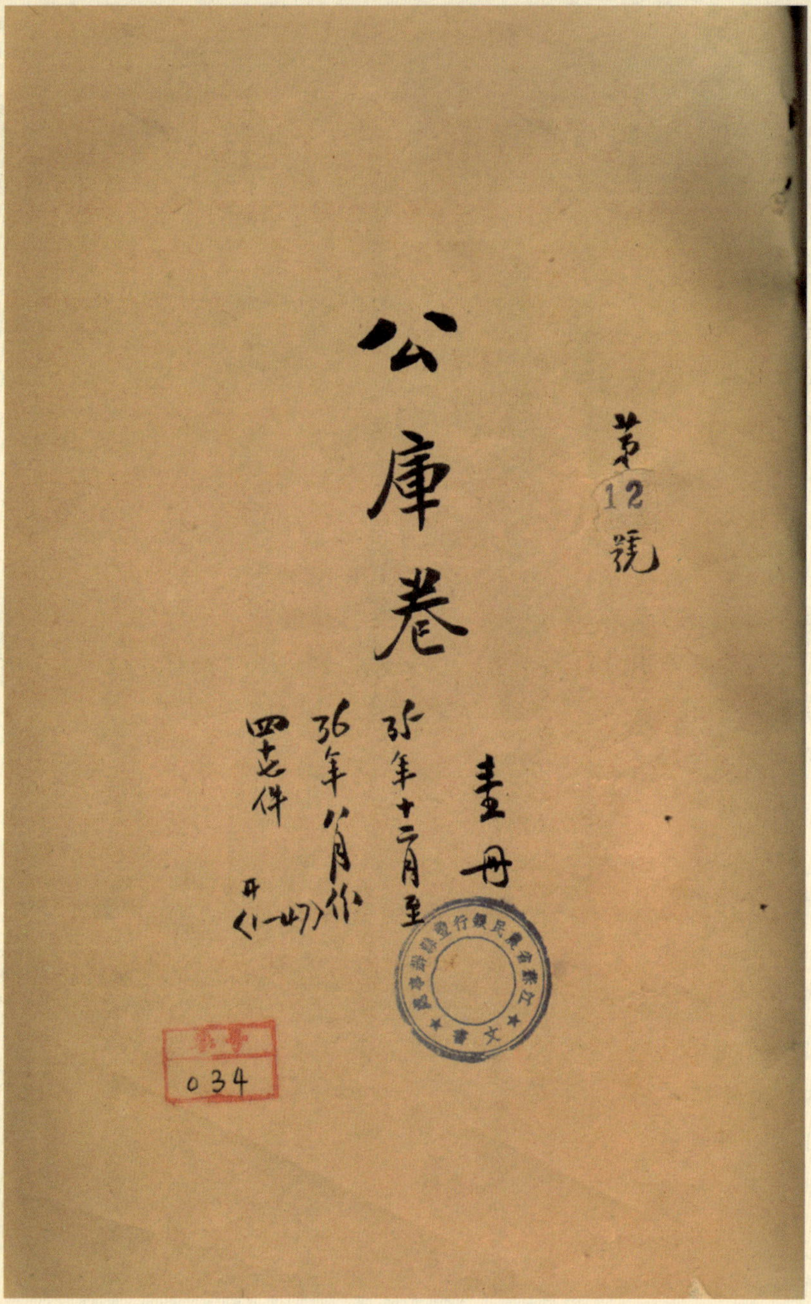


江苏省农民银行丰县办事处1946年12月至1947年8月第12号公库卷
（20cm×30cm）

# 第五战区抗敌青年军团军用证明书

**保管单位：**徐州市档案馆

**内容及评价：**

本件档案为1938年国民革命军第五战区抗敌青年军团派遣中士军需朱心五由潢川经信阳、武汉至桂林，出具的军用证明书。该证明书为统一制式，分两个部分。第一部分主要包括派遣人姓名、派遣事由、有效期间、落款、日期和印章等。落款处盖有兼团长李宗仁、副团长张任民蓝色印章和第五战区抗敌青年军团的红色印章。第二部分为“军用证明书条例”，详细规定了军用证明书领取、使用的条件和注意事项。该军用证明书对研究第五战区抗战青年团建立及遣散情况具有一定的史料价值。

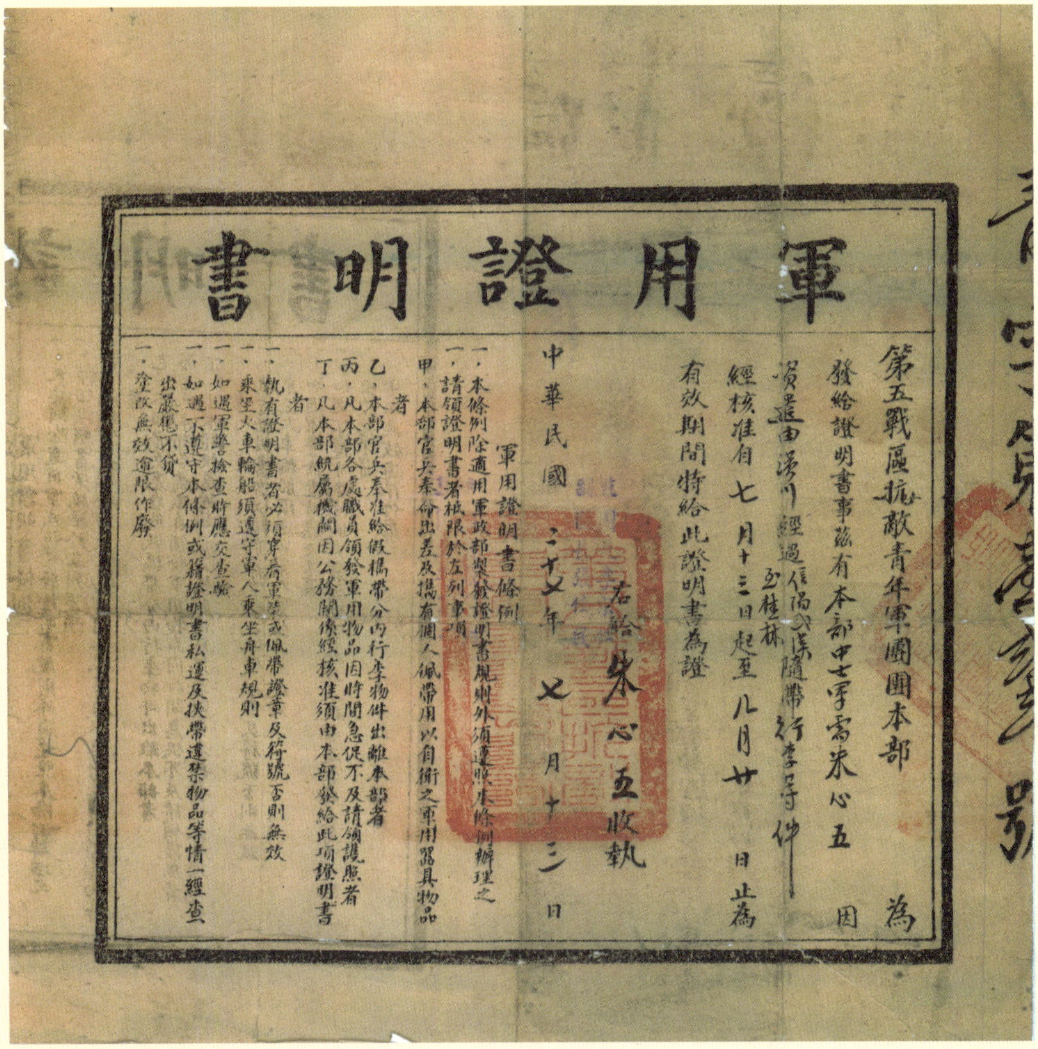

軍用證明書

第五戰區抗敵青年軍團團本部 為發給證明書事茲有本部中士軍需朱心五 因公遣由潢川經過信陽武漢至桂林 隨帶行李等件 經核准自七月十三日起至九月廿日止為有效期間特給此證明書為證

右給朱心五收執

中華民國二十七年七月十三日

軍用證明書條例

一、本條例除適用軍政部製發證明書規則外須遵照本條例辦理之

一、請領證明書者祗限於左列事項

甲、本部官兵奉命出差及攜有個人佩帶用以自衛之軍用器具物品者

乙、本部官兵奉准給假攜帶分內行李物件出離本部者

丙、凡本部各處職員領發軍用物品因時間急促不及請領護照者

丁、凡本部[illegible]屬機關因公務關係經核准須由本部發給此項證明書者

一、執有證明書者必須穿着軍裝或佩帶證章及符號否則無效

一、乘坐火車輪船須遵守軍人乘坐舟車規則

一、如遇軍警檢查時應交查驗

一、如遇不遵守本條例或藉證明書私運及挾帶違禁物品等情一經查出嚴懲不貸

一、塗改無效逾限作廢

国民革命军第五战区抗敌青年军团军用证明书（29cm×30cm）

**全文：**

## 军用证明书

第五战区抗敌青年团团本部为发给证明书事：兹有本部中士军需朱心五，因资遣由潢川经过信阳、武汉至桂林，随带行李等件。经核准自七月十三日起至八月廿日止为有效期间，特给此证明书为证。

右给朱心五收执。

中华民国二十七年七月十三日

## 军用证明书条例

一、本条例除适用军政部制发证明书规则外，须遵照本条例办理之。

一、请领证明书者只限于左列事项：

甲、本部官兵奉命出差及携有个人佩带用以自卫之军用器具物品者；

乙、本部官兵奉准给假携带分内行李物件出离本部者；

丙、凡本部各处职员领发军用物品因时间急促不及请领护照者；

丁、凡本部统属机关因公务关系经核准须由本部发给此项证明书者。

一、执有证明书者必须穿着军装或佩带证章及符号，否则无效。

一、乘坐火车轮船须遵守军人乘坐舟车规则。

一、如遇军警检查时应交查验。

一、如遇不遵守本条例或籍证明书私运及挟带违禁物品等情，一经查出，严惩不贷。

一、涂改无效，逾期作废。

**相关知识：**

1937年10月，李宗仁任国民革命军第五战区司令长官，驻守徐州指挥津浦铁路的防御。应徐州青年抗日团体要求，李宗仁在徐州中学举办了第五战区抗日训练班，培训学生300人。第二期抗日青年训练班陆续招收5000人，更名为国民革命军第五战区抗敌青年军团，李宗仁兼任团长，原广西绥靖公署中将参谋长张任民兼任副团长。该团在当时颇有名气，李宗仁曾自豪地说："蒋介石有中央干训团，共产党有抗大，我有青年军团。" 1938年1月全团离开徐州，开赴河南潢川县城受训。其后，徐州沦陷，第五战区名存实亡，青年军团团员分别走上不同的道路。

# 徐州市私立昕昕中学同学录

**保管单位：**徐州市档案馆

**内容及评价：**

徐州市档案馆保存的徐州市私立昕昕中学同学录共计7种11册，主要包括：《昕中年刊（民国三十七年第五届毕业纪念刊）》、《徐州市私立昕昕中学、光启小学同学录（民国三十年六月）》、《淮海省徐州私立昕昕中学校、光启小学校毕业班同学录》、《徐州市私立昕昕中学高中第四届毕业、初中第七届毕业同学录（民国三十六年六月二十八日）》、《徐州市私立昕昕中学高中第六届、女部高中第三届、初中第九届、女部初中第四届同学录（民国三十八年六月）》、《昕中毕业同学录（1950）》、《昕中毕业同学录（1951）》。该系列同学录收录了昕昕中学校旗、校徽、校训、校歌、校史等文献资料，校董、职教人员、学生名录和大量校景、校舍、设备及教学活动的珍贵图片资料。

本组档案时间跨度较长，始自1941年，迄于1951年。作为第一手档案资料，见证了徐州教育事业的时代变迁。

徐州市私立昕昕中学年刊、同学录

**全文：**

## 昕昕中学的校史

绪言

本校在民国卅五年（一九四六）的六月，才奉到江苏省教育厅核准立案的令文，这在本校成立历程的当中，只是一个新的纪元，追本穷源，要从民国初年本校前身创办时说起。今天趁着印行年刊的机会，把本校从前经过的一切，都记述下来，以垂永久。这意思第一，要使现在及后来的人，都知道本校之得有今日，并非偶然。是从前的人艰难缔造，从奋斗中培养滋育，才有今天的进步，实在不是一件容易的事。若要维持既往扩展将来，吾人必须继续努力，以增进本校的光荣。第二，为纪念从前创办及爱获［护］本校有名及无名的人，平时他们供献精神，乱时牺牲性命，一滴血，一滴汗，才把今天的昕中培养长成起来，所谓“前人栽树，后人乘凉”，我们是乘凉的人同时负有继续爱树的责任，除掉竭尽智能寄予无限的希望以外，并对从前许多栽树护树的人，应当作一番虔诚的感谢。以上把绪言说明，下边便是昕中三十年经过的校史。

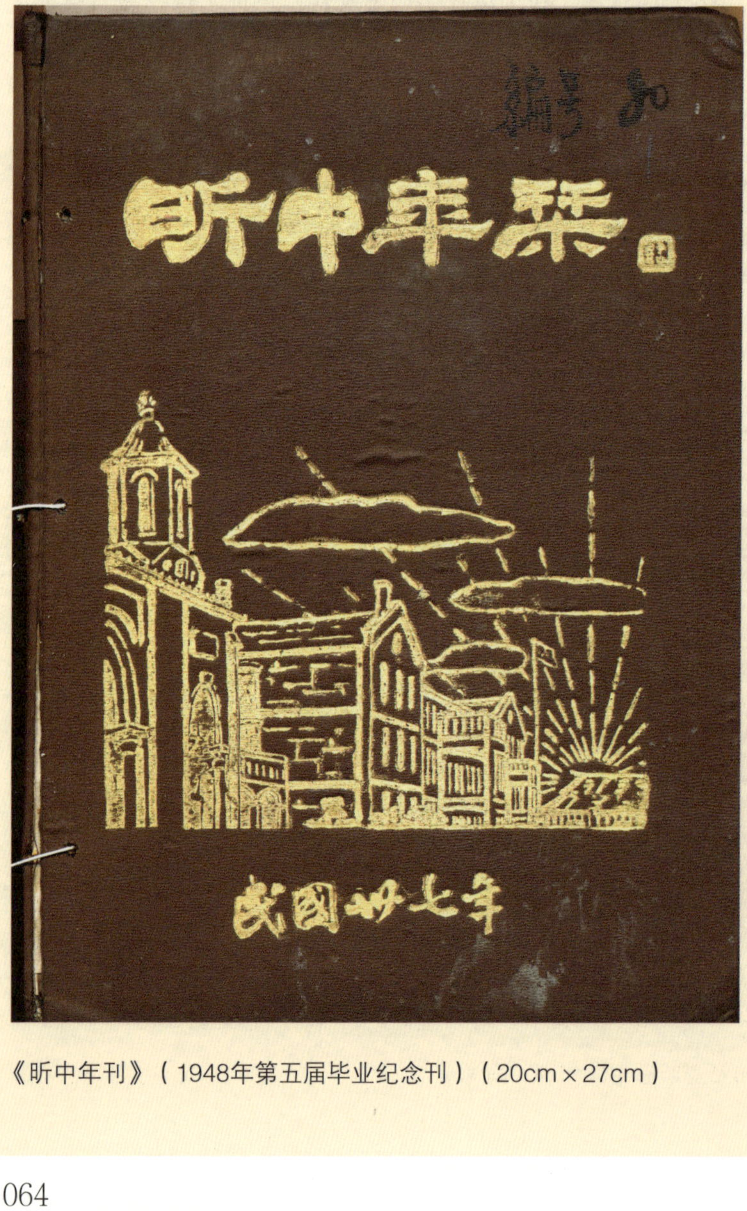

《昕中年刊》（1948年第五届毕业纪念刊）（20cm×27cm）

第一期

民国五年（一九一六）上海震旦大学派惠济良教授来徐招生，当时地方热心人士请创办中学，震旦当局调查彼时徐属中等学校缺乏，遂于第二年（民国六年）派人来徐筹备，相定地址，建筑校舍，（即是现在校址）最初成立的仅是一种预科，法文名字叫做Ecole prèparatoire à I’Aurore 专授法文，规模很小。

民国二十一年（一九三二）毛伦主教加以扩充，重建校舍卅三间，招收学生一百廿人，成立中学普通科，始有震旦附中之名，一直到民国二十四年（一九三五）这一段将近二十年的过程中，可以说是昕中的前身。

第二期

民国廿五年（一九三六）罗马教廷代表蔡甯主教于斌神父提议，同时现任邰轶欧主教发愿，以建校为第一工作，议定以本校前身之震旦附中为基础，于是年添造校舍六十六间，筹集基金国币五万元，聘请常熟张寿祺司铎为第一任校长，由马相伯先生改定今名为“昕昕中学”并亲书校牌相赠，从廿五年度第一学期起编为初中部一二三年级三班，高中部一二年级两班，公教生与非公教生共计二百余人，这一措施，才奠定了今日昕中的基础。

民国廿六年（一九三七）三月，邰主教以创办人的资格，遵照部颁修正私立学校规程。聘请于斌王公与等十五人为校董，推选于斌为董事长，同时由张寿祺校长秦士元神父等拟定校董会章程并编制各种呈报开办及立案应用表册，同年六月廿三日，呈请铜山县教育局转呈江苏省教育厅立案，嗣于八月十六日奉铜山县教育局学字第一一九六号训令转到八月十二日教育厅第一四四七八号指令，批示“呈暨附件均悉，查核大致尚合”外，又同日奉铜山县教育局学字第一〇九七号训令转到教育厅第一四四六号指令，修正校董会各点及充实图书仪器等项，旋即遵照修正办理复呈在案，以期完成立案手续。

这其间从民国廿五年（一九三六）筹备改建学校起至廿六年（一九三七）拟定章则表册呈请立案时止，短短的一年中，王公与校董在铜山县长任内及升任松江专员前后，对于本校极多赞助，至足感谢。

最不幸的事件，是这年（廿六年）本校积极改建甫成的中间，芦沟桥抵抗敌人的炮声已响，继而首都西迁，徐州告紧，第五战区李司令长官宗仁为使徐州人口疏散，本校不得不迁至铜山县属之杨庄集，计从廿六年冬天至次年夏天前后八个月，多亏了张寿祺校长率领全体教职员及学生在乡间照常上课，当其时危疑震憾，一夕数惊，卒能艰苦支撑，未至解散，不能不归功于张校长及教员张登儒秦士元两神父，（张现任扬州震旦附中校长秦现任上海金科中学教导主任）之镇定艰苦，应付有方。

民国廿七年（一九三八）五月徐州失陷后，所有公私学校完全停顿，本校在乡间虽然艰苦支撑，但是敌人铁骑时来践踏，危险与日俱增，在校同人均抱绝大决心，不怕牺牲，然对于学生安全不能保证，彼时避难在教堂里的学生各家长纷向学校商请迁回，邰主教对这问题再三踌躇，虽曾蒙蒋夫人面嘱，万一不幸徐州失陷，仍希望学校继续维持，但恐惧敌人毒害，或者政府不谅，乃改用天主教“明道院”的名字为隐蔽，始行迁校返徐，所有学生仍从事于中学课程，因张校长惊忧成疾辞职回籍，校长一职无人敢承，临时由加拿大籍萨镇东神父毅然担任。

在前边所述本校以“明道院”为掩蔽重新迁回上课以后，并没能去掉敌人的疑忌，还是不断伸出魔掌时常予本校以打击，自从民国廿八年（一九三九）七月起至廿九年（一九四〇）六月止，这一个阶段，本校的命运不绝如缕，如今痛定思痛，追记起来，正令人心悸，现在把遭受敌人摧残最显著的事实，记述如左。

（一）廿八年（一九三九）七月被敌人逮捕神父二人，教员十人，神父拘留十日释放，教员拘留三四个月或半年后，被逐出境，学校于是停闭多日，始重行上课。

（二）廿八年（一九三九）十月在萧徐道上汽车中被敌军发枪将万修士（昕中通讯误刊为神父）……击伤（后因伤重致命）同乘汽车之萨校长镇东亦受轻伤，险丧性命，学校复遭遇一度之查封，图书文物，损失极巨，遂又告停闭。

本校因击毙万修士击伤萨校长事件，由邰主教以天主教立场，同敌人为严重之交涉，经过数月，结果，敌知理短，乃向学校道歉并保证以后不再发生类此事件，承认本校为教会学校，不再干涉，得以自由存在。

民国廿九年（一九四〇）六月四日，学校重行正式上课，由邰主教聘请张君九先生为校长，张先生对于办事有能力，且富于奋斗精神，娴于应付，故能一再阻止依附敌人的份子入校任教，同时因本校立场纯洁，地方一般宿学知名之士如韩席畴王肯堂王与轩余晓峰诸先生皆任学于本校，遂得一时平静。

民国卅一年（一九四二）十一月张校长卒被敌人逮捕，拘留至四个月，拘留时期，备受种种痛苦，性命险遭不测，完全受学校影响所致。学校所以不满于敌人的原故，第一不允接收为敌有，第二不聘附敌的份子为教员，第三拒绝向伪方政府立案，至于秘密讲授抗战时事，有利情势，及三民主义等，敌人侦察虽严，然以师生之间保守严密，无有为虎作伥的人，可以断定不在仇视的原因之内。

在这五年艰苦备尝的环境中，奋斗不停，最足以鼓励本校全体师生情绪的，莫过于承我政府特派地下工作人员陆仲方君及丁君先后两次从后方秘密来校慰问。至未被敌人完全破坏的原故，第一要归功于彼时多数学生的家长及地方守正不阿的人对于本校极端信任与拥护，第二由于萨镇东那维义两位神父周旋应付，煞费苦心。

至太平洋战争爆发以后，邰主教同许多神父因国籍关系，都移送至上海集中营，幸得预为安排，乃于中立国之中，情商西班牙国籍芜湖教区黎思本神父蚌埠劳神父山东郝神父来校主持校务，至胜利后邰主教白神父等归来后，始各返教区。

民国卅三年（一九四四）春张校长因上年被拘备受苦痛，虽经休养，体力仍感不支，遂于卅三年度第一学期因病请假，校务皆请教员罗志仁先生代理，训育主任一职，则由现任校长程慰先神父担任。

民国卅四年（一九四五）春，即卅三年度第二学期，张校长已正式辞去校长职务，学生又改聘葛砥石先生为继任校长。

第三期

本年（卅四年）暑假中，日敌降服，我国胜利，消息传来，举国若狂，而本校创办人邰轶欧主教同前时主持校务之白神父尚洁孙神父国光等由上海集中营归来，给予本校以莫大的欣慰，邰主教等集中精神，整顿学校，改组校董会，聘请罗志仁先生为胜利后第一任校长，从事整理，本校经此苏醒，重返光明，脱离危险，步入新生的道路。

民国卅五年（一九四六）春，即卅四年度第二学期，罗校长受本校校董会之委托，进行完成立案事宜，（其中最感困难的地方是本校经过摧残，从前立案文件及一切表册图籍多半散失难于查考。幸得吴智德、王培安二位先生于废纸堆中多方搜寻，加以整理，始稍有眉目处以制定呈报立案文件）曾两次赴镇江同孙神父国光向教育厅陈厅长一再陈述本校立场及办理经过，幸蒙教育主管当局采纳，于同年六月十八日以教一字第〇三二八九号训令核准立案并随令颁发学校钤记一颗，当经检同印模，于同年七月一日呈报启用，所有本校立案手续至是始告完成。

民国卅六年（一九四七）春，罗校长因疾引退，经于斌董事长以书面校董会提名，聘请训育主任程慰先神父为本校校长，程校长任事以来，整理校务，成绩昭然，能于教务训育两部工作以外，更以余力，组织《昕中通讯》及《昕中年刊》足见毅力充沛，勇于改进，以此孳孳不息之精神，为本校服劳，行见校务与日俱进，可为欣幸。

综观本校经过的一切，可以分为三个时期，第一期为昕中前身法文预科及震旦附中，这一期的史料所存无几，可惜的是都已消失了，第二期为邰主教建校甫成遭遇空前厄运，这一期的史料殊可宝贵，幸得保存。第三期为胜利后重新整顿完成立案手续，而今一切渐入轨道，循此而进，康庄可期，将无止境。

结 论

天主教耶稣会从四世纪以来在世界各国，以提倡办理教育为事业，为今各大城市，都有耶稣会所办的大学中学，收容的学生何止万千，本校也属于耶稣会所办的学校之一，他的目的无非是使全人类都受到良好的教育，种上一粒和平的种子，现在虽然是杀机遍地，和平被受威胁，但是人类是有理性的，眼看着这自相毁灭的暴行，岂能不触目惊心，翻然觉悟，早晚必有一天，这荆棘被铲除，也就是和平种子发荣长大的时期了。依此论断，这“和平”的种子还是要一粒一粒的往地下种，往地下种！

一九四八年五月昕昕中学校董会书记卢格念记述。

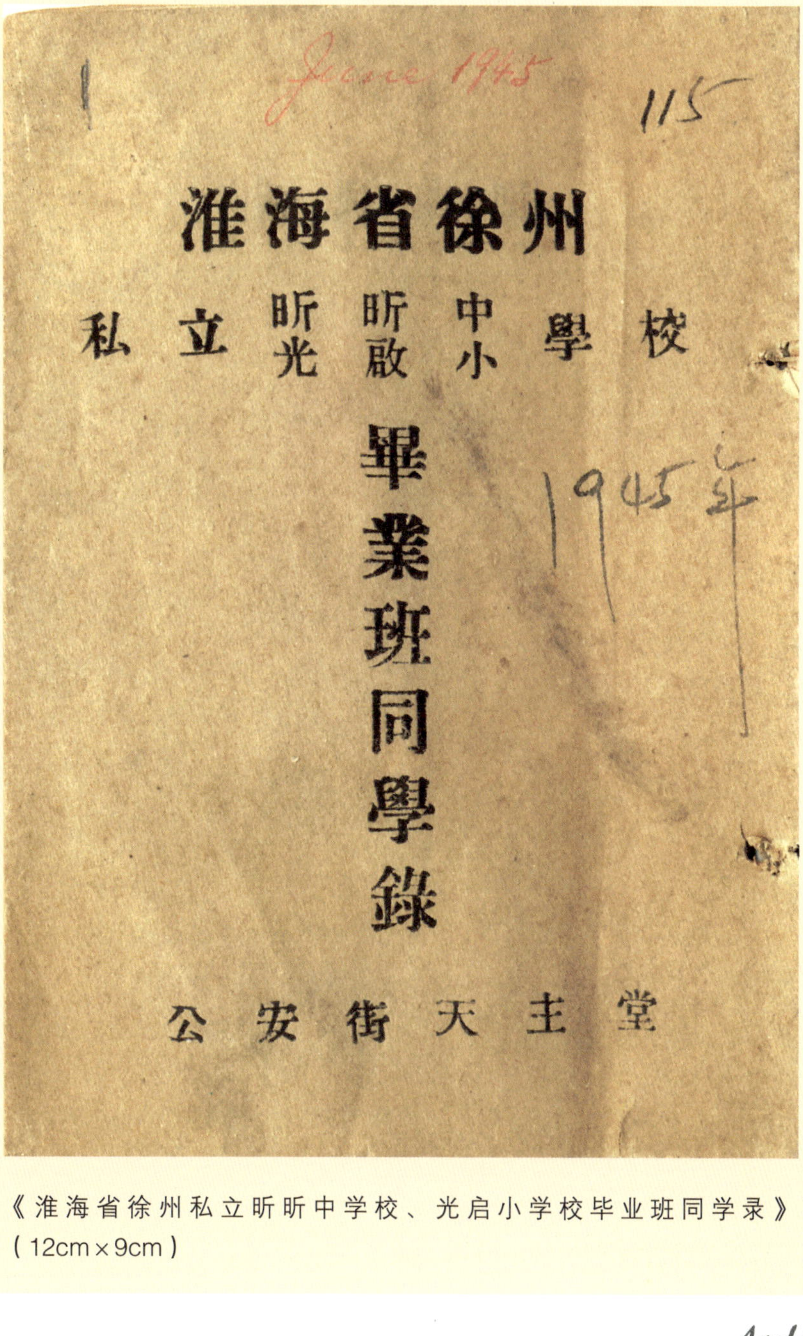


《淮海省徐州私立昕昕中学校、光启小学校毕业班同学录》
（12cm×9cm）

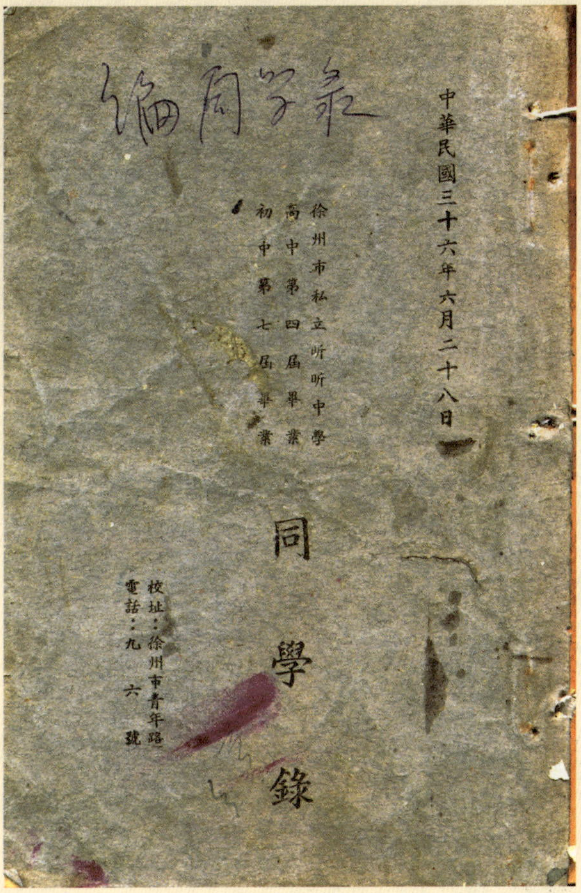


《徐州市私立昕昕中学高中第四届毕业、初中第七届毕业同学录》（13cm×19cm）

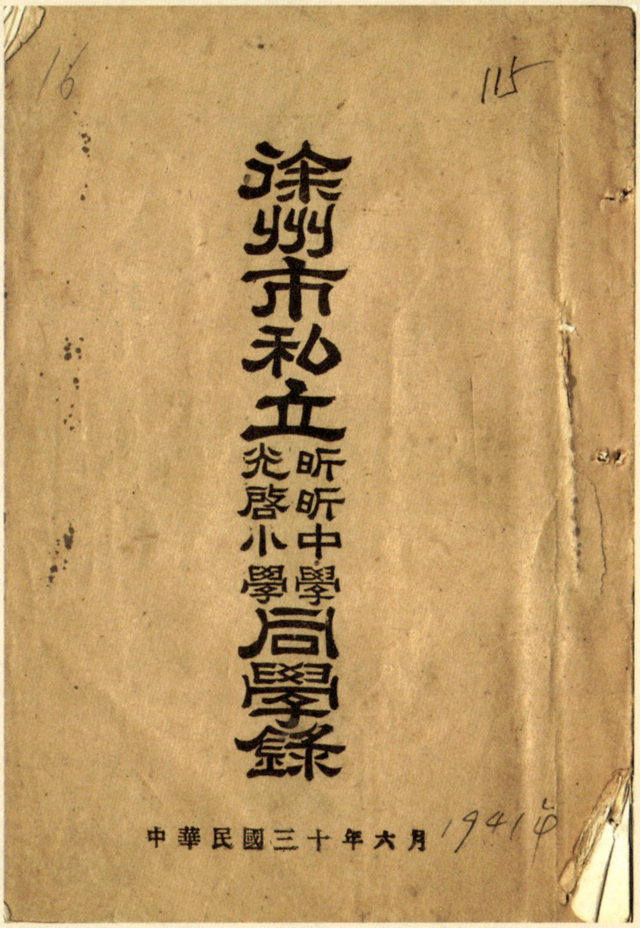


《徐州市私立昕昕中学、光启小学同学录》（13cm×19cm）

**相关知识：**

徐州市私立昕昕中学源于1917年上海震旦大学在徐州开设的法文预科班。1932年，毛伦主教加以扩充，重建校舍33间，招收学生120人，成立中学普通科，始有震旦中学之名。1936年，罗马教廷代表蔡宁主教、于斌神父提议以震旦附中为基础，扩建学校，中国著名教育家、复旦大学创始人、震旦大学首任校长马相伯改“震旦附中”为“昕昕中学”，并手书校牌相赠。抗日战争爆发，徐州沦陷后，昕昕中学改用天主教“明道院”名义继续维持。1945年抗日战争胜利，昕昕中学复校。1951年至1952年，徐州市人民政府接收教会学校，昕昕中学更名为徐州第四中学。

# 窑湾邮政档案

**保管单位：**新沂市档案馆

**内容及评价：**

窑湾邮政档案是1941年至1942年官办窑湾三等邮局形成的文书、人事和邮政业务等档案的汇集，共计650件。主要内容包括窑湾邮局职工履历名册，邮差录用、邮路设置、邮政业务的公函和邮轮运输执照等。该部分档案系统完整，丰富全面，对研究民国时期邮政历史具有重要的史料价值。

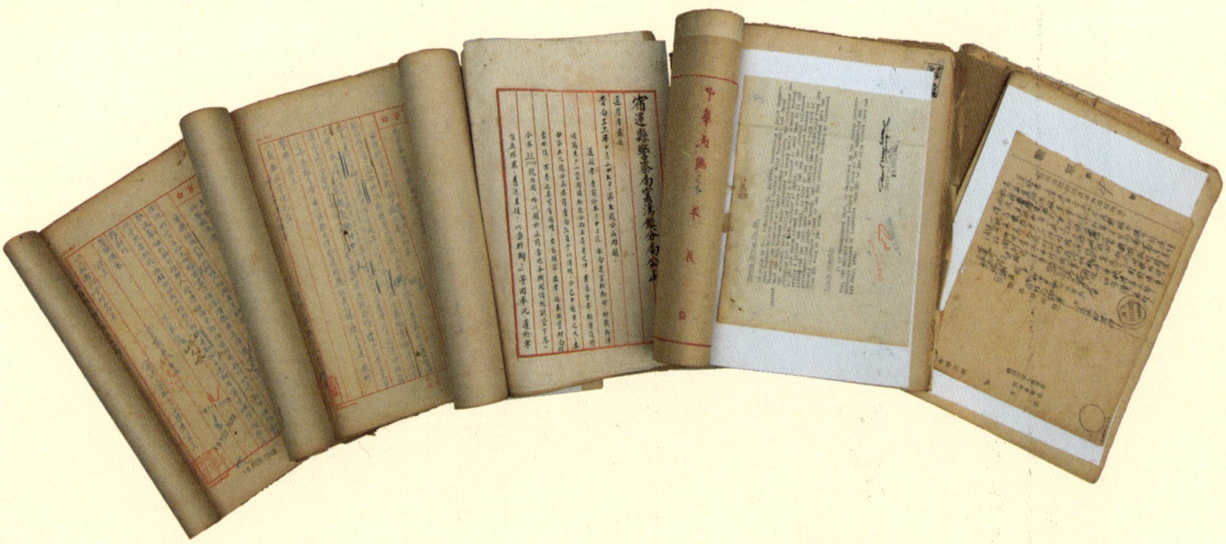

窑湾邮政档案

**全文：**

## 执　照

江苏邮务（政）管理局为发给执照事：照得本局寄递内河一带邮件必须雇佣民船，以资转运，惟该船一经承寄邮政官局公件，即负有按时达到之责任，诚恐沿途关津局卡或军警人等不辨虚实，多所盘诘，既碍该船程期，复延公众邮寄，致多不便。合行发给执照，以为证据。须知邮船关系各界交通，自不能片时延宕。惟该船户倘带有客货等项，仍应逢关报税，遇卡抽厘。如有偷漏等弊，均归该船主自受其咎，邮局概不过问。以重要公而杜假冒。须至执照者。

右给宿迁窑湾邮船户李广才收执。

中华民国三十一年九月廿五日

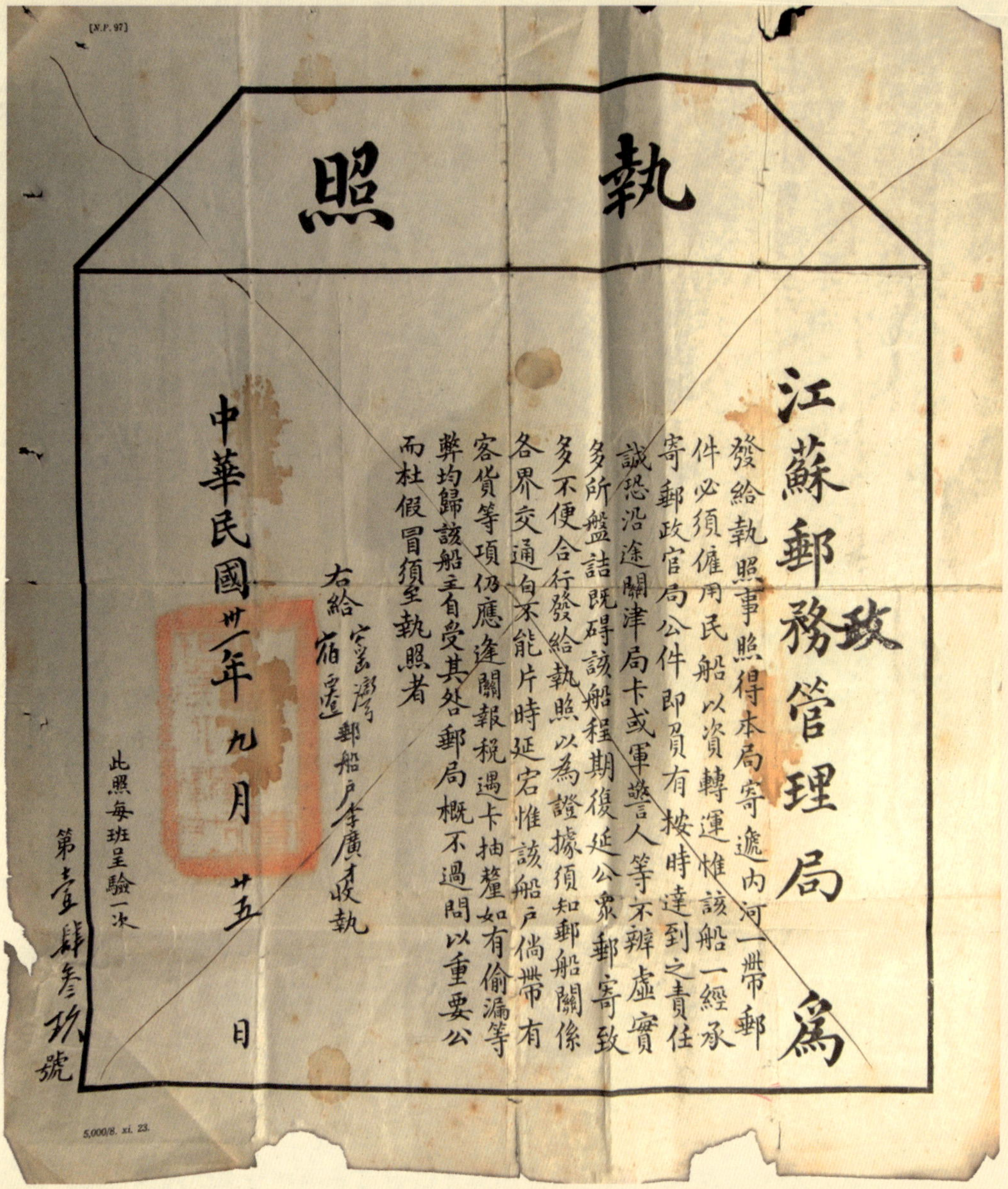

[N.P. 97]

執照

江蘇郵務(政)管理局 為

發給執照事照得本局寄遞內河一帶郵件必須僱用民船以資轉運惟該船一經承寄郵政官局公件即負有按時達到之責任誠恐沿途關津局卡或軍警人等不辨虛實多所盤詰既碍該船程期復延公衆郵寄致多不便合行發給執照以為證據須知郵船關係各界交通自不能片時延宕惟該船戶倘帶有客貨等項仍應逢關報稅遇卡抽釐如有偷漏等弊均歸該船主自受其咎郵局概不過問以重要公而杜假冒須至執照者

右給 窑灣 宿遷 郵船戶李廣才收執

中華民國卅一年九月廿五日

此照每班呈驗一次

第壹肆叁玖號

5,000/8. xi. 23.

1942年9月25日，江苏邮务（政）管理局发给窑湾邮船主李广才的执照。（32cm×35cm）

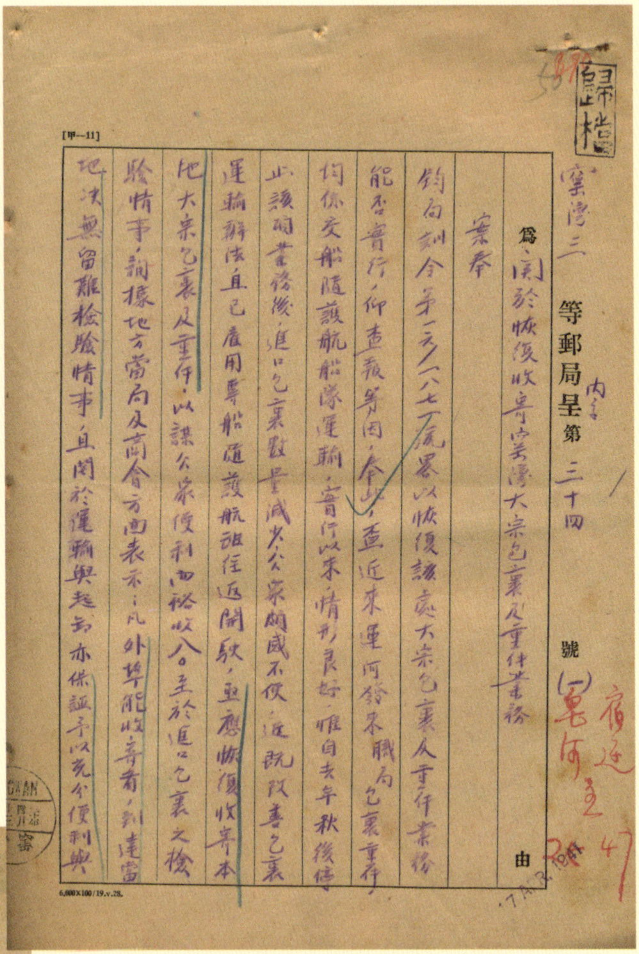
[甲—11]

為關於恢復收寄窑灣大宗包裹及重件業務由

窑灣三等郵局呈第三十四號

案奉
鈞局訓令第一六/六七號略以恢復該處大宗包裹及重件業務能否實行，仰查報等因，奉此，查近來運河發來職局包裹重件均係交船隨護航船隊運輸，實行以來情形良好，惟自去年秋後停止該項業務後，進口包裹數量減少，公衆頗感不便，既設妥包裹運輸辦法，自己雇用專船隨護航船往返開駛，亟應恢復收寄本地大宗包裹及重件，以謀公衆便利而裕收入。至於進口包裹之檢驗情事，嗣據地方當局及商會方面表示：凡外埠所收寄者，到達當地決無留難檢驗情事，且關於運輸與起卸亦保證予以充分便利與

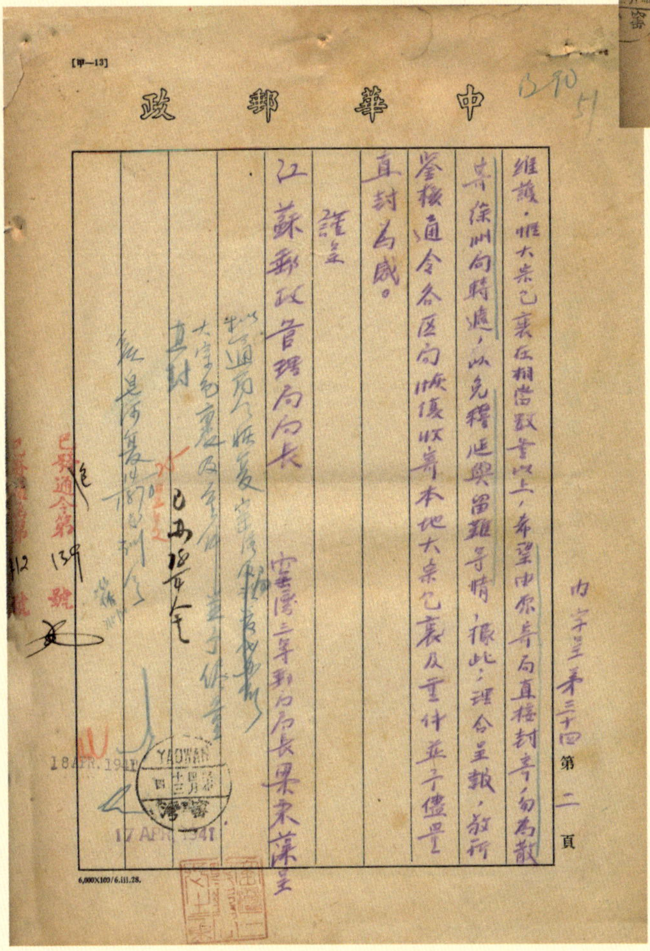
[甲—13]

中華郵政

維護。惟大宗包裹在相當數量以上，希望由原寄局直接封寄，勿再(?)寄徐州局轉遞，以免稽延與留難等情。據此，理合呈報，敬祈鑒核通令各區局恢復收寄本地大宗包裹及重件並予儘量直封為感。

謹呈

江蘇郵政管理局局長

窑灣三等郵局局長梁(?)宋(?)葆(?)呈

內字第三十四 第二頁

關于恢复收寄窑湾大宗包裹及重件业务的公函
（21cm × 28cm）

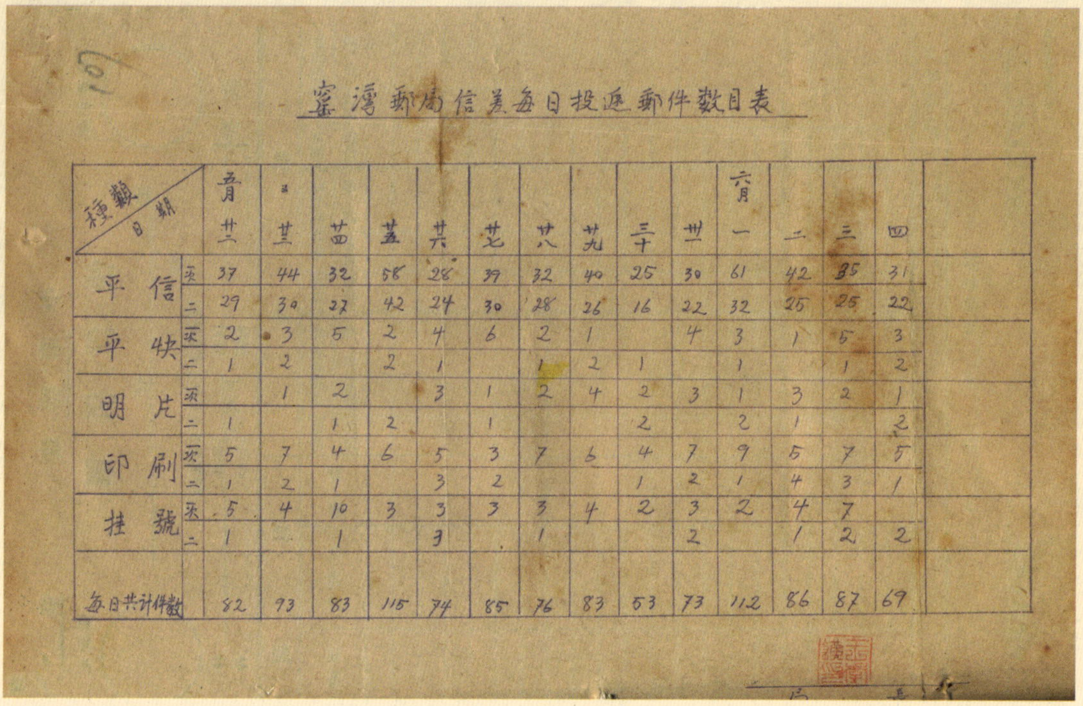

窑湾郵局信差每日投遞郵件數目表

| 種類 \ 日期 | | 五月廿二 | 廿三 | 廿四 | 廿五 | 廿六 | 廿七 | 廿八 | 廿九 | 三十 | 卅一 | 六月一 | 二 | 三 | 四 | |
|---|---|---|---|---|---|---|---|---|---|---|---|---|---|---|---|---|
| 平信 | 一次 | 37 | 44 | 32 | 58 | 28 | 39 | 32 | 40 | 25 | 30 | 61 | 42 | 35 | 31 | |
| | 二 | 29 | 30 | 27 | 42 | 24 | 30 | 28 | 26 | 16 | 22 | 32 | 25 | 25 | 22 | |
| 平快 | 一次 | 2 | 3 | 5 | 2 | 4 | 6 | 2 | 1 | | 4 | 3 | 1 | 5 | 3 | |
| | 二 | 1 | 2 | | 2 | 1 | | 1 | 2 | 1 | | 1 | | 1 | 2 | |
| 明片 | 一次 | | 1 | 2 | | 3 | 1 | 2 | 4 | 2 | 3 | 1 | 3 | 2 | 1 | |
| | 二 | 1 | | 1 | 2 | | 1 | | | 2 | | 2 | 1 | | 2 | |
| 印刷 | 一次 | 5 | 7 | 4 | 6 | 5 | 3 | 7 | 6 | 4 | 7 | 9 | 5 | 7 | 5 | |
| | 二 | 1 | 2 | 1 | | 3 | 2 | | | 1 | 2 | 1 | 4 | 3 | 1 | |
| 挂號 | 一次 | 5 | 4 | 10 | 3 | 3 | 3 | 3 | 4 | 2 | 3 | 2 | 4 | 7 | | |
| | 二 | 1 | | 1 | | 3 | | 1 | | | 2 | | 1 | 2 | 2 | |
| 每日共計件數 | | 82 | 93 | 83 | 115 | 74 | 85 | 76 | 83 | 53 | 73 | 112 | 86 | 87 | 69 | |

窑湾邮局信差每日投递信件数目表（25cm × 15cm）

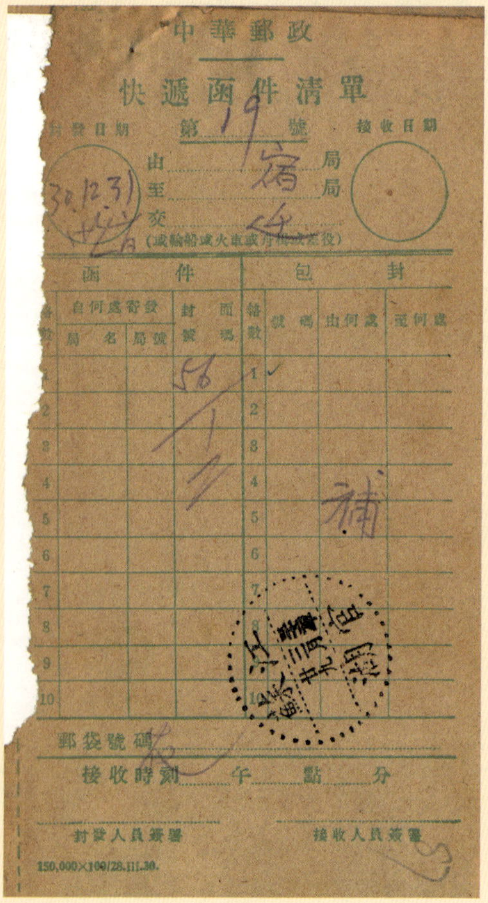

中華郵政

快遞函件清單

封發日期　第 19 號　接收日期

由 窑 局

至　局

交

（或輪船或火車或另僱差役）

| 格數 | 函件 自何處寄發 局名 | 局號 | 封面號碼 | 格數 | 包封 號碼 | 由何處 | 至何處 |
|---|---|---|---|---|---|---|---|
| 1 | | | 56 | 1 | ✓ | | |
| 2 | | | | 2 | | | |
| 3 | | | | 3 | | | |
| 4 | | | | 4 | | | |
| 5 | | | | 5 | | | |
| 6 | | | | 6 | | | |
| 7 | | | | 7 | | | |
| 8 | | | | 8 | | | |
| 9 | | | | 9 | | | |
| 10 | | | | 10 | | | |

郵袋號碼

接收時刻　午　點　分

封發人員簽署　接收人員簽署

150,000×100/28.III.30.

## 相关知识：

古镇窑湾为明清时期运河要津。古运河漕运鼎盛，人口稠密，商贾云集，相应出现了通邮需求。清同治十三年（1874），窑湾商人叶竹三在窑湾西大街开设“徐天顺民信分局”，窑湾始有与外埠沟通的民间通信机构。清光绪二十八年（1902），清政府在窑湾设立邮政信柜，邮务隶属于镇江邮界总局。清光绪二十九年（1903），窑湾开办官办三等邮局。民国时期，窑湾大清邮政转变为中华邮政，先后增办保险信函、快递等业务。1948年11月，窑湾解放，人民政府全面接管中华邮政窑湾邮政局。

快递函件清单（17cm × 21cm）

# 湖田登记证

**保管单位：**沛县档案馆

**内容及评价：**

湖田登记证是1942年山东省湖田总局颁发给鱼台县和沛县等地垦户领种昭阳湖湖田的官方证明，沛县档案馆保存有30件。证书制式统一，盖有“山东省湖田总局之钤印”。内容包括垦户姓名、籍贯和承领湖田的坐落边界、四至面积等，详细具体，对研究民国时期山东地区湖田政策具有一定的参考价值。

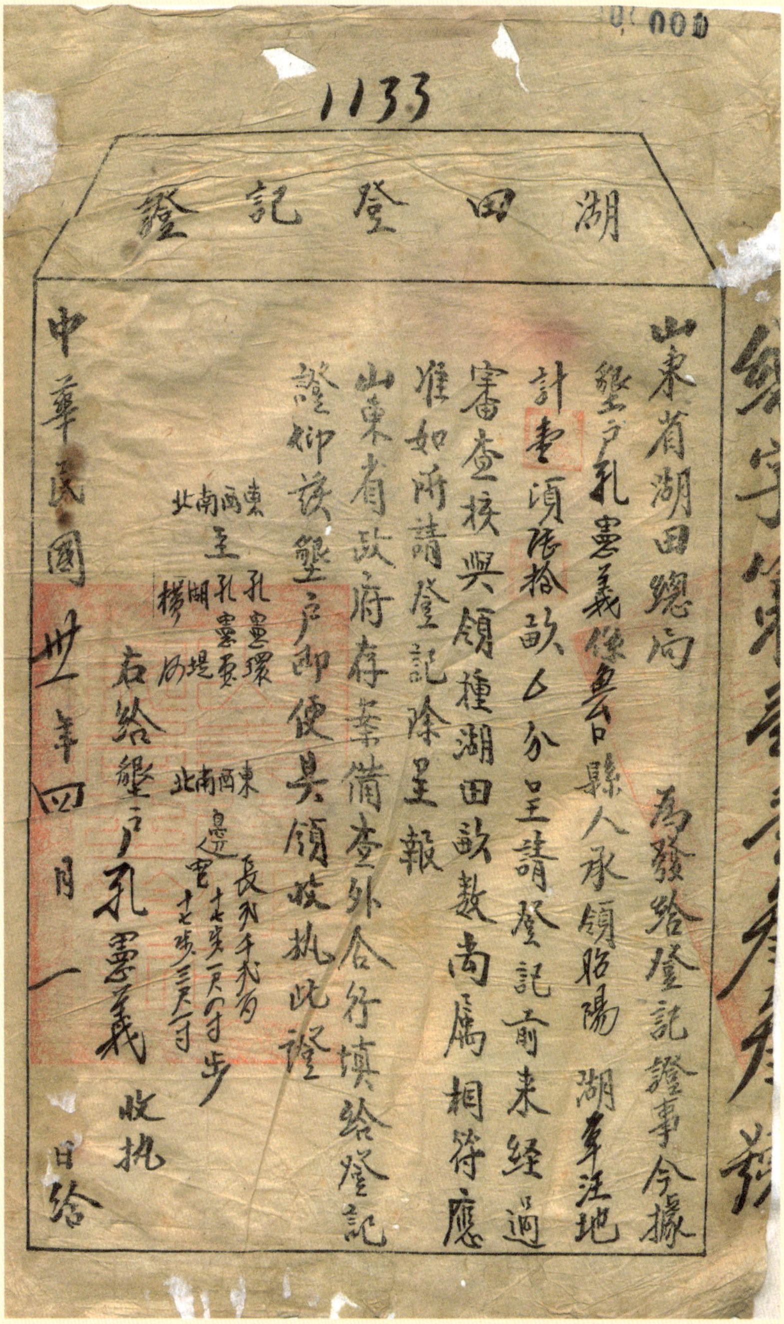

1133

湖田登記證

山東省湖田總局　為發給登記證事今據墾戶孔憲義係魚台縣人承領昭陽湖羊汪地計壹頃陸拾畝八分呈請登記前來經過審查核與領種湖田畝數尚屬相符應准如所請登記除呈報山東省政府存案備查外合行填給登記證仰該墾戶即便具領收執此證

東西南北至　孔憲環　孔憲貴　湖堤　楊姓

右給墾戶孔憲義收執

中華民國卅一年四月一日給

1942年4月1日，山东省湖田总局颁发给鱼台县垦户孔宪义领种湖田的登记证明。（16cm×25cm）

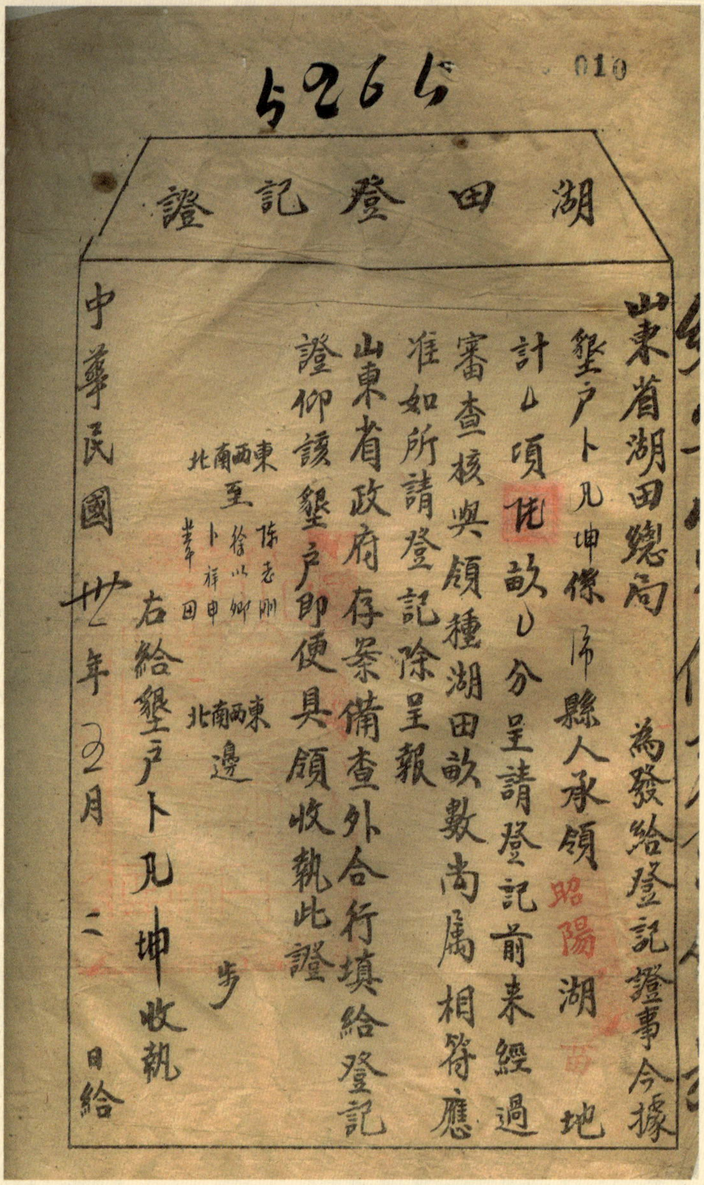

5266 010

湖田登記證

山東省湖田總局 為發給登記證事今據

墾户卜凡坤係沛縣人承領昭陽湖西地

計〥項〥畝〥分呈請登記前來經過

審查核與領種湖田畝數尚屬相符應

准如所請登記除呈報

山東省政府存案備查外合行填給登記

證仰該墾户即便具領收執此證

東西南北至 陈志洲 徐以卿 卜祥申 芦田

東西南北邊 步

右給墾户卜凡坤收執

中華民國卅一年五月二日給

1942年5月2日，山东省湖田总局颁发给沛县垦户卜凡坤领种湖田的登记证明。（16cm×25cm）

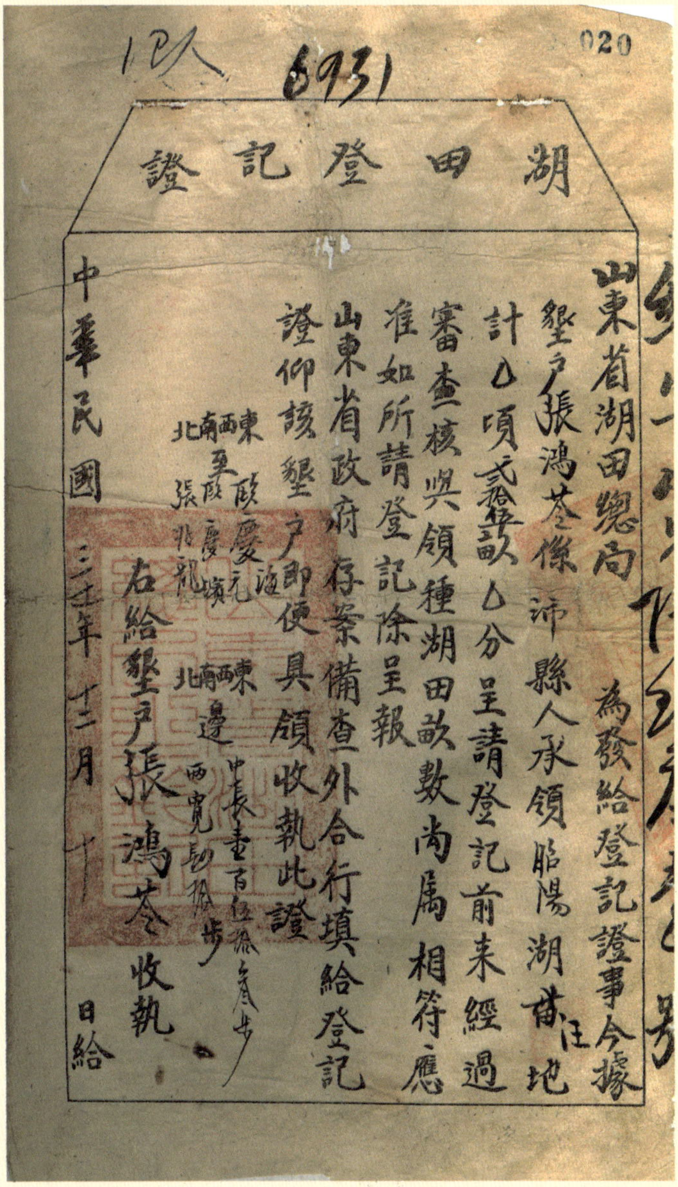

020

湖田登記證

山東省湖田總局　為發給登記證事今據
墾户張鴻苓係沛縣人承領昭陽湖荒地
計△頃弍叁畝△分呈請登記前來經過
審查核與領種湖田畝數尚屬相符應
准如所請登記除呈報
山東省政府存案備查外合行填給登記
證仰該墾户即便具領收執此證
東西南北至　殷慶元　張兆龍
東西南北邊　中長壹百弍拾叁步　西寬肆拾步
右給墾户張鴻苓收執
中華民國三十一年十二月十日給

1942年12月10日，山东省湖田总局颁发给沛县垦户张鸿苓领种湖田的登记证明。（16cm×25cm）

**相关知识：**

昭阳湖古为沛县隶属。元代地理家于钦《齐乘·山川志》称，昭阳湖“周八十里，北属滕，南属沛”。《明史·地理志》记载：“昭阳湖在沛县东八里”。解放后为配合湖区发展，组建微山县，属山东省管辖。昭阳湖南与微山湖、北与独山湖相通，连同独山湖以北的南阳湖合称“南四湖”，或统称微山湖，最大总面积1266平方公里，为我国北方最大的淡水湖泊。

# 株式会社日本劝业银行战时贮蓄债券

**保管单位：**徐州市档案馆

**内容及评价：**

株式会社日本劝业银行战时贮蓄债券发行时间为1943年6月、8月、10月、12月不等，徐州市档案馆保存有67件。债券为竖版，正上方印有“贮蓄债券”四字和株式会社日本劝业银行徽记（由一繁体汉字“勸”字的艺术写法而成），右上方迎光可见一圆形水印，为防伪标记。债券中部印有“战时贮蓄债券”字样、债券面值、编号和日文说明等。据日文说明：该债券根据临时资金调整法规定发行，收入归大藏省运用，面值“金七圆五拾钱”，发行价格“金五圆”。日文说明左侧图章为日本劝业银行“总裁之印”，右侧圆章印有“大东亚战争”字样及富士山、樱花图案。下方附有“证券保管证”和“证券保管请求书”。债券背面印有债券发行目的、用途及承兑方法和日期。

日本军国主义发动大规模东南亚和太平洋战争期间，为支撑战线绵长的侵略战争，开始实行“以战养战”的政策。1940年至1945年间，发行了众多的军票和战时储蓄债券，强迫被占领地的企业和百姓购买。该批日本劝业银行战时贮蓄债券数量较多，是反映日本侵华罪行的有力物证。

株式会社日本劝业银行战时贮蓄债券（单件13cm×17cm）

戰貯9　戰貯9

債券　貯蓄

割増金附

戰時貯蓄債券

第九回

92ノ組 078206

金七圓五拾錢

割引賣出價格金五圓

一此ノ債券ハ臨時資金調整法ノ規定ニ基キ發行シタルモノニシテ債券賣出ニ依ル收入金ハ大藏省預金部ニ於テ運用スルモノナリ

一此ノ債券ハ金五圓ニテ賣出シ償還ノ際金七圓五拾錢ヲ支拂フモノナリ

昭和十八年六月

株式會社日本勸業銀行

大東亞戰爭

貯蓄　證券保管請求書

戰時貯蓄債券　第9回

92ノ組078206

券面金額　7圓50錢

貯金通帳記號番號 ※

預ケ人氏名

受付日附印

※

戰貯9

貯蓄　證券保管證

戰時貯蓄債券　第9回

92ノ組078206

券面金額　7圓50錢

貯金通帳記號番號 ※

預ケ人氏名

保管日附印

※　殿

戰貯9

株式会社日本劝业银行战时贮蓄债券正面

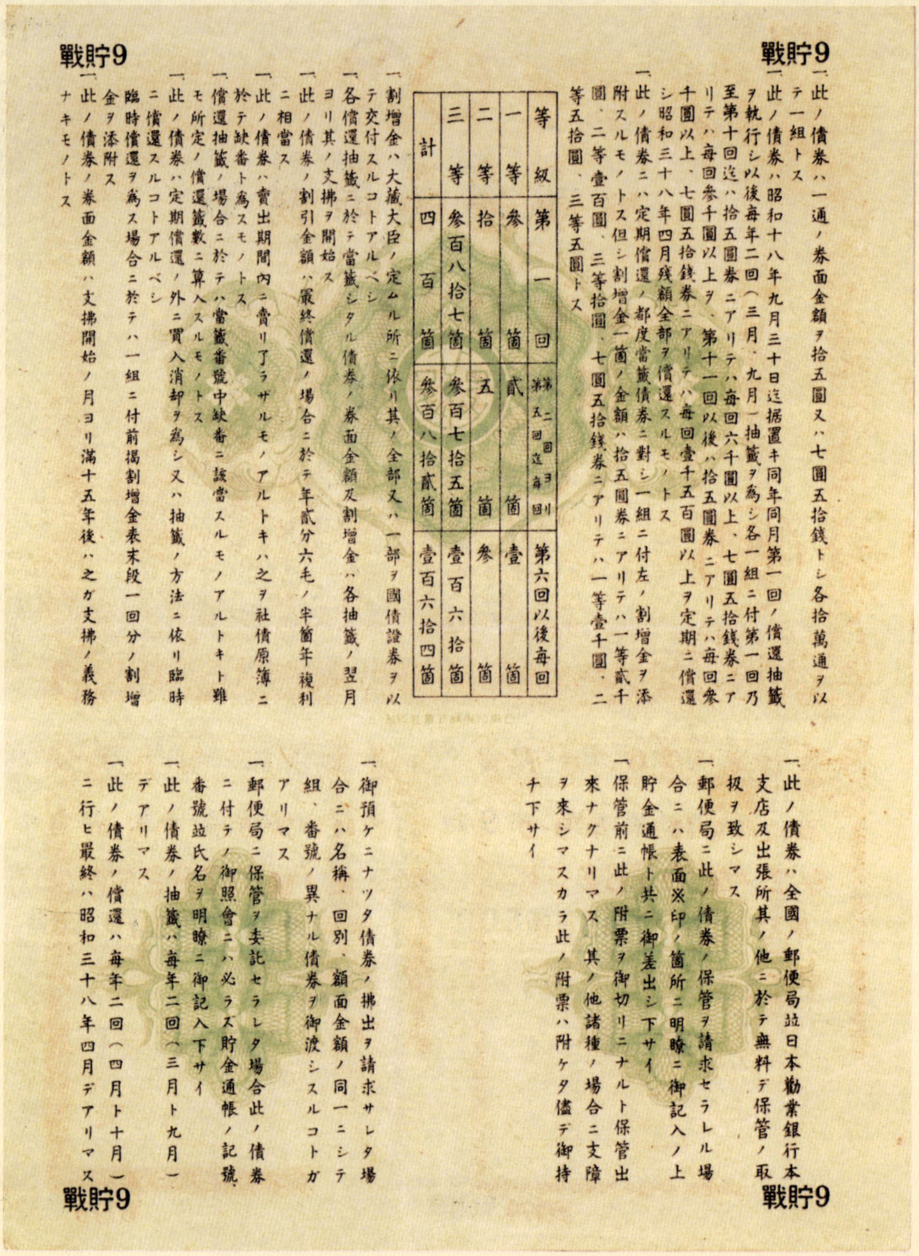

戰貯9

一、此ノ債券ハ一通ノ券面金額ヲ拾五圓又ハ七圓五拾錢トシ各拾萬通ヲ以テ一組トス

一、此ノ債券ハ昭和十八年九月三十日迄据置キ同年同月第一回ノ償還抽籤ヲ執行シ以後毎年二回（三月、九月）抽籤ヲ為シ各一組ニ付第一回乃至第十回迄ハ拾五圓券ニアリテハ毎回六千圓以上、七圓五拾錢券ニアリテハ毎回參千圓以上ヲ、第十一回以後ハ拾五圓券ニアリテハ毎回參千圓以上、七圓五拾錢券ニアリテハ毎回壹千五百圓以上ヲ定期ニ償還シ昭和三十八年四月殘額全部ヲ償還スルモノトス

一、此ノ債券ニハ定期償還ノ都度當籤債券ニ對シ一組ニ付左ノ割增金ヲ添附スルモノトス但シ割增金一箇ノ金額ハ拾五圓券ニアリテハ一等貳千圓、二等壹百圓、三等拾圓、七圓五拾錢券ニアリテハ一等壹千圓、二等五拾圓、三等五圓トス

| 等級 | 第一回 | 第二回ヨリ第五回迄毎回 | 第六回以後毎回 |
|---|---|---|---|
| 一等 | 參箇 | 貳箇 | 壹箇 |
| 二等 | 拾箇 | 五箇 | 參箇 |
| 三等 | 參百八拾七箇 | 參百七拾五箇 | 壹百六拾箇 |
| 計 | 四百箇 | 參百八拾貳箇 | 壹百六拾四箇 |

一、割增金ハ大藏大臣ノ定ムル所ニ依リ其ノ全部又ハ一部ヲ國債證券ヲ以テ交付スルコトアルベシ

一、各償還抽籤ニ於テ當籤シタル債券ノ券面金額及割增金ハ各抽籤ノ翌月ヨリ其ノ支拂ヲ開始ス

一、此ノ債券ノ割引金額ハ最終償還ノ場合ニ於テ年貳分六毛ノ半箇年複利ニ相當ス

一、此ノ債券ハ賣出期間內ニ賣リ了ラザルモノアルトキハ之ヲ社債原簿ニ於テ缺番ト為スモノトス

一、償還抽籤ノ場合ニ於テハ當籤番號中缺番ニ該當スルモノアルトキト雖モ所定ノ償還籤數ニ算入スルモノトス

一、此ノ債券ハ定期償還ノ外ニ買入消卻ヲ為シ又ハ抽籤ノ方法ニ依リ臨時ニ償還スルコトアルベシ
臨時償還ヲ為ス場合ニ於テハ一組ニ付前揭割增金表末段一回分ノ割增金ヲ添附ス

一、此ノ債券ノ券面金額ハ支拂開始ノ月ヨリ滿十五年後ハ之ガ支拂ノ義務ナキモノトス

戰貯9

一、此ノ債券ハ全國ノ郵便局竝日本勸業銀行本支店及出張所其ノ他ニ於テ無料デ保管ノ取扱ヲ致シマス

一、郵便局ニ此ノ債券ノ保管ヲ請求セラレル場合ニハ表面※印ノ箇所ニ明瞭ニ御記入ノ上貯金通帳ト共ニ御差出シ下サイ

一、保管前ニ此ノ附票ヲ御切リニナルト保管出來ナクナリマス 其ノ他諸種ノ場合ニ支障ヲ來シマスカラ此ノ附票ハ附ケタ儘デ御持チ下サイ

一、御預ケニナツタ債券ノ拂出ヲ請求サレタ場合ニハ名稱、回別、額面金額ノ同一ニシテ組、番號ノ異ナル債券ヲ御渡シスルコトガアリマス

一、郵便局ニ保管ヲ委託セラレタ場合此ノ債券ニ付テノ御照會ニハ必ラズ貯金通帳ノ記號番號竝氏名ヲ明瞭ニ御記入下サイ

一、此ノ債券ノ抽籤ハ毎年二回（三月ト九月）デアリマス

一、此ノ債券ノ償還ハ毎年二回（四月ト十月）ニ行ヒ最終ハ昭和三十八年四月デアリマス

戰貯9

戰貯9

株式会社日本劝业银行战时贮蓄债券背面

# “大东亚战争”特别国库债券

**保管单位：**徐州市档案馆

**内容及评价：**

“大东亚战争”特别国库债券发行时间为1944年12月8日，徐州市档案馆保存有67张。债券为竖版，面值“壹佰圆”，三分半利。正面最上方印有：“大日本帝国政府大东亚战争特别国库债券壹佰圆”字样，下方的日文说明部分为承兑方法和承兑日期，旁落“大藏大臣”及印章，印章左侧图案为位于日本东京皇居广场上的“军神”楠正成铜像。债券下方附有三分半利的18枚兑现息票和1枚本金偿还票。

日本发动侵华战争期间发行了大量的战争债券，采用强制手段让中国企业、商户认购。债券印有大藏大臣印章和日本“军神”雕像，充分证明了战时日本政府实行“以战养战”政策，对华进行经济侵略的罪行，日本军国主义的穷兵黩武昭然若揭。

“大东亚战争”特别国库债券（单件21cm×30cm）

"大东亚战争"特别国库债券正面

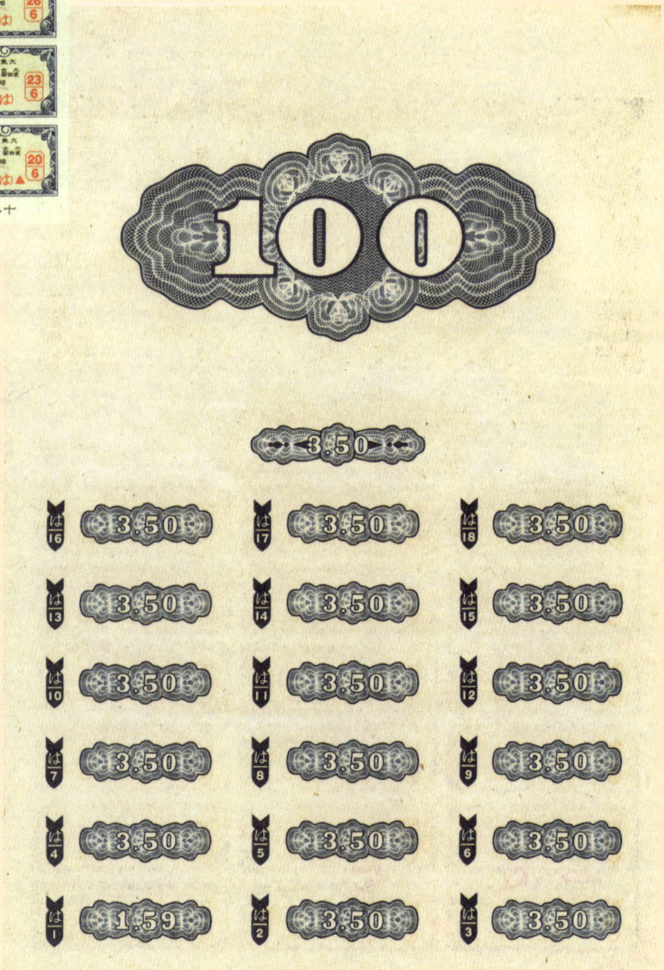


"大东亚战争"特别国库债券背面

# 汪伪淮海省政府成立档案

**保管单位：**徐州市档案馆

**内容及评价：**

汪伪淮海省政府成立档案包括汪伪淮海省政府筹备、成立及相应机构改易、设置等系列文件，共计6卷。

1944年2月1日，“淮海省政府训令（政一字第7号）”正式颁布，撤销“苏淮特别区行政公署”，成立“淮海省政府”，任郝鹏举为省长。汪伪淮海省成立后，各机构相应改易名称。其中，较为重要的有：“徐州地方法院”、“徐州监狱” 印模和“徐州地方法院院长”、“徐州监狱典狱长”章模。该部分档案作为汪伪淮海省政府成立的历史记录，具有重要的史料研究价值。

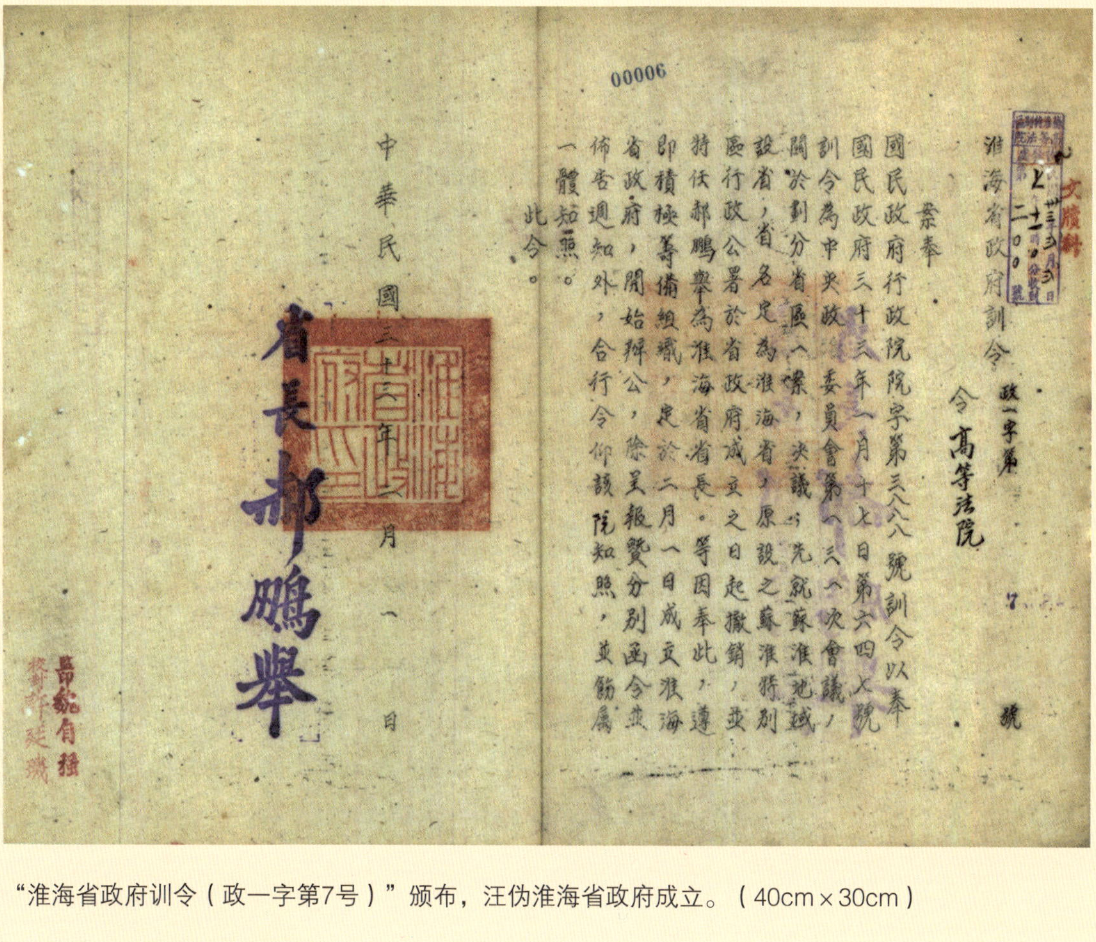

00006

淮海省政府訓令　政一字第 7 號

令 高等法院

案奉

國民政府行政院院字第三八八號訓令以奉

國民政府三十三年一月十七日第六四七號訓令為中央政委員會第一三八次會議，關於劃分省區一案，決議：（一）先就蘇淮地域設省，省名定為淮海省，原設之蘇淮特別區行政公署於省政府成立之日起撤銷，並特任郝鵬舉為淮海省省長。等因奉此，遵即積極籌備組織，定於二月一日成立淮海省政府，開始辦公，除呈報暨分別函令並佈告週知外，合行令仰該院知照，並飭屬一體知照。

此令。

中華民國三十三年一月　一　日

省長 郝鵬舉

“淮海省政府训令（政一字第7号）”颁布，汪伪淮海省政府成立。（40cm×30cm）

汪伪徐州地方法院印模（6.5cm×6.5cm）

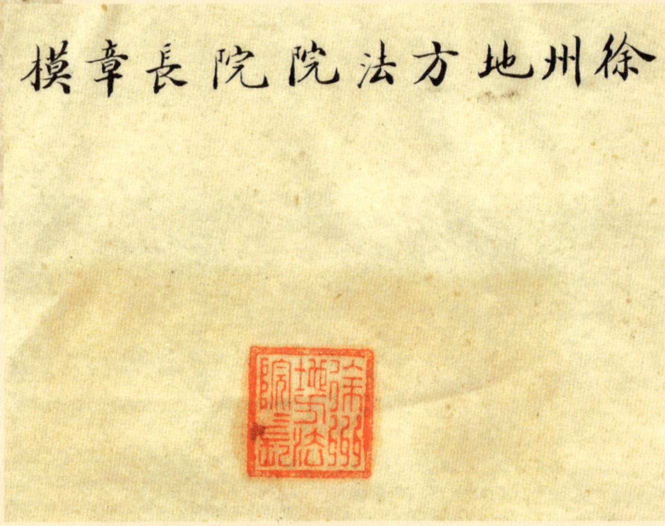


汪伪徐州地方法院院长章模（1.6cm×1.6cm）

**全文：**

**淮海省政府训令**

政一字第7号

令高等法院

案奉国民政府行政院院字第三八八八号训令，以奉国民政府三十三年一月十七日第六四七号训令为中央政□［府］委员会第一三一次会议，关于划分省区一案，决议；先就苏淮地域设省，省名定为淮海省，原设之苏淮特别区行政公署于省政府成立之日起撤销，并特任郝鹏举为淮海省省长。等因奉此，遵即积极筹备组织，定于二月一日成立淮海省政府，开始办公，除呈报暨分别函令并布告周知外，合行令仰该院知照，并饬属一体知照。

此令。

中华民国三十三年二月一日

汪伪徐州监狱印模（6.5cm×6.5cm）及汪伪徐州监狱典狱长章模（1.5cm×1.5cm）

**相关知识：**

1944年1月，汪伪中央政治委员会第131次会议决定撤销“苏淮特别区行政公署”，成立“淮海省”，任命郝鹏举为省长。1944年2月1日，汪伪淮海省政府正式成立。政府机构以原苏淮特别区行政长官公署为基础升格扩充而成，统辖徐州市及铜山县、萧县等共计23个市县，面积5万平方公里，人口约1300万，省会为徐州。1945年8月15日，日本投降，汪伪淮海省仅存在一年半的时间即告消亡。

# 徐州绥靖公署审判日本战犯档案

**保管单位：**徐州市档案馆

**内容及评价：**

1945年12月21日，国民革命军第三战区司令长官顾祝同率部进驻徐州，设立徐州绥靖公署。1946年2月15日，徐州绥靖公署成立审判战犯军事法庭，1946年4月1日开始对外办公正式审理案件，至1947年4月30日，审判战犯全部结束，历时一年。期间共审判13起案件，涉及25名战犯。经审判，8人被判处死刑，3人被判处无期徒刑，11人被判处有期徒刑，3人无罪。

徐州绥靖公署审判日本战犯档案主要包括顾祝同签发快邮代电——为我人民在作战期内曾遭日本宪兵及军民惨害甚多仰转饬迳向军事法庭呈控由（法战字第022号）、徐州绥靖公署审判战犯判决书正本（涉及战犯计21人）等，共计29件。该部分档案是徐州绥靖公署审判战犯军事法庭成立、审判战犯的珍贵历史记录，对徐州地区抗战历史的研究具有重要的史料价值。判决书事实部分详细记述了徐州沦陷后日本侵略者残酷杀害无辜百姓、疯狂掠夺公私财物的确凿证据和残暴罪行，是揭发侵华日军所犯罪行的铁证。

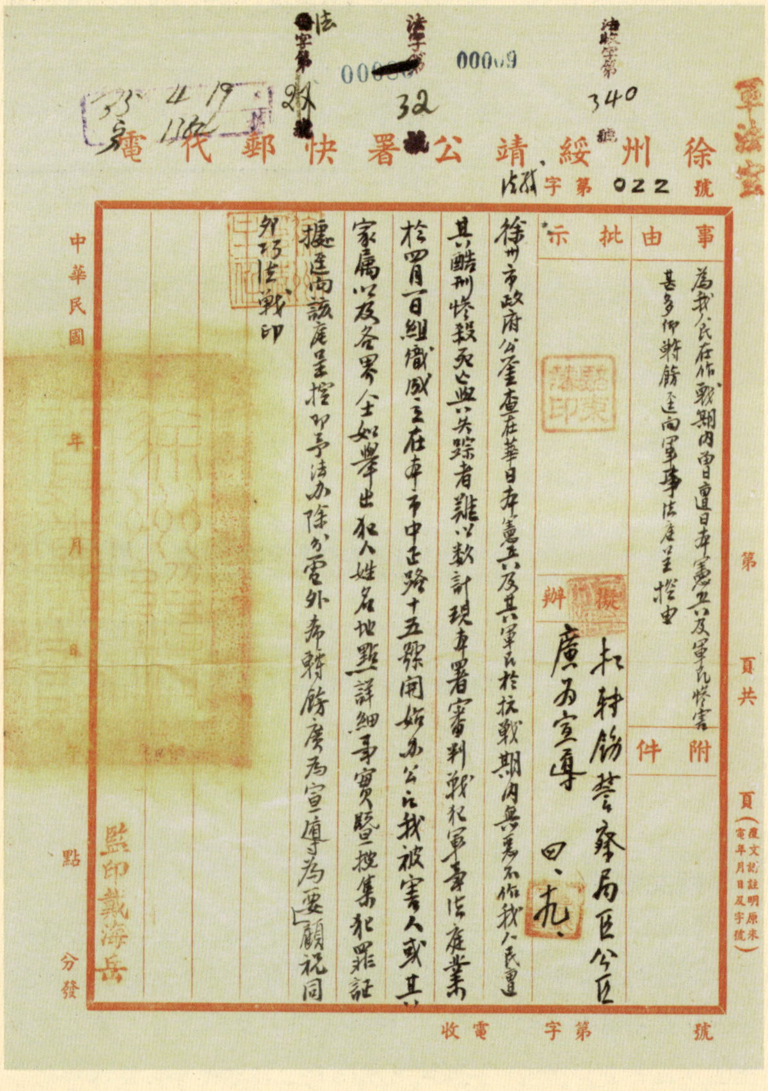
徐州綏靖公署快郵代電

法戰字第 022 號

事由：為我人民在作戰期內曾遭日本憲兵及軍民慘害甚多仰轉飭逕向軍事法庭呈控由

批示：杜轄各警察局區公所 廣為宣導 四、九

徐州市政府公鑒：查在華日本憲兵及其軍民於抗戰期內無辜不法我人民遭其酷刑慘殺死亡與失踪者難以數計現本署審判戰犯軍事法庭業於四月一日組織成立在本市中正路十五號開始辦公仰我被害人或其家屬以及各界人士如舉出犯人姓名地點詳細事實暨搜集犯罪証據逕向該庭呈控以憑法辦除分電外希轉飭廣為宣導為要 顧祝同 卯 法戰印

中華民國 年 月 日 點 分發

監印 戴海兵

收電 字第 號

顾祝同签发快邮代电：《为我人民在作战期内曾遭日本宪兵及军民惨害甚多仰转饬迳向军事法庭呈控由》（法战字第022号）（24cm×29cm）

## 全文：

### 为我人民在作战期内曾遭日本宪兵及军民惨害甚多仰转饬迳向军事法庭呈控由

徐州绥靖公署快邮代电 法战字第022号

徐州市政府公鉴：查在华日本宪兵及其军民于抗战期内无恶不作，我人民遭其酷刑惨杀，死亡与失踪者难以数计。现本署审判战犯军事法庭业于四月一日组织成立，在本市中正路十五号开始办公。凡我被害人或其家属以及各界人士如举出犯人姓名、地点、详细事实暨搜集犯罪证据迳向该庭呈控，即予法办。除分电外希转饬广为宣导为要。

顾祝同

卯巧法战印

### 战犯柳川广雄判决书正本

三十六年度战字第四号

公诉人：本庭军法检察官。

被告：柳川广雄，男，年三十五岁，前日本九四三二及七九九五警备队又名讨伐队翻译，住韩国庆南。

指定辩护人：张龙榜律师。

徐州绥靖公署审判战犯军事法庭判决书（单本20cm×28cm）

被告因战犯案件，经公诉人提起公诉，本庭判决如下：

主文

柳川广雄共同谋杀；处死刑；强奸，处死刑；执行死刑。其他部分无罪。

事实

柳川广雄在华多年，于民国二十九年入日本警备部队一三五大队（九四三二部队）第四中队担任翻译，驻扎睢宁县桃园地方。该地良民陈兰亭，于是年九月六日至桃园赶集，被柳川广雄指为侦探，拘押苦打后，即于同月九日，与不知名姓之日兵数名，将陈兰亭拖往北门外枪杀。三十一年四月初十日，该柳川广雄又与日兵四五十人，同往桃园西北丁山搜索，途遇居民孙传禄，即施拘禁，随至其家，复由柳川广雄强奸孙传禄之妹。胜利后，经人告由徐州绥靖公署军法处拘案，移解本庭检察官侦查起诉。

理由

查被告于民国二十九年间来徐，任日本第一三五大队第四中队翻译，驻扎睢宁桃园地方，担任警备工作，已为向所自承。该处居民陈会然之父陈兰亭，以农商为业。是年九月六日（阴历八月间）赴桃园赶集，为被告拘捕，指为侦探，至同月九日晚，与不知名之日兵数名，将陈兰亭拖至北门外枪杀。至民国三十一年旧历四月初十日，被告又与日兵四五十人，出发桃园西北丁山，该地居民孙传禄，亦因涉有侦探之嫌，被缚禁车上，载至其家，被告乘势将传禄之妹强行奸污各节，非惟睢宁县政府派员查明，具文在卷，且经被害人家属陈会然、孙传禄分别到案，一致供证属实，历历不爽。被告干儿王学金，时在桃园自卫团服务，专供驱策，被告杀害陈兰亭，为其亲见；出发丁山，亦曾参与，强奸孙传禄之妹，同去人众周知；且“日兵不懂话，柳翻译指东到东，指西到西，全听他话”等情，更经王学金到案具结详证，犯罪事实，极为显明，自属无可狡展。被告既承认二十九年即至徐州，而又空言辩称至三十二年始入日军服务，初谓因彼与王学金很好，故认之为

战犯柳川广雄判决书正本

干爷，彼此情感极洽，待王学金为不利被告之证言时，则又指为挟嫌诬陷，时反时复，随口变移，固益见其词遁。且王学金于本庭受命审判官询以魏长兰、王学友等六人是否为被告所杀时，则答称不知，审酌情形，显无丝毫挟嫌意态。迭命提举有利反证，又均支唔其辞，参互以观，胥足信为托词搪塞，了无可采。被告以一翻译，利用敌势，狐假虎威，乃竟随意残杀良民，强奸弱女，远还越军事行动之轨外。不惟出乎常情，有乖人道，且为国际公约及任何战争法规或惯例所不容，两罪犯意各别，自应合并论科。依刑法第五十七条第一、二、四、九各款，审酌情状，分别处以极刑，以昭炯戒。至谓被告曾杀害睢宁魏集人民魏长兰、夏彬然、郭炳新、王学友、黄兆朋、魏云瑞等六名，虽有被害人家属王作吉、夏胡氏、黄郭氏等到案指证，但经详核供述，非系出于推想，即得诸间接传闻，且无当场目击之人可供调查，与被告相处最密之王学金，亦称不知其事，该被告更矢口不承，是魏长兰等纵为日兵所杀，尚难谓被告已有参与其事之证明。他若被诉放火及强占财物部分，既乏具体事实，且无相当证据，亦难据令该被告再负若何罪责。

据上论结，依战争罪犯审判条例第一条，第二条第二款，刑事诉讼法第二百九十一条前段，刑法第二十八条，战争罪犯审判条例第三条第一款，第四款，第十一条，刑法第五十条，第五十一条第一款，海牙陆战法规第四十三条，第四十六条，刑事诉讼法第二百九十三条第一项，判决如主文。

本件经军法检察官沈治邦莅庭执行职务。

中华民国三十六年四月二十三日

陆军总司令徐州司令部审判战犯军事法庭

审判长 陈　珊

军法审判官 钱松森

军法审判官 钱渠轩

军法审判官 顾朴先

军法审判官 陈武略

正本证明与原本无异

中华民国三十六年四月二十三日

书记官 毛爵智

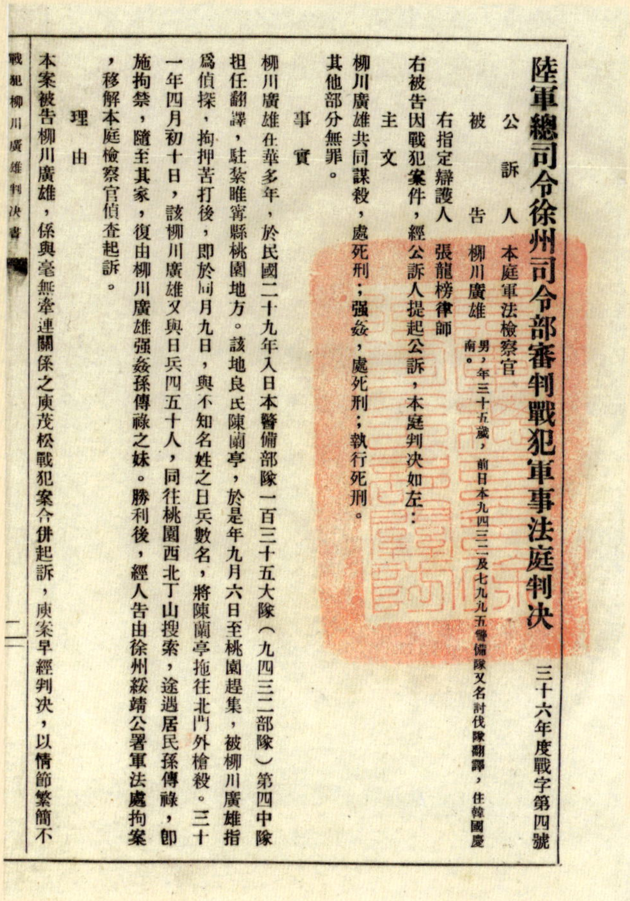

陸軍總司令徐州司令部審判戰犯軍事法庭判決　三十六年度戰字第四號

公訴人　本庭軍法檢察官

被告　柳川廣雄　男，年三十五歲，前日本九四三二及七九九五警備隊又名討伐隊翻譯，住韓國慶南。

右指定辯護人　張龍榜律師

右被告因戰犯案件，經公訴人提起公訴，本庭判決如左：

主文

柳川廣雄共同謀殺，處死刑；强姦，處死刑；執行死刑。

其他部分無罪。

事實

柳川廣雄在華多年，於民國二十九年入日本警備部隊一百三十五大隊（九四三二部隊）第四中隊担任翻譯，駐紮睢寗縣桃園地方。該地良民陳蘭亭，於是年九月六日至桃園趕集，被柳川廣雄指爲偵探，拘押苦打後，即於同月九日，與不知名姓之日兵數名，將陳蘭亭拖往北門外槍殺。三十一年四月初十日，該柳川廣雄又與日兵四五十人，同往桃園西北丁山搜索，途遇居民孫傳祿，即施拘禁，隨至其家，復由柳川廣雄强姦孫傳祿之妹。勝利後，經人告由徐州綏靖公署軍法處拘案，移解本庭檢察官偵查起訴。

理由

本案被告柳川廣雄，係與毫無牽連關係之庾茂松戰犯案合併起訴，庾案早經判決，以情節繁簡不

戰犯柳川廣雄判決書　二

戰犯柳川广雄判决书正本

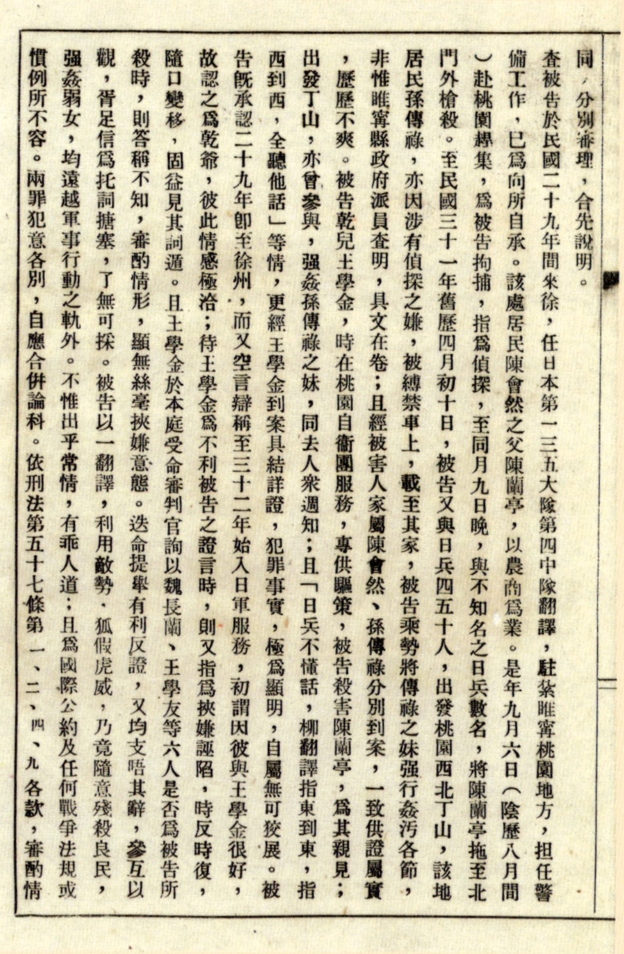

同，分別審理，合先說明。

查被告於民國二十九年間來徐，任日本第一三五大隊第四中隊翻譯，駐紮睢寗桃園地方，担任警備工作，已爲向所自承。該處居民陳會然之父陳蘭亭，以農商爲業。是年九月六日（陰歷八月間）赴桃園趕集，爲被告拘捕，指爲偵探，至同月九日晚，與不知名之日兵數名，將陳蘭亭拖至北門外槍殺。至民國三十一年舊歷四月初十日，被告又與日兵四五十人，出發桃園西北丁山，該地居民孫傳祿，亦因涉有偵探之嫌，被縛禁車上，載至其家，被告乘勢將傳祿之妹强行姦汚各節，非惟睢寗縣政府派員查明，具文在卷；且經被害人家屬陳會然、孫傳祿分別到案，一致供證屬實，歷歷不爽。被告乾兒王學金，時在桃園自衛團服務，專供驅策，被告殺害陳蘭亭，爲其親見；出發丁山，亦曾參與，强姦孫傳祿之妹，同去人衆週知；且「日兵不懂話，柳翻譯指東到東，指西到西，全聽他話」等情，更經王學金到案具結詳證，犯罪事實，極爲顯明，自屬無可狡展。被告既承認二十九年即至徐州，而又空言辯稱至三十二年始入日軍服務，初謂因彼與王學金很好，故認之爲乾爺，彼此情感極洽；待王學金爲不利被告之證言時，則又指爲挾嫌誣陷，時反時復，隨口變移，固益見其詞遁。且王學金於本庭受命審判官詢以魏長蘭、王學友等六人是否爲被告所殺時，則答稱不知，審酌情形，顯無絲毫挾嫌意態。迭命提舉有利反證，又均支唔其辭，參互以觀，胥足信爲托詞搪塞，了無可採。被告以一翻譯，利用敵勢，狐假虎威，乃竟隨意殘殺良民，强姦弱女，均遠越軍事行動之軌外。不惟出乎常情，有乖人道；且爲國際公約及任何戰爭法規或慣例所不容。兩罪犯意各別，自應合併論科。依刑法第五十七條第一、二、四、九各款，審酌情

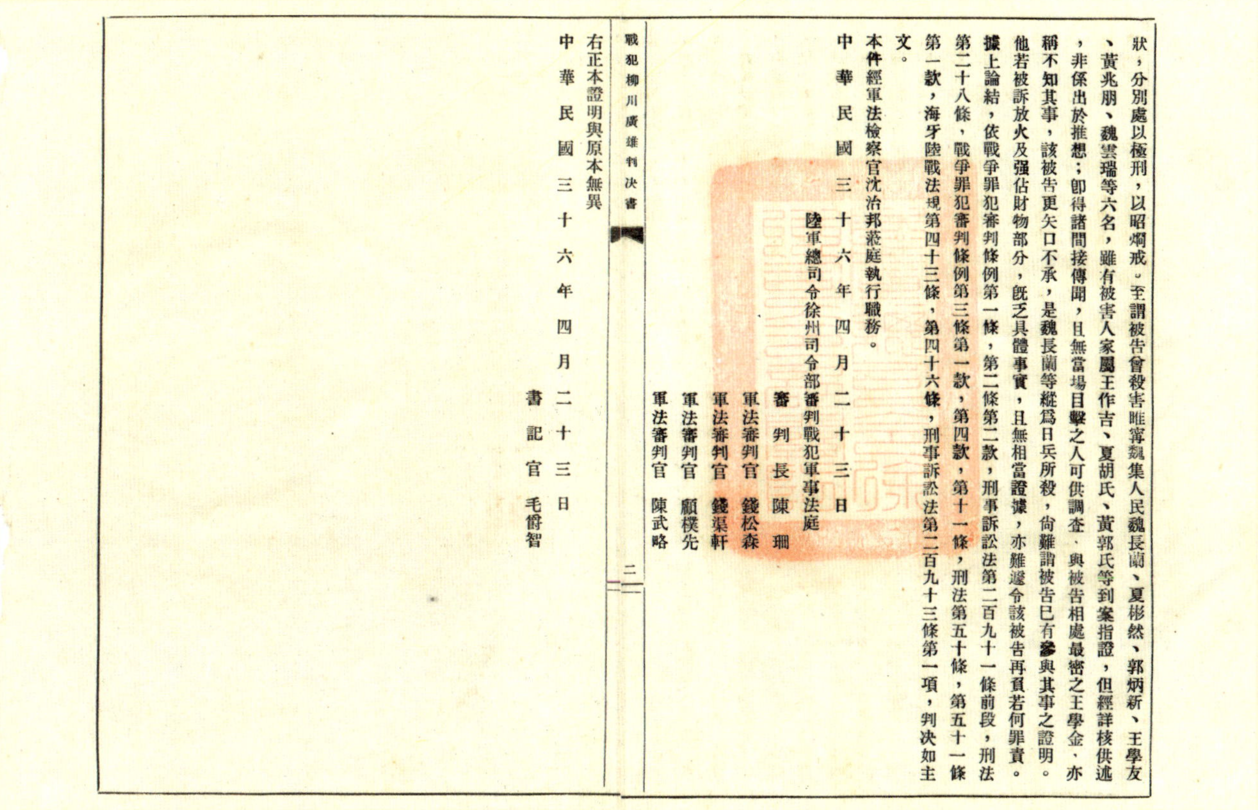

狀，分別處以極刑，以昭炯戒。至謂被告曾殺害睢寗飄集人民魏長蘭、夏彬然、郭炳新、王學友、黃兆朋、魏雲瑞等六名，雖有被害人家屬王作吉、夏胡氏、黃郭氏等到案指證，但經詳核供述，非係出於推想；卽得諸間接傳聞，且無當場目擊之人可供調查，與被告相處最密之王學金，亦稱不知其事，該被告更矢口不承，是魏長蘭等縱爲日兵所殺，尙難謂被告已有參與其事之證明。他若被訴放火及強佔財物部分，既乏具體事實，且無相當證據，亦難遽令該被告再負若何罪責。

據上論結，依戰爭罪犯審判條例第一條，第二條第二款，刑事訴訟法第二百九十一條前段，刑法第二十八條，戰爭罪犯審判條例第三條第一款，第四款，第十一條，刑法第五十條，第五十一條第一款，海牙陸戰法規第四十三條，第四十六條，刑事訴訟法第二百九十三條第一項，判決如主文。

本件經軍法檢察官沈治邦蒞庭執行職務。

中華民國三十六年四月二十三日

陸軍總司令徐州司令部審判戰犯軍事法庭

審判長 陳珊

軍法審判官 錢松森

軍法審判官 錢渠軒

軍法審判官 顧樸先

軍法審判官 陳武略

戰犯柳川廣雄判決書 二

右正本證明與原本無異

中華民國三十六年四月二十三日

書記官 毛爵智

战犯柳川广雄判决书正本

## 相关知识：

1945年11月6日，南京国民政府成立战争罪犯处理委员会。12月中旬以后，分别在南京、上海、北平、汉口、广州、沈阳、徐州、济南、太原、台北等10个城市成立审判战犯军事法庭。除南京法庭直属国防部外，其余隶属各绥靖区，分别审判各地战犯。

# 王恒心致司徒雷登请任徐州培正中学校董函（末具司徒雷登签名）

**保管单位：**徐州市档案馆

**内容和评价：**

徐州第五中学的前身是建于清光绪三十一年（1905）的徐州培心书院，后更名为徐州培心中学。1932年培心中学与徐州正心女子中学合并为徐州培正中学。徐州沦陷后，培正中学停办。抗战胜利，国民政府接管徐州，1945年12月25日，铜山私立培正女子初级中学校长王恒心致函呈请复校，江苏省教育厅根据《江苏省私立中等学校呈请复校办法》的规定作出批示，要求该校需办理增筹基金、重组校董会等事项后方能复校。为重组校董会，1946年7月21日，王恒心致函邀请美国驻华大使司徒雷登担任校董。同年8月12日，王恒心赴南京面见司徒雷登，司徒雷登当即接受应聘，并在书信上签名以示同意。聘请司徒雷登担任徐州培正中学校董一函，折射出日本发动侵华战争给中国人民带来的深重灾难，反映了民国时期徐州教育事业发展的艰辛历程，是徐州地方教育史研究的珍贵文献。

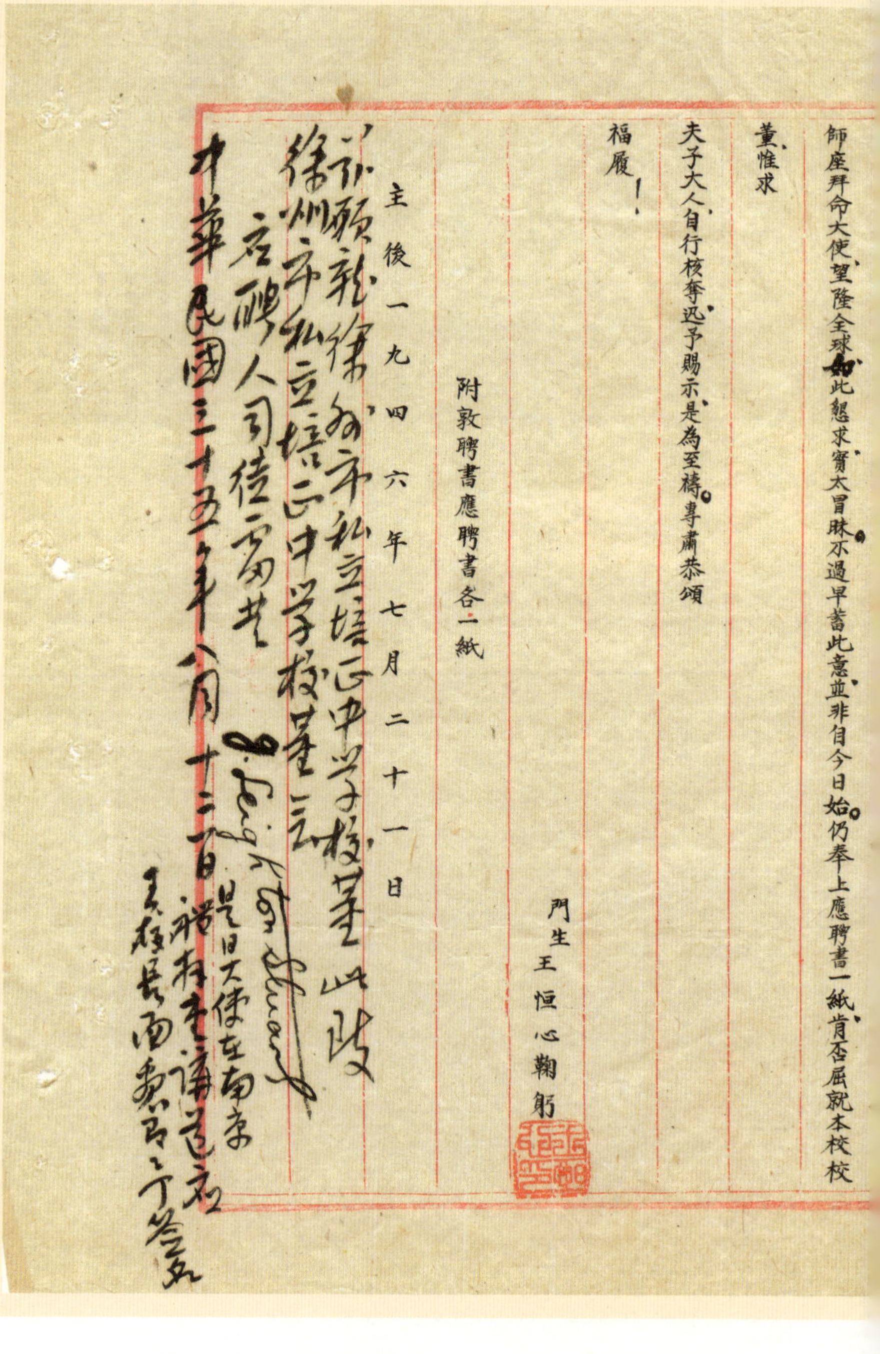

師座拜命大使，望隆全球，如此懇求，實太冒昧。不過早蓄此意，並非自今日始。仍奉上應聘書一紙，肯否屈就本校校

董，惟求

夫子大人自行核奪，迅予賜示，是為至禱。專肅恭頌

福履！

門生 王恒心鞠躬

附敦聘書應聘書各一紙

主後一九四六年七月二十一日

J. Leighton Stuart

中華民國三十五年八月十二日

## 全文：

司徒夫子大人函丈：敬肃者：

夫子经马特使推荐，杜总统任命，参院通过，担任美国驻华大使，消息广播，举国兴奋。各大报纸著论赞贺，不可胜读。徐州教会得此佳音，群情鼓舞。恒心忝列门墙，尤为欢忭无量。现今国共分道扬镳，干戈相寻，战余黎民，何堪再睹内战，安得有大力之人，调和双方，排难解纷，使中国亟速建立统一民主之坚固政府。又中国八载抗战，蒙盟邦美国提携扶持，幸获胜利。然而民力凋弊，元气耗竭，今后如何救死扶伤，以苏民困？以及中美邦交如何更加敦睦，奠定世界永久和平基础？朝野中外，无不忧心如焚。吾师适于此时荣膺大使，万民所归，上帝简选。恒心暨此地同工，昼夜祷祝，祈求上帝护佑，福躬，康宁寿考，完成上述重大责任，岂止中华民族叨蒙庇庥，人类福祉，实利赖之。兹有恳者，廿余年来，恒心主持教会，恪遵神旨，秉承师训。以教育为培植人才之地，乃自事变前后，又担任教会所立培正中学校校长，以迄今兹初中部业已立案，高中部立案现在着手赶办。窃

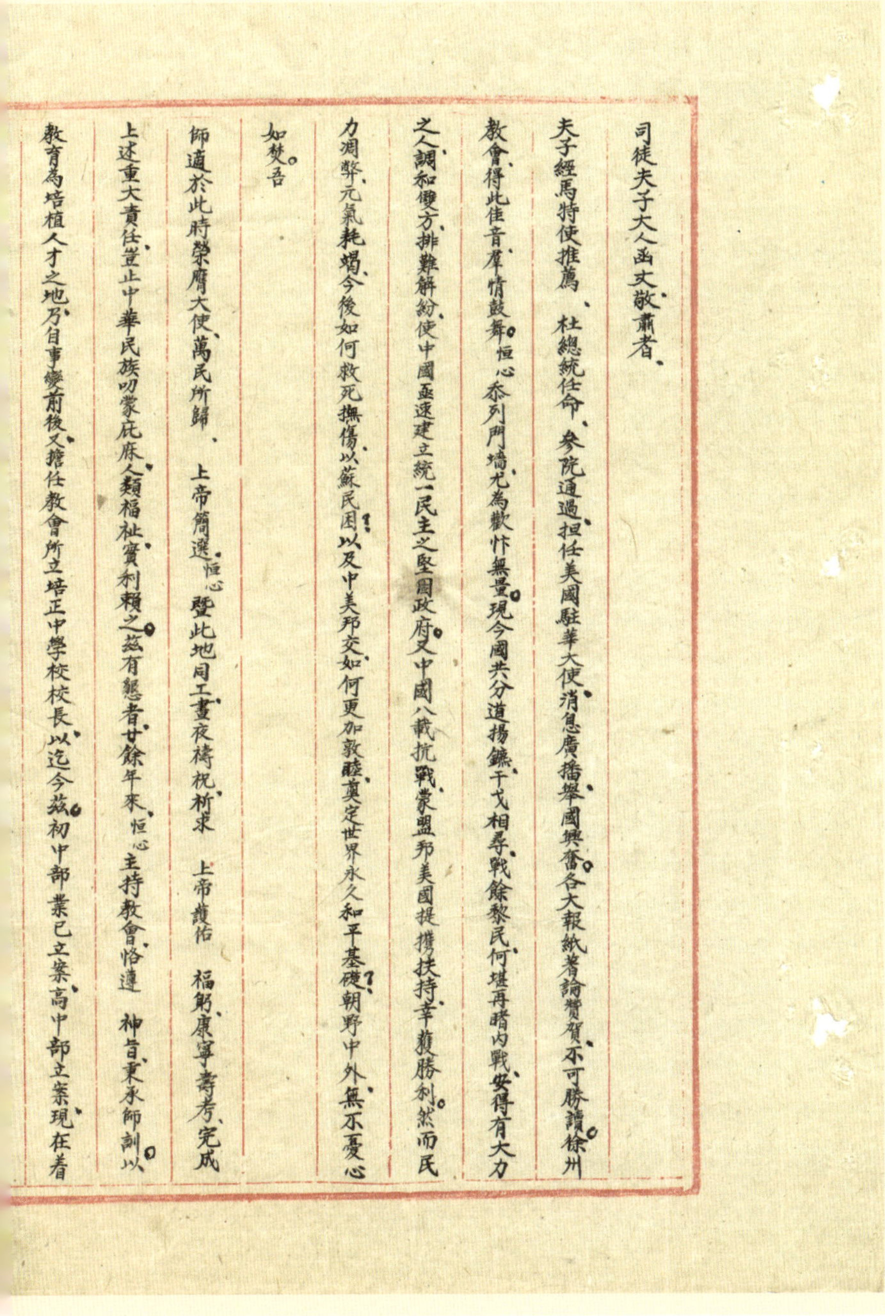

司徒夫子大人函丈敬肅者、
夫子經馬特使推薦、杜總統任命、參院通過担任美國駐華大使消息廣播舉國興奮。各大報紙著論讚賀、不可勝讀。徐州教會、得此佳音、羣情鼓舞。恒心忝列門墻、尤為歡忭無量。現今國共分道揚鑣、干戈相尋、戰餘黎民、何堪再睹內戰、安得有大力之人、調和雙方、排難解紛、使中國亟速建立統一民主之堅固政府。又中國八載抗戰、蒙盟邦美國提携扶持、幸獲勝利。然而民力凋弊、元氣耗竭、今後如何救死撫傷、以蘇民困？以及中美邦交如何更加敦睦、奠定世界永久和平基礎？朝野中外、無不憂心如焚。吾
師適於此時榮膺大使、萬民所歸、上帝簡選。恒心暨此地同工晝夜禱祝祈求上帝護佑福躬、康寧壽考、完成上述重大責任、豈止中華民族叨蒙庇庥、人類福祉、實利賴之。茲有懇者、廿餘年來、恒心主持教會、恪遵神旨、秉承師訓。以教育為培植人才之地、乃自事變前後、又擔任教會所立培正中學校校長、以迄今茲。初中部業已立案、高中部立案現在着

1946年，王恒心致函邀请美国驻华大使司徒雷登担任校董，司徒雷登于信末签名以示同意。（40cm×27cm）

拟敦聘老师担任校董，一经嘘植，声价十倍。现在师座拜命大使，望隆全球，如此恳求，实太冒昧。不过早蓄此意，并非自今日始。仍奉上应聘书一纸，肯否屈就本校校董，惟求夫子大人自行核夺，迅予赐示，是为至祷。专肃恭颂福履！

门生王恒心鞠躬

附敦聘书、应聘书各一纸

主后一九四六年七月二十一日

兹愿就徐州市私立培正中学校董。此致徐州市私立培正中学校董会。

应聘人司徒雷登 J.Leighton Stuart

中华民国三十五年八月十二日

（是日，大使在南京礼拜堂讲道，应王校长面邀即予签名。）

# 徐州市银行商业同业公会成立大会纪念合影

**保管单位：**徐州市档案馆

**内容及评价：**

1929年，国民政府公布《工商业同业公会法》，为谋同业协商业务对外统一联络，16家银行、钱庄于1930年8月设立铜山县银钱业同业公会，办公地点设在徐州市银市街（原统一南街）中孚银号内。“七七”事变后，银钱业公会自动解体。1947年8月23日，徐州市银行商业同业公会成立大会召开，选举理事5人，候补理事2人，监事1人，在理事中选出常务理事1人。该照片为徐州市银行商业同业公会成立时12家会员单位的纪念合影，对于研究民国时期徐州地区金融业的发展和银行商业同业公会历史提供了佐证，具有一定史料价值。

徐州市银行商业同业公会成立大会纪念合影（20cm×16cm）

# 铜山县第一届参议会议员录

**保管单位：**徐州市铜山区档案馆

**内容及评价：**

铜山县第一届参议会议员录，油印，内容包括铜山县参议会议员一览表和职员一览表，收录了议员和职员的姓名、职别、年龄、学历、略历、永久住址等情况。据铜山县第一届参议会议员录记载，铜山县第一届参议会于1947年3月30日成立，当选议员143名，皆为铜山籍贯，年龄最大58岁，最小25岁，其中女参议员3人。参议会下设民政、财政、教育、建设4个研究委员会和秘书室。秘书室除正、副议长外，还有秘书1人、干事2人、书记3人。该档案反映了民国时期铜山县参议会议员的组成情况，对研究民国时期徐州议事会参议会制度具有重要的参考价值。

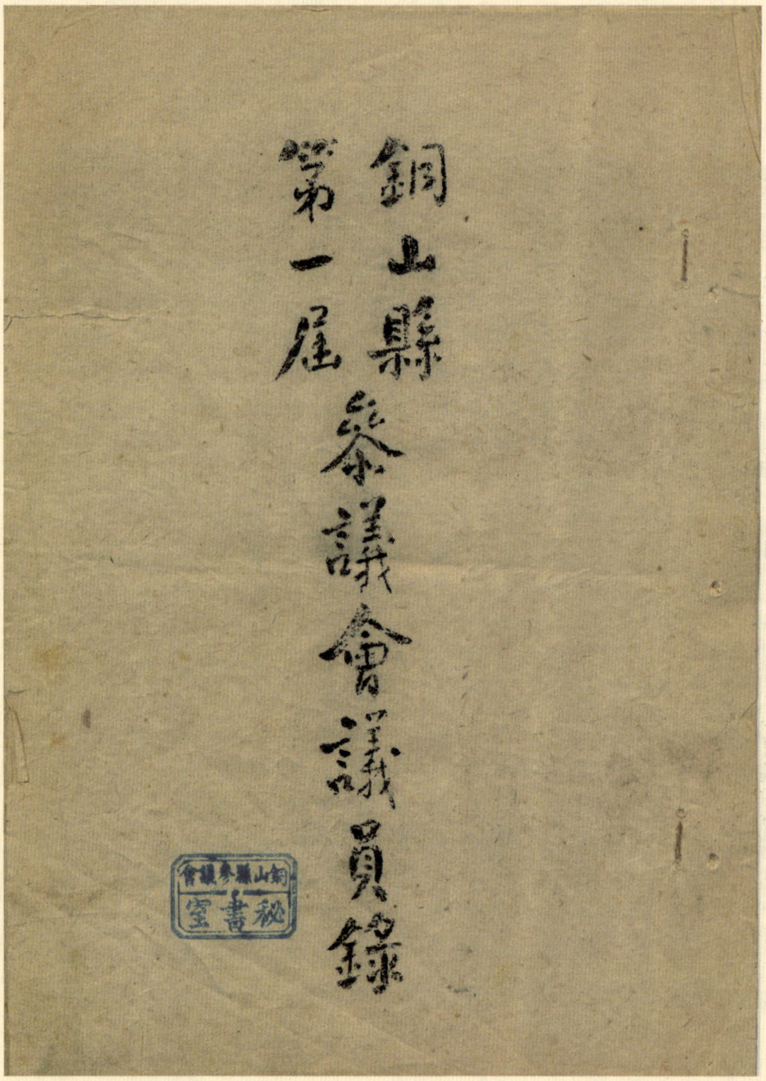


铜山县第一届参议会议员录（19cm×26cm）

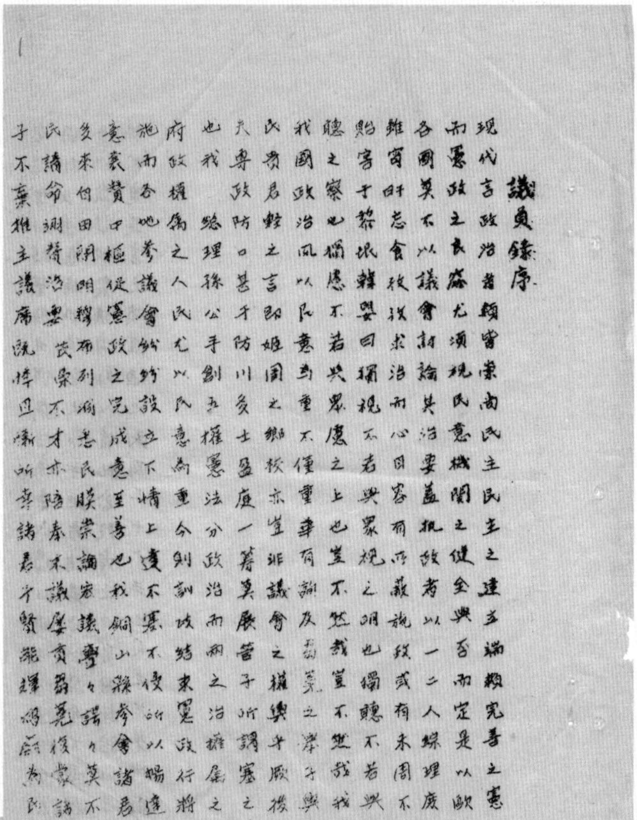

議員錄序

現代言政治者頗皆崇尚民主民主之建立端賴完善之憲政而憲政之良窳尤須視民意機關之健全與否而定是以歐美各國莫不以議會討論其治要蓋執政者以一二人綜理庶績雖宵旰忘食孜孜求治而心目容有所蔽施政或有未周不免貽害于黎庶故曰獨視不若與眾視之明也獨聽不若與眾聽之察也獨慮不若與眾慮之上也豈不然哉豈不然哉我國政治夙以民意為重不僅重乎有識及芻蕘之參予與夫民貴君輕之言即姬周之鄉校亦豈非議會之權輿乎厥後極夫專政防口甚于防川多士盈庭一籌莫展管子所謂塞之蔽之也我 總理孫公手創五權憲法分政治而為之治權屬之政府政權屬之人民尤以民意為重分則訓政結束憲政行將實施而各地參議會紛紛設立下情上達不塞不僨所以暢達民意裒贊中樞促憲政之完成意至善也我銅山縣參會諸君子多來自田間明稼穡列疾苦民瘼崇論宏議謇謇諤諤莫不為民請命翊贊治要 榮不才亦陪忝末不識學貴翁莞後塵諸君子不棄推主議席既慚且愧所幸諸君子賢能輝映蔚為民望

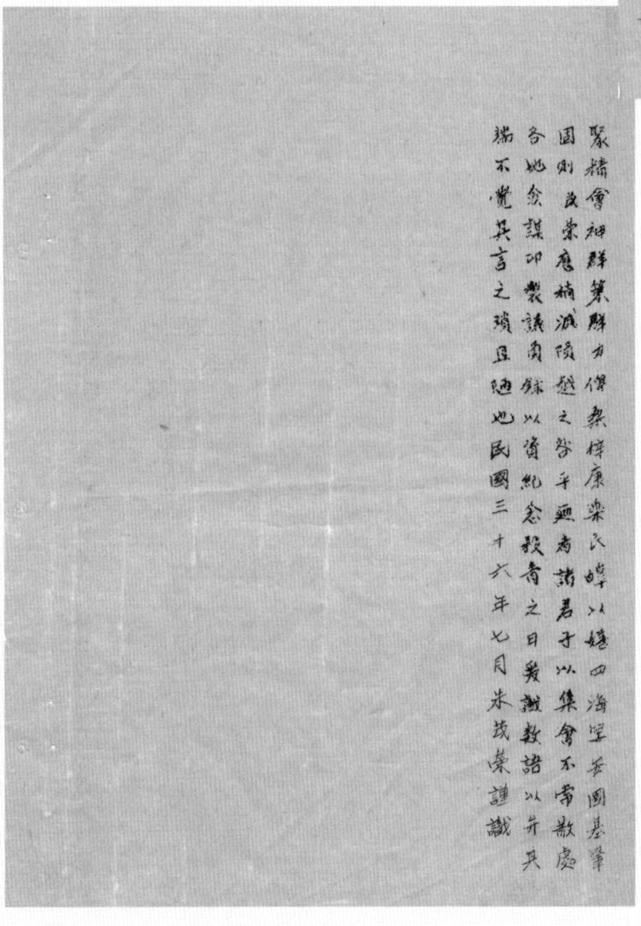

聚精會神群策群力俾熙樣康樂民物以嬉四海升平國基鞏固則民眾應精誠團結之督乎茲為諸君子以集會不常散處各地僉謀印製議員錄以資紀念報告之日爰識數語以弁其端不覺其言之瑣且陋也民國三十六年七月朱茂榮謹識

铜山县第一届参议会议员录序

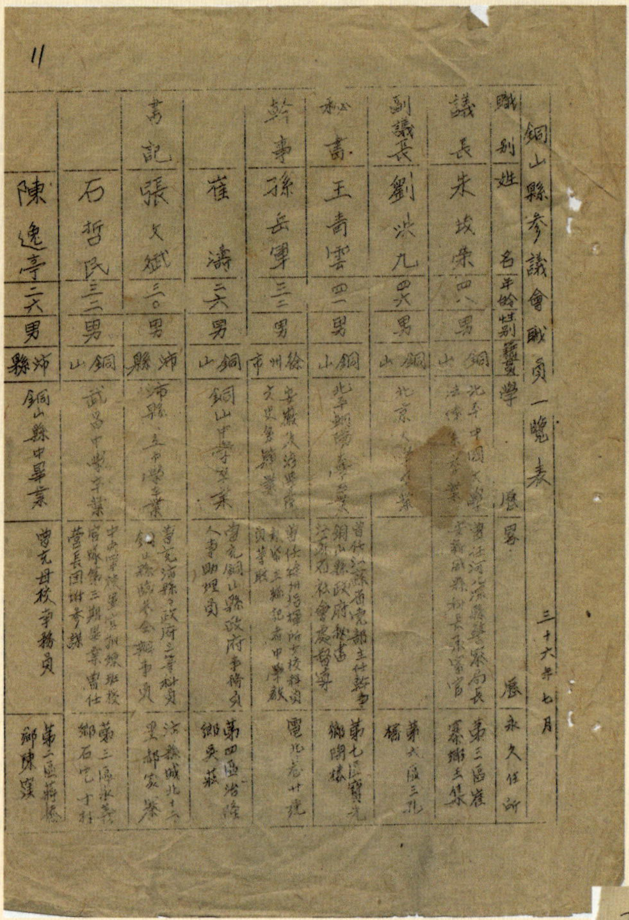

11

銅山縣參議會職員一覽表

三十六年七月

| 職別 | 姓名 | 年齡 | 性別 | 籍貫 | 學歷 | 經歷 | 永久住所 |
| --- | --- | --- | --- | --- | --- | --- | --- |
| 議長 | 朱坡榮 | 四八 | 男 | 銅山 | 北平中國大學法律系畢業 | 曾任河北深縣警察局長 安新縣科長承審官 | 第三區崔寨鄉三集 |
| 副議長 | 劉洪九 | 四六 | 男 | 銅山 | 北京大學畢業 |  | 第六區三孔橋 |
| 秘書 | 王青雲 | 四一 | 男 | 銅山 | 北平朝陽大學畢業 | 曾任江蘇省黨部主任幹事 銅山縣政府秘書 江蘇省社會處督導 | 第七區寶光鄉閘樓 |
| 幹事 | 孫岳軍 | 三三 | 男 | 徐州市 | 安徽大學文史系肄業 | 曾任徐州指揮所軍校教官 私立紀念中學教員等職 | 雲龍巷廿號 |
|  | 崔濤 | 二六 | 男 | 銅山 | 銅山中學畢業 | 曾充銅山縣政府事務員 人事助理員 | 第四區岱陸鄉吳莊 |
| 書記 | 張文斌 | 三〇 | 男 | 沛縣 | 沛縣立中學畢業 | 曾充沛縣縣政府三等科員 銅山縣臨參會辦事員 | 沛縣城北十六里郝家寨 |
|  | 石哲民 | 三二 | 男 | 銅山 | 武昌中學畢業 | 中央軍校第三期畢業 曾任中央軍官訓練班教官 營長團附參謀 | 第三區永義鄉石屯十村 |
|  | 陳逸亭 | 二六 | 男 | 沛縣 | 銅山縣中畢業 | 曾充母校事務員 | 第二區蔣橋鄉陳莊 |

铜山县第一届参议会职员一览表

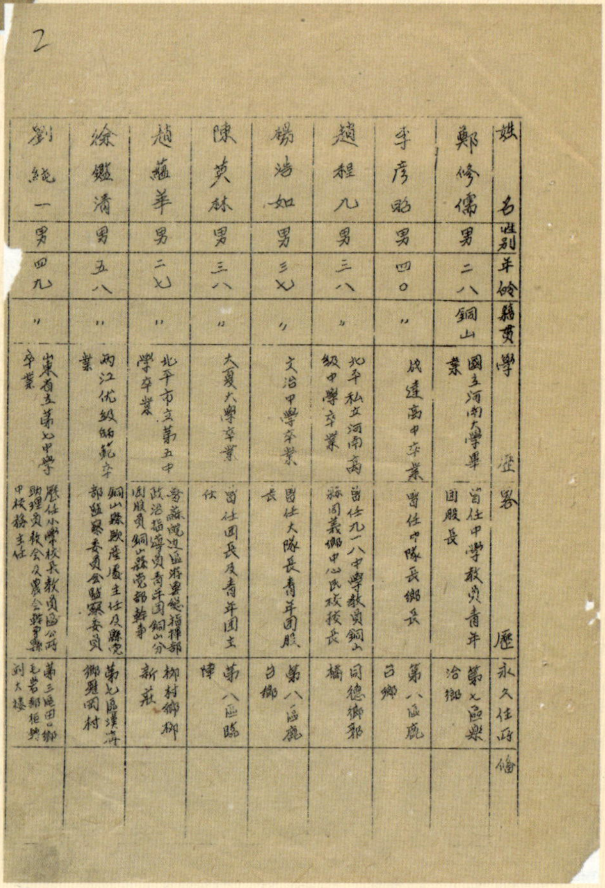

2

| 姓名 | 性別 | 年齡 | 籍貫 | 學歷 | 經歷 | 永久住所 |
| --- | --- | --- | --- | --- | --- | --- |
| 鄭修儒 | 男 | 二八 | 銅山 | 國立河南大學畢業 | 曾任中學教員 青年團股長 | 第七區樂洽鄉 |
| 李彥昭 | 男 | 四〇 | 〃 | 汶達高中畢業 | 曾任中隊長 鄉長 | 第八區鹿台鄉 |
| 趙程九 | 男 | 三八 | 〃 | 北平私立河南高級中學畢業 | 曾任九一八中學教員 銅山縣同義鄉中心民校校長 | 同德鄉邢橋 |
| 楊海如 | 男 | 三七 | 〃 | 文治中學畢業 | 曾任大隊長 青年團股長 | 第八區鹿台鄉 |
| 陳英林 | 男 | 三八 | 〃 | 大夏大學畢業 | 曾任團長及青年團主任 | 第八區臨陣 |
| 趙蘊華 | 男 | 二七 | 〃 | 北平市立第五中學畢業 | 曾任蘇魯豫邊區游擊總指揮部政治指導員 青年團銅山分團股員 銅山縣黨部幹事 | 柳村鄉柳新莊 |
| 徐鑑清 | 男 | 五八 | 〃 | 兩江優級師範畢業 | 銅山縣財產處主任及縣黨部監察委員 會監察委員 | 第七區漢[illegible]鄉碧岡村 |
| 劉統一 | 男 | 四九 | 〃 | 山東省立第七中學畢業 | 歷任小學校長 教員 區公所助理員 教會及農會幹事 縣中校務主任 | 第三區田[illegible]鄉毛營[illegible]劉大樓 |

铜山县第一届参议会议员录节选

# 第一部分　生產建設工作

我們遵照着中共中央和毛主席指示，入城以後就提出以恢復發展生產支援戰爭爲我們的中心任務，九個月來這方面已獲得相當成績，完成了我們的初步要求，現在我把這方面的情況報告如下：

（1）公營生產方面：

在國民黨反動派從日冦手裏接來的工廠，除修械廠、四〇四汽車修理廠等軍用工業外，其他各廠莫不奄奄一息，甚至部分的廠被國民黨的接收大員所吞沒（如大源油廠因資金被吞四十部榨油機從未復工）。解放前混亂時期各工廠更遭到空前的浩劫，如四〇四汽車修理廠機器大部被匪軍潰退時帶走，鐵路較大的橋樑，均遭敵炸燬，僞補給區所屬的油廠均被搶刼一空。隴海機廠被特務爆炸，修械廠、大上海火柴廠等，均已拆卸裝箱無存。同時在敵撤走時，並帶走了各廠的技術人員，我們就在這鐵路不通，技術人員和原料缺乏種種困難的條件下，及各廠破爛不堪的廢墟上，重建起來。

由於我們不斷和困難作鬥爭，以及職工們的努力，在將近十個月的時間，公營工業生產是逐漸的恢復起來了，並達到而且超過解放前的生產水準，例如：

1。水電廠裝起一千基羅瓦特的柴油機，發電能力由986瓩增至2986瓩後，增電力用戶43戶，馬力1114.5匹，增加電燈用戶1539戶，燈6846盞，並經常保持供電，克服國民黨統治時期的電燈不明、經常分區停電的現象。

# 孔宪质日记

**保管单位：**新沂市档案馆

**内容及评价：**

孔宪质，1917年生，江苏新沂人，1938年参加革命，历任淮阴地区、赣榆县、丰县、新沂等地中共党委宣传部长、组织部长、县委副书记等职。1935年3月19日，孔宪质在家乡上私塾时开始记写日记，1995年，孔宪质将坚持记录60年的日记捐赠给新沂市档案馆，共计128册（约380万字）。

孔宪质日记内容丰富，涉及面广，详细记录了新沂地区人民群众在党的领导下开展革命斗争和社会主义建设的艰辛历程及取得的光辉成就，再现了宿北地区血与火的战斗岁月，为研究地方革命史提供了珍贵的第一手材料。

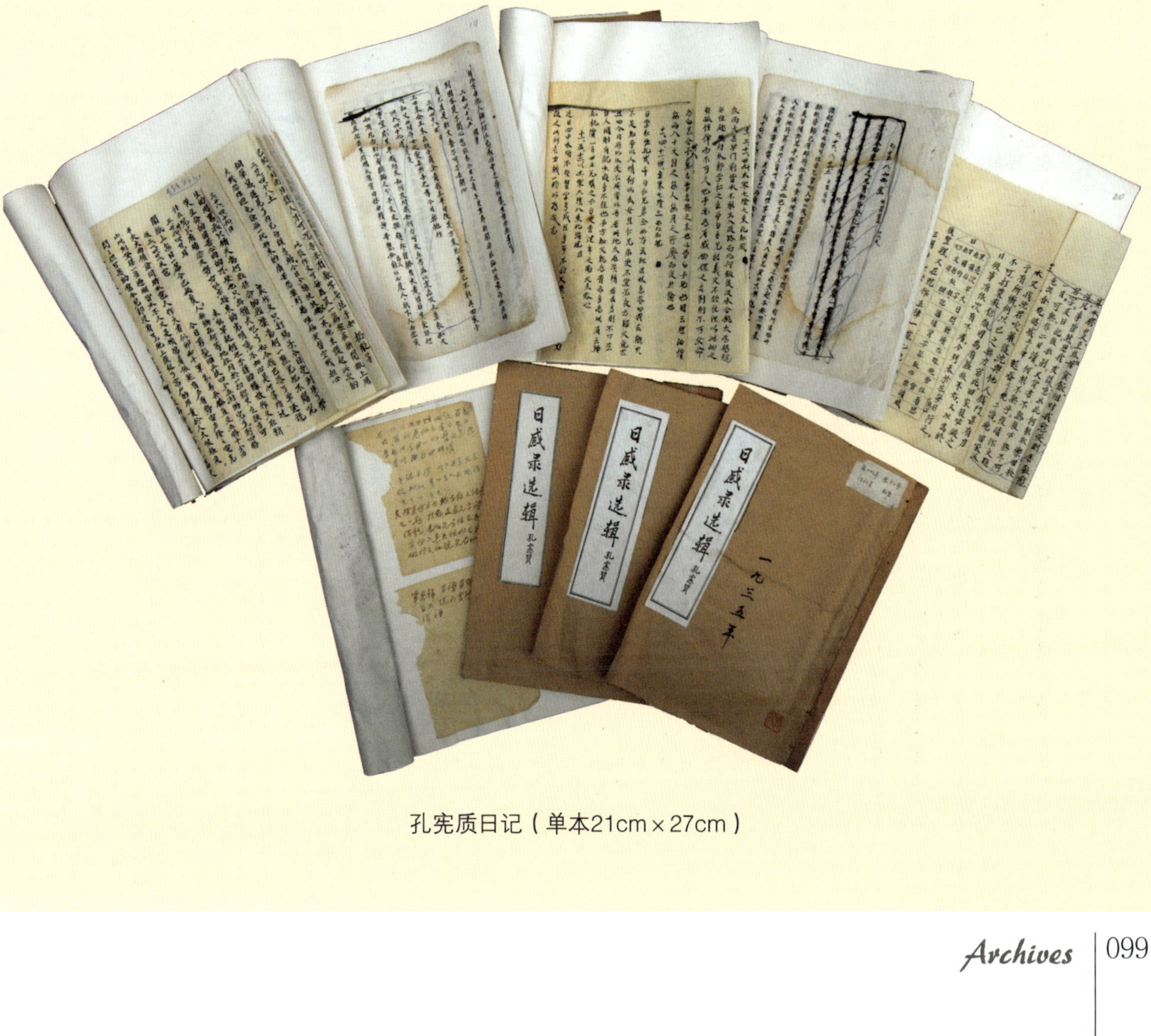


孔宪质日记（单本21cm×27cm）

**全文（节选）：**

民国二十四年（1935）

二月十五日，即三月十九号，火曜阴晴，三七，寒暖，二八。东北风。

昨晚与沈君谈字，每日写一正张七度纸，写时要努力摹帖，而并且要玄臂，用力均，我从之；读书，他读四书、十三经，我亦欲读孟子、或诗、书；作文亦然；小字在七度纸上写，我觉亦可。是晚予在院内钉本子，因月之照，把从前作文看过，忽见内有往日在家作日记，今何不再作？真是有始无终！是“五分钟热度”！为此，何以能成大志！故今日急复之。后直至明月午后，万物沉静，而予更觉清思想。疏星点点，天地寂寂，凉风习习，吹人洋洋，身觉寒寒，所谓惜月夜眠迟。

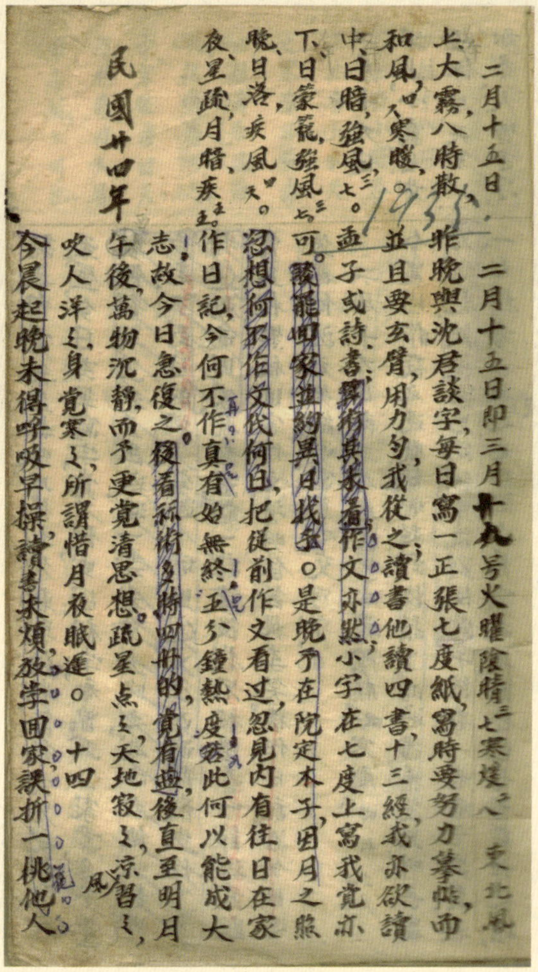

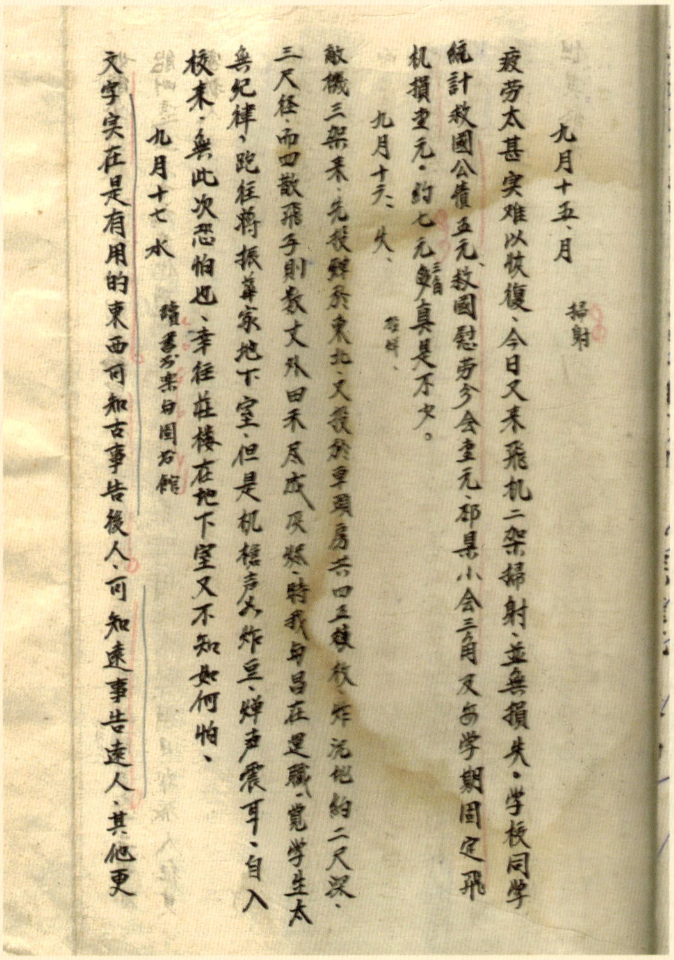

孔宪质日记节选

民国二十六年（1937）

九月十五，月，扫射。

疲劳太甚，实难以恢复。今日又来飞机两架扫射，并无损失。学校同学统计救国公债五元，救国慰劳分会壹元，邳县小会三角及每学期固定飞机捐壹元，约七元三角，真是不少。

九月十六，火，投弹。

敌机三架来，先投弹於东北，又投於车头房共四五枚，炸泥地约二尺深，三尺径。而四散飞子则数丈外。田禾尽成灰烬。时我与昌在运职，觉学生太无纪律，跑往蒋振华家地下室，但是机枪声如炸豆，弹声震耳。自入校来，无此次恶怕也，幸往庄楼在地下室又不知如何怕。

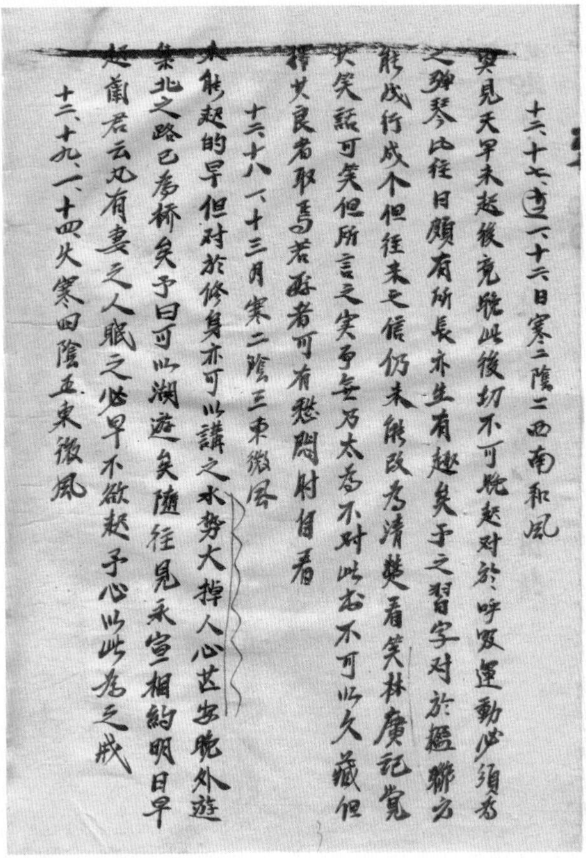

十二、十七、一、十六日寒二陰二西南和風
矣見天早未起後竟晚此後切不可晚起对於呼吸運動必須為
之彈琴此往日頗有所長亦生有趣矣予之習字对於經鄉方
能成行成个但往未已信仍未能改為清楚看笑林廣記覺
其笑話可笑但所言之实事無乃太為不对此亦不可以久藏但
擇其良者取焉若惡者可有愁悶時自看
十二、十八、一、十三月寒二陰三東微風
未能起的早但对於修身亦可以講之水勢大撑人心甚安晚外遊
東北之路已為橋矣予曰可以湖遊矣隨往見永宣相約明日早
起衛君云凡有妻之人眠之必早不欲起予心以此為之戒
十二、十九、一、十四火寒四陰五東微風

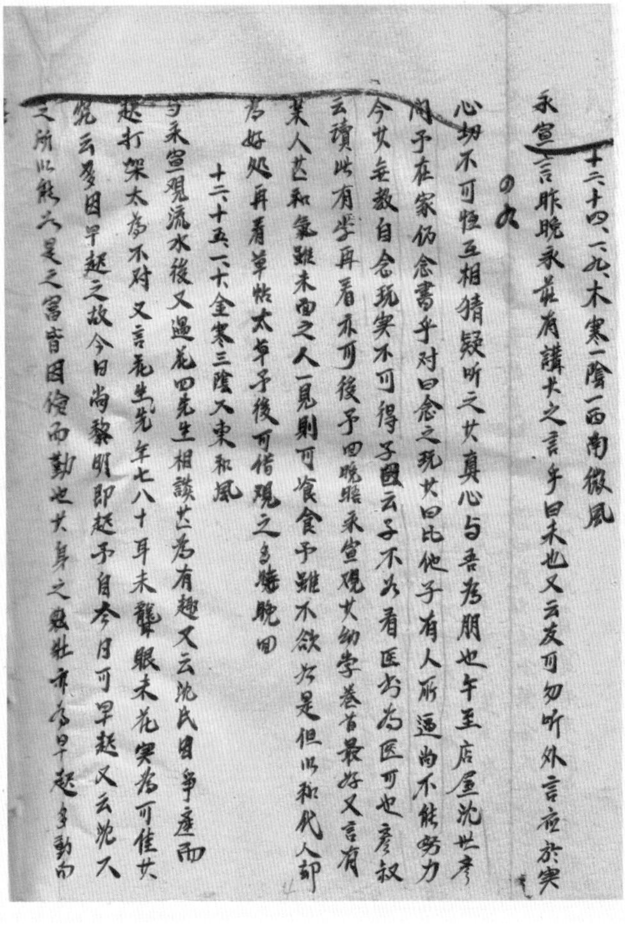

十二、十四、一、九、木寒一陰一西南微風
永宣言昨晚永莊有講其之言乎曰未也又云友可勿听外言应於实
心切不可恒互相猜疑所之其真心与吾為朋也午至店屋沈世孝
閒予在家仍念書乎对曰念之现其曰比他子有人所逼尚不能努力
今其無教自念現实不可得子國云子不必看医为為医可也彦叔
云讀此有学再看亦可後予回晚飯永宣現其幼学卷首最好又言有
某人甚和氣雖未面之人一見則可嘆食予雖不欲为是但以和代人卻
為好処再看笑林太早予後可借现之多鬆脫回
十二、十五、一、十、金寒三陰大東和風
与永宣現流水後又遇花四先生相談甚為有趣又云兆民自爭産而
起打架太為不对又言先生先年七八十耳未聾眼未花实為可佳其
晚云予因早起之故今日尚黎明即起予自本月可早起又云兆人
之所以能久是之富皆因儉而勤也其身之強壮亦為早起多動而

孔宪质日记节选

# 潘琰烈士手迹

**保管单位：** 徐州市档案馆

**内容与评价：**

潘琰（1915～1945），江苏徐州人，学生领袖，昆明“一二·一”学生爱国运动四烈士之一。该幅手迹——散文诗《怀念》写于1943年9月，全篇计498字，字迹工整、清秀。作者寓情于景，通过描述对松树坪的眷恋，表达对同志的怀念、对革命理想的执著和对美好生活的向往。诗中提及的松树坪位于湖北省建始县，是潘琰曾经生活和学习过的地方。出于特殊时期的考虑，潘琰省去了具体地理位置，以“××”代替。

1995年，潘琰烈士生前好友黄白先生将珍藏多年的烈士手迹转赠于潘琰之弟潘玉琛。2009年，徐州市档案馆为庆祝中华人民共和国成立60周年，面向社会各界征集档案文献，潘玉琛先生将珍藏多年的烈士手迹无偿捐献国家，赠于徐州市档案馆永久保存。

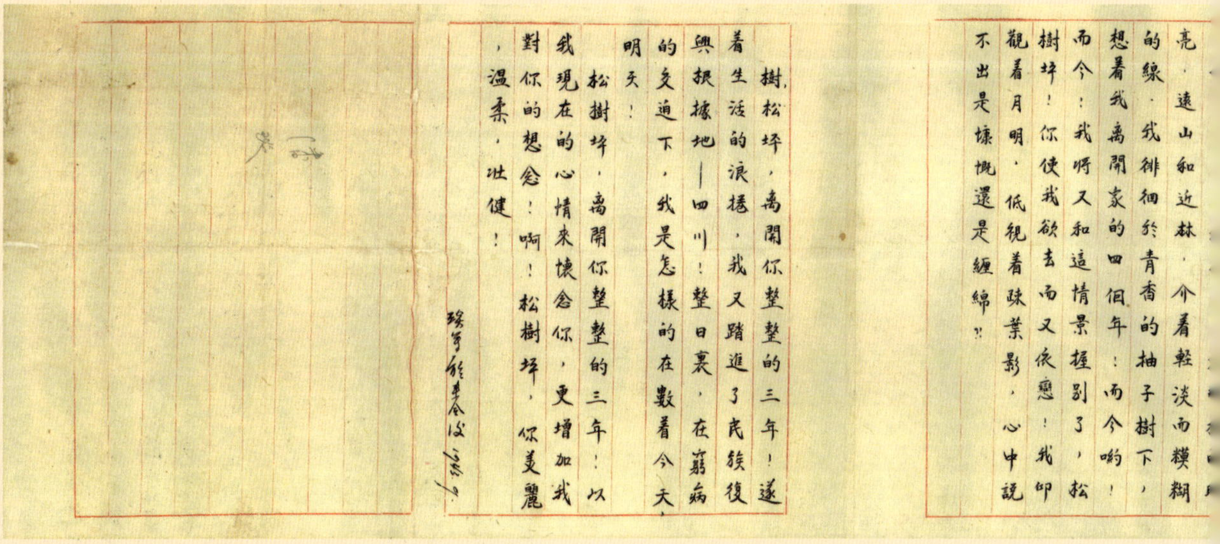

亮，遠山和近林，介着輕淡而模糊的綠，我徘徊於青香的柚子樹下，想着我離開家的四個年；而今哟！而今：我將又和這情景握别了，松樹坪！你使我欲去而又依戀！我仰觀着月明，低視着疏葉影，心中說不出是慷慨還是纏綿？！

樹，松坪，離開你整整的三年！遂着生活的浪捲，我又踏進了民族復興根據地——四川！整日裏，在窮病的交逼下，我是怎樣的在數着今天，明天！

松樹坪，離開你整整的三年！以我現在的心情來懷念你，更增加我對你的想念！啊！松樹坪，你美麗，溫柔，壯健！

潘琰烈士手迹《怀念》（113cm×25cm）

**全文：**

## 怀 念

松树坪，你幽静的山峦，虽然你位于××的要道，而你仍无城市的哗喧——在这儿我住了两年！

你白雾，你青的山，你严冬的风雪，你夏日的烈炎，你阴雨晦暗的日子，你月白风清的夜晚，啊！你给了我少多的怀念！

松树坪，你蓊郁的山峦，虽然你外貌庄严如楚处子，你是数百健儿的讲坛——在这儿，我曾从事于学理的钻研。

在松林中，在崖石下，在茅屋旁，在豆架边，那亲热的面孔，那详细的讲解，那热烈的批评与争辩，多可歌诵的深厚友谊哟！像阳光的耀炫！

松树坪，你温柔的山峦，虽然你处于××的一隅，你是世外的桃源——也就是这样的使人留恋！

碗大的柚子，刺蝟〔猬〕似的毛栗，密〔蜜〕甜的枣子，还有胡桃，松子，金黄的橘柑。

乡姑啊！是那样的美健！青年的小伙子肌肉隆起如山！啥着烟袋的老头子，悠然的〔地〕看望着田亩，白发的婆婆，弯了腰在纺棉。

记得是一个中秋的夜晚，也就是我离开你的前几天，月是那样的明亮，远山和近林，介着轻淡而模〔模〕糊的线。我徘徊于青〔清〕香的柚子树下，想着我离开家的四个年！而今哟！而今！我将又和这情景握别了，松树坪！你使我欲去而又依恋！我仰观着月明，低视着疏叶影，心中说不出是慷慨还是缠绵！？

树松〔松树〕坪，离开你整整的三年！遂着生活的浪卷，我又踏进了民族复兴根据地——四川！整日里，在穷病的交迫下，我是怎样的在数着今天，明天！

松树坪，离开你整整的三年！以我现在的心情来怀念你，更增加我对你的想念！啊！松树坪，你美丽，温柔，壮健！

琰写于来合后

1943. 9

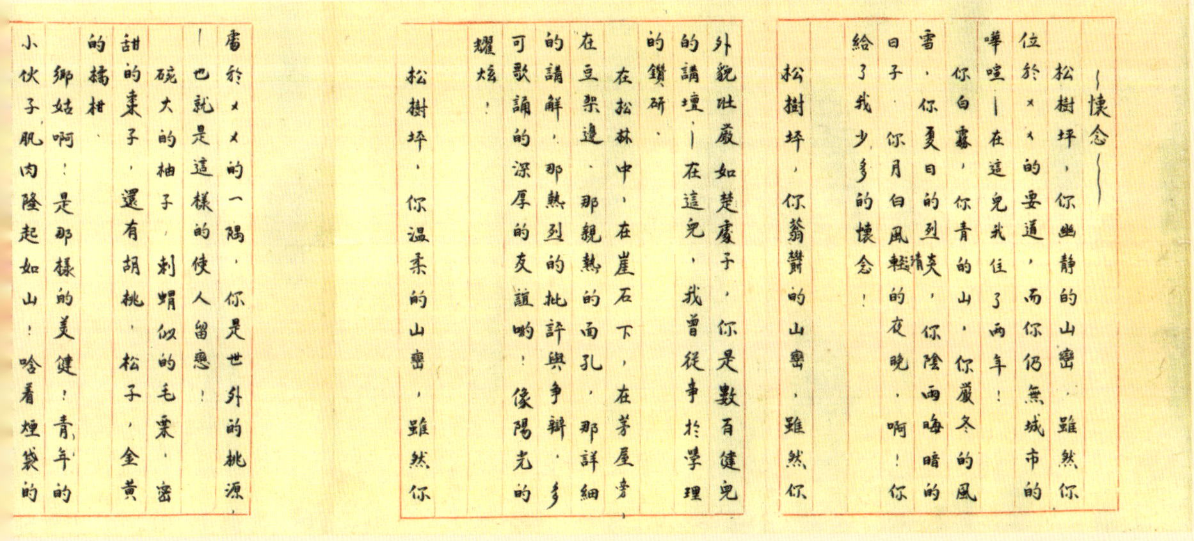
懐念
松樹坪，你幽靜的山巒，雖然你位於××的要道，而你仍無城市的嘩喧——在這兒我住了兩年！
你白霧，你青的山，你嚴冬的風雪，你夏日的烈炎，你陰雨晦暗的日子，你月白風清的夜晚，啊！你給了我少多的懷念！
松樹坪，你蓊鬱的山巒，雖然你外貌壯嚴如楚處子，你是數百健兒的講壇——在這兒，我曾從事於學理的鑽研。
在松林中，在崖石下，在茅屋旁，在豆架邊，那親熱的面孔，那詳細的講解，那熱烈的批評與爭辯，多可歌誦的深厚的友誼喲！像陽光的耀炫！
松樹坪，你溫柔的山巒，雖然你處於××的一隅，你是世外的桃源——也就是這樣的使人留戀！
碗大的柚子，刺蝟似的毛栗，密甜的棗子，還有胡桃，松子，金黃的橘柑。
鄉姑啊！是那樣的美健！青年的小伙子肌肉隆起如山！啥着烟袋的

# 抗属荣誉证

**保管单位：** 睢宁县档案馆

**内容及评价：**

该件档案是邳睢铜行政区联防办事处颁发给朱培橘的抗属荣誉证。证书内容是：“兹有朱培橘先生亲属朱廷鹤在我子弟兵睢宁大队二连杀敌报国，功在家邦。特代表全地区人民恭祝：朱培橘先生阁第光荣”。落款时间为民国三十三年（1944）十二月，末具邳睢铜行政区联防办事处主任刘玉柱、副主任吴云培署名，盖有邳睢铜行政区联防办事处关防。该荣誉证对研究地方抗战历史具有重要的史料价值，是进行爱国主义教育的珍贵素材。

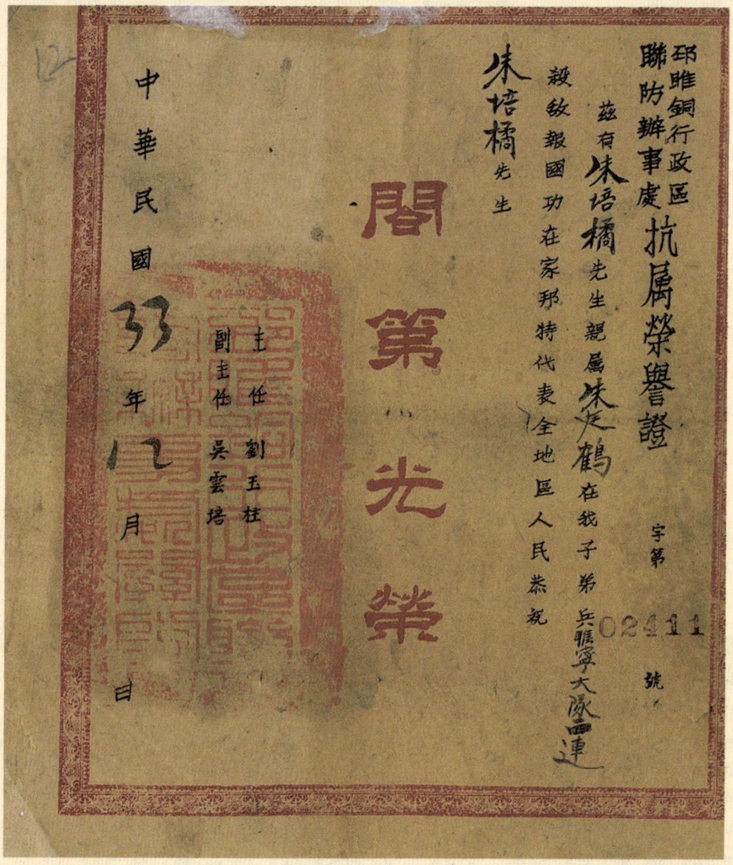

邳睢銅行政區聯防辦事處抗屬榮譽證　字第02411號

茲有朱培橘先生親屬朱廷鶴在我子弟兵睢寧大隊二連殺敵報國功在家邦特代表全地區人民恭祝

朱培橘先生

閣第光榮

主任 劉玉柱

副主任 吳雲培

中華民國33年12月　日

邳睢铜行政区联防办事处颁发给朱培橘先生的抗属荣誉证（19cm×20cm）

**相关知识：**

关防，官印的一种，多为长方形。明初，各布政司与六部常以预备的空白印纸作弊，明太祖发觉后，改用半印，以便拼合验对，取其“关防严密”之意，故名关防。其后不作勘合之用，而形制未变，用来预备给临时设置之官。清沿明制，正规官员使用正方形官印称印，临时派遣官员则用关防。

# 徐州市地下党员登记表册

**保管单位：**徐州市档案馆

**内容及评价：**

徐州市地下党员登记表册为手刻红油印刷，实有地下党员登记表50份（编号为1至54号，第5、32、45、52号缺失），内容包括姓名、年龄、籍贯、家庭经济状况、入伍时间、入党时间、入党介绍人、工作简历、社会关系等项。出于地下工作的需要，表册大部分姓名均未填写，而以英文字母和数字的编号代替。

该地下党员登记表册作为第一手材料，真实记录了党在徐州地区开展地下工作的情况，是进行革命传统教育的珍贵素材。

徐州市地下党员登记表册（14cm×21cm）

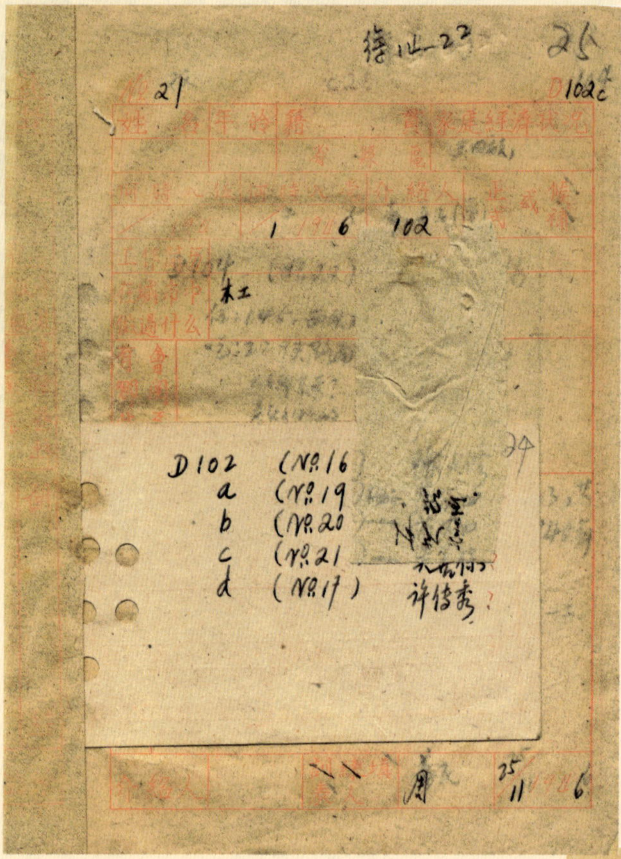


代号D102c地下党员登记表

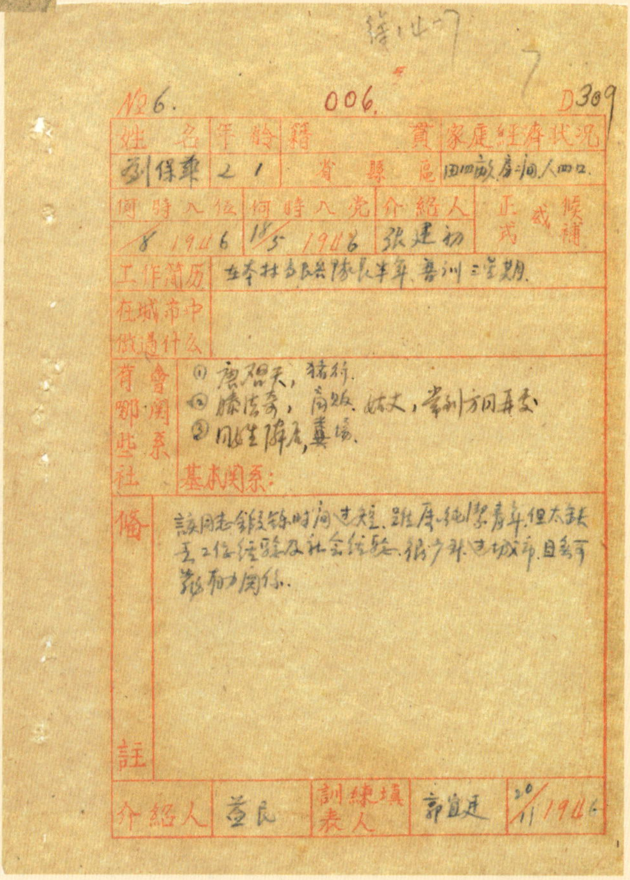


地下党员刘保华登记表

# 淮海战役档案汇集

**保管单位：**淮海战役纪念馆

**内容及评价：**

1948年11月6日至1949年1月10日，60万中国人民解放军与80万国民党军主力在广阔的黄淮平原上展开殊死决战，经过65昼夜浴血奋战，人民解放军共歼灭国民党部队55.5万余人，取得了决定性的胜利。这次战役从根本上动摇了蒋家王朝的统治，成为决定中国命运的大决战。为了纪念淮海战役的伟大胜利，1959年中共中央、国务院决定在江苏徐州南郊凤凰山兴建淮海战役烈士纪念塔和淮海战役纪念馆，1965年建成开放，并设立专业管理机构，负责日常开放管理及文物资料征集与保管。现有文物资料7831件，历史照片6100张。内容包括党中央和毛泽东主席及淮海战役总前委的指示、命令，参战兵团、纵队、师、团等各级的通知、计划、统计、总结等重要文献，英模奖状、奖旗、奖章、立功证、英烈名册、遗物，缴获的战利品和有关书籍、报刊、传单等，其中很多是原始档案。这些档案、资料真实记录了人民解放军英勇奋战、前仆后继，一往无前、决战决胜的英雄气概和广大人民艰苦奋斗、全力支援的奉献精神，具有较高的史料价值，是缅怀革命英烈，弘扬和培育英烈精神，继承和发扬革命传统的珍贵素材。

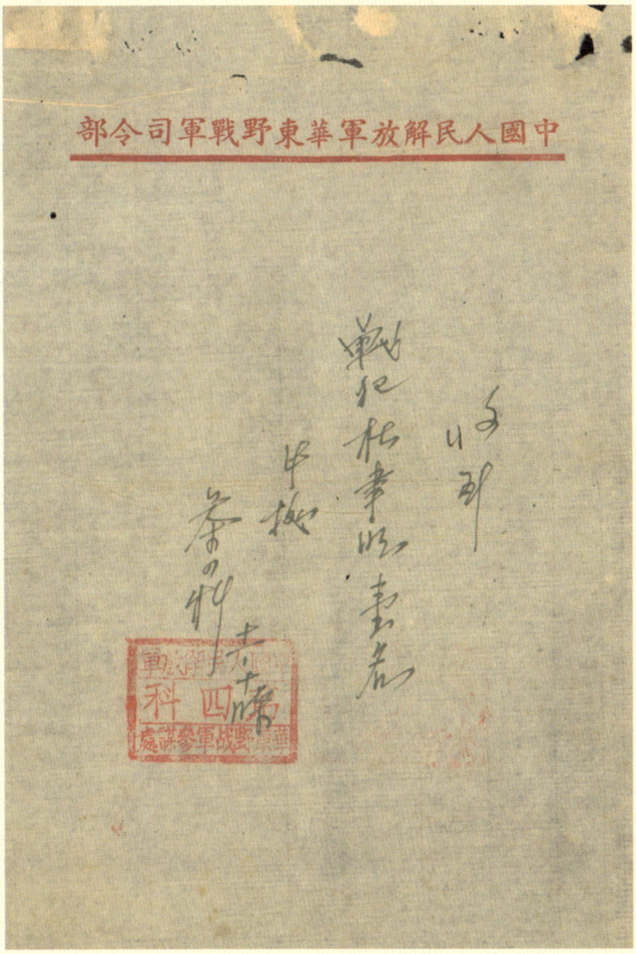
中國人民解放軍華東野戰軍司令部

收到

戰犯杜聿明壹名

此據

參四科

十一日十時

華東野戰軍參謀處 四科

## 人民解放军交接战俘杜聿明收到条

1949年1月10日，淮海战役胜利结束，华东野战军第四纵队俘获徐州“剿总”副司令员杜聿明，并于1949年1月11日10时上交华野司令部。华东野战军参谋处第四科给华野四纵开具了收到条。该收到条意义重大，全国仅此一件，定为国家一级文物。

# 刘瑞龙日记

刘瑞龙在淮海战役时期任华东野战军后勤部部长。此日记本是1948年9月30日至1949年5月25日淮海、渡江两大战役中的领导活动情况的记录。该日记手稿，来源确切，意义重大，定为国家一级文物。

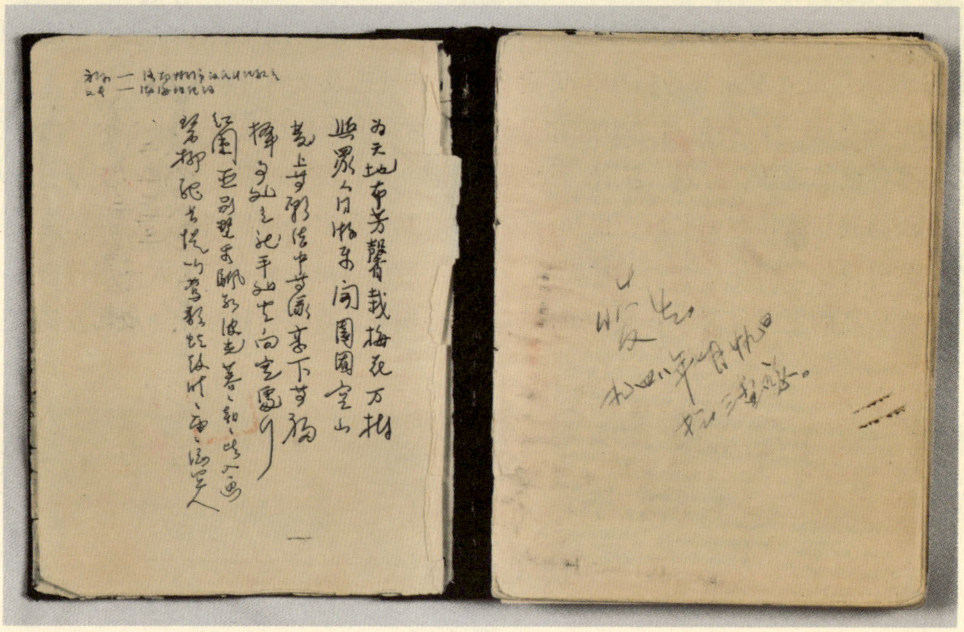

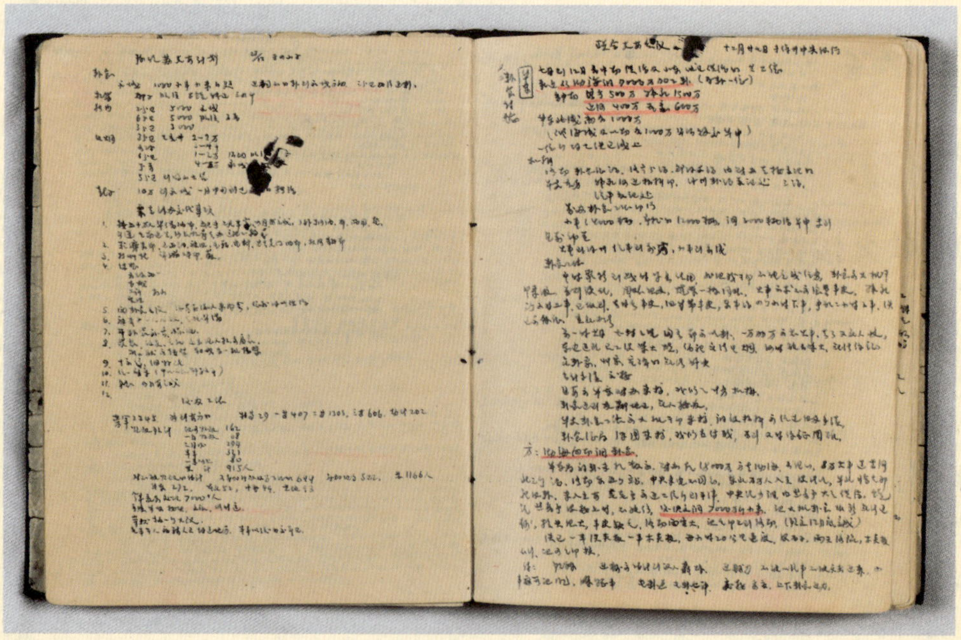

## 潍县张营区支前担架队队员墙报稿

潍县张营区支前担架队，在党支部领导下发挥了民工俱乐部的作用，按时完成支前任务，荣获淮海战役支前模范担架队的称号。担架队支前民工在完成艰巨的支前任务的同时，自己动手编写稿件，利用白布或平滑的墙壁，创办了大量形式简单、内容丰富的民工墙报。该组墙报稿共计11件，定为国家二级文物。

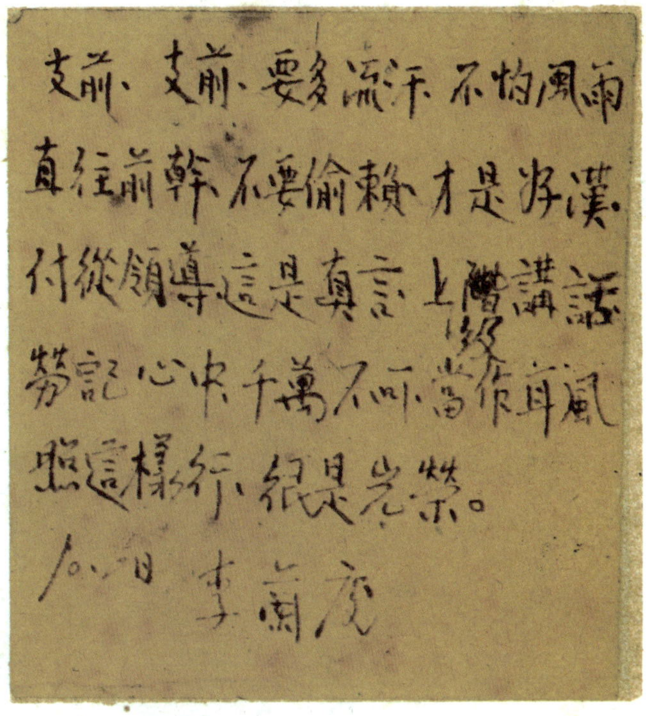

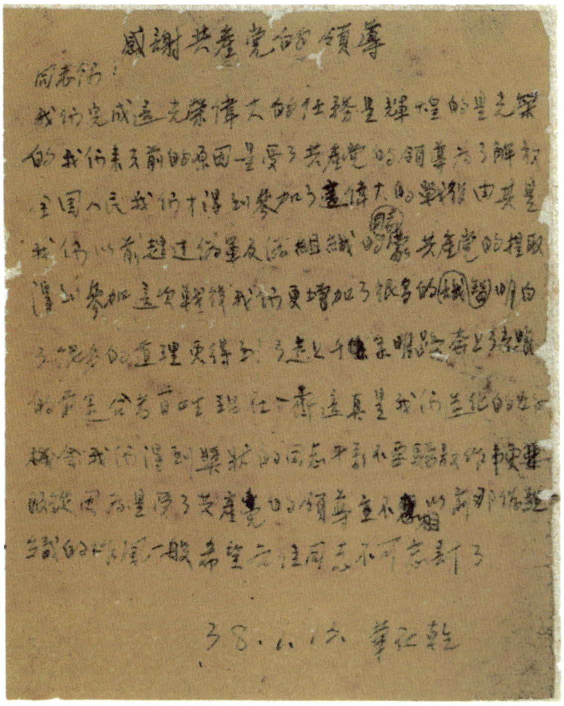

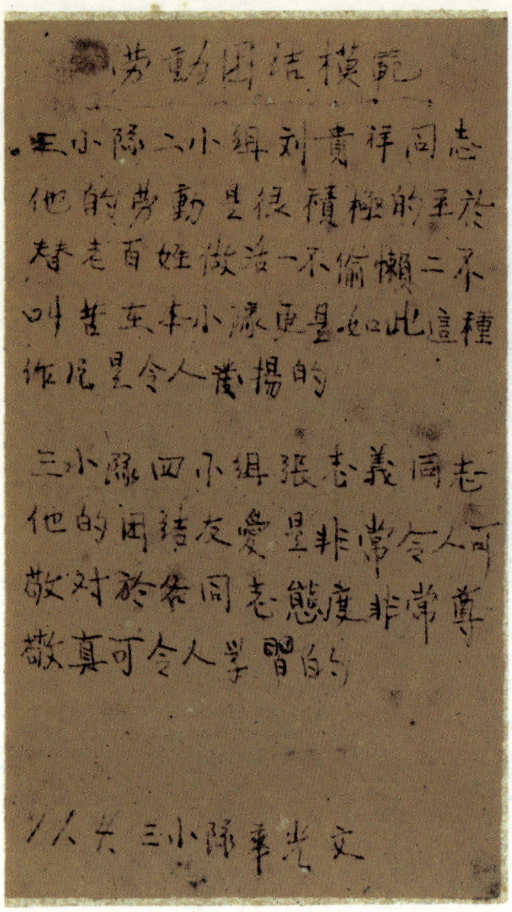

劳動团结模範

三小隊二小组刘貴祥同志他的劳動是很積極的至於替老百姓做活一不偷懒二不叫苦並且本小隊更是如此這種作风是令人赞揚的

三小隊四小组張春義同志他的团结友愛是非常令人可敬对於各同志態度非常尊敬真可令人学習的

三小隊車光文

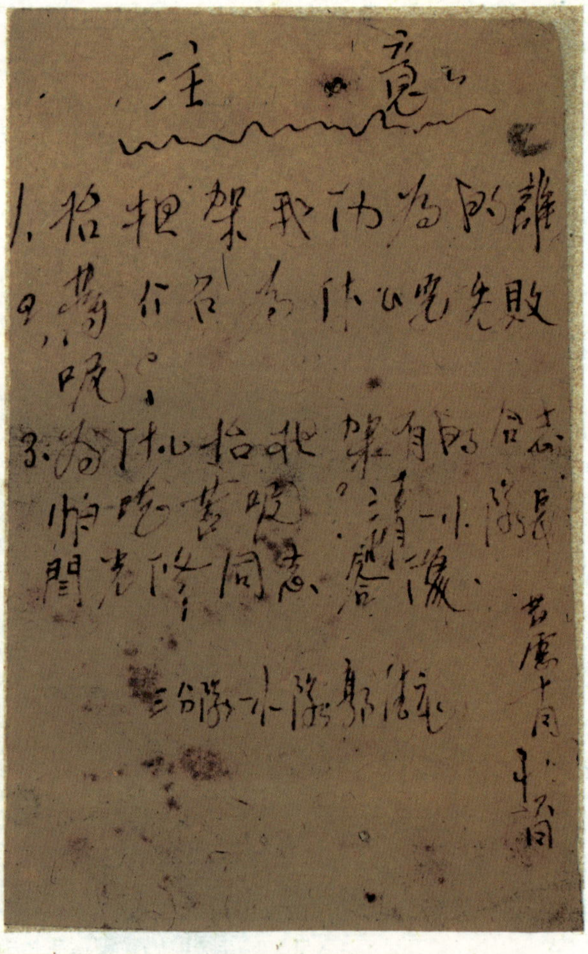

注意

1. 抬担架我們為的誰
2. 蔣介石的隊伍吃先敗吃。
3. 給了他们抬担架有的同志怕吃苦嗎？請一小隊長開先隆同志答復。

三分隊一小隊郭清泉

古曆十月十六日

潍县张营区支前担架队队员墙报稿

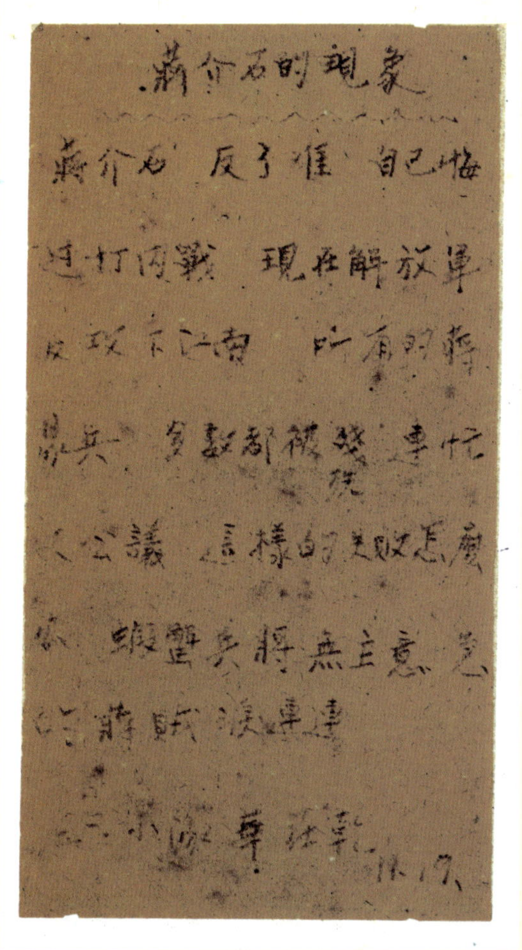

蒋介石的现象

蒋介石反了淮 自己悔
过打内戰 現在解放軍
攻下江南 所有的蒋
兵 多數都被毙伤 [illegible]
人公議 這樣的失败怎麽
办 蝦蟹兵將無主意 完
了蒋賊 [illegible]

[illegible] 華 [illegible] 11.17

潍县张营区支前担架队队员墙报稿

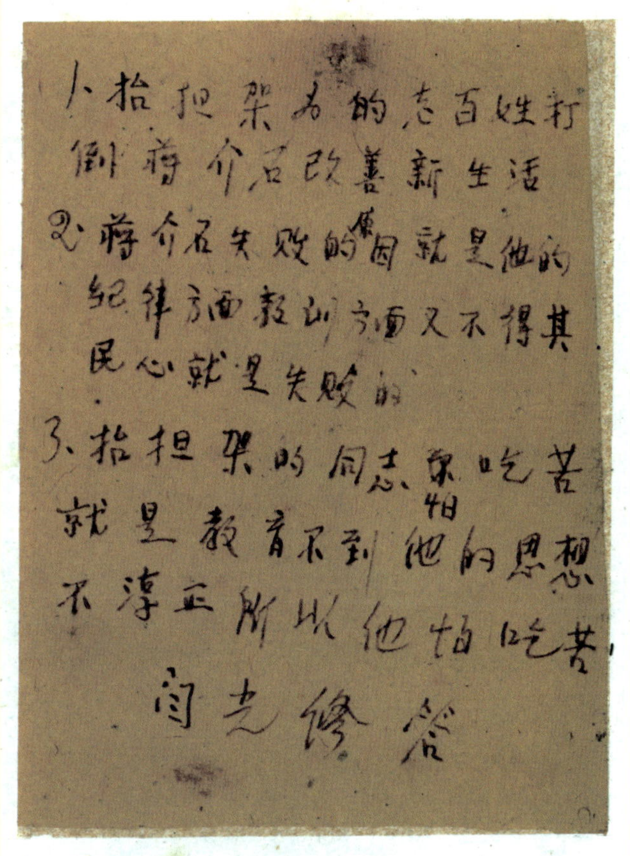

1、抬担架为的老百姓打
倒蒋介石改善新生活
2、蒋介石失败的原因就是他的
纪律方面教训方面又不得其
民心就是失败的
3、抬担架的同志怕吃苦
就是教育不到他的思想
不淳正所以他怕吃苦。
周志修答

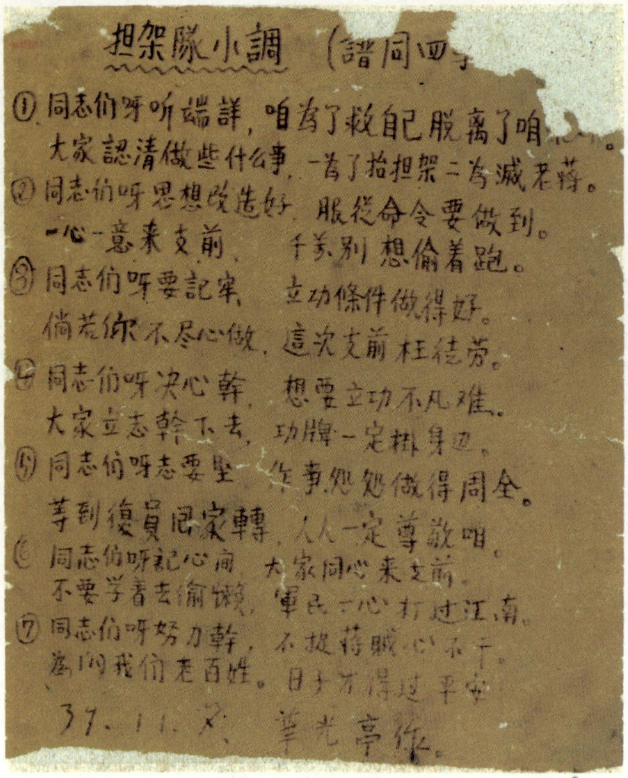

担架隊小調 （譜同四[illegible]

① 同志们呀听端詳，咱为了救自己脱离了咱[illegible]。
大家認清做些什么事，一为了抬担架二为滅老蒋。
② 同志们呀思想改造好，服從命令要做到。
一心一意来支前，千万别想偷着跑。
③ 同志们呀要記牢，立功條件做得好。
倘若你不尽心做，這次支前枉徒劳。
④ 同志们呀决心幹，想要立功不凡难。
大家立志幹下去，功牌一定掛身边。
⑤ 同志们呀志要坚，作事処処做得周全。
等到復員回家轉，人人一定尊敬咱。
⑥ 同志们呀記心间，大家同心来支前。
不要学着去偷懒，軍民一心打过江南。
⑦ 同志们呀努力幹，不捉蒋贼心不干。
為的我们老百姓，日子才得过平安。
37.11.8、華光亭作。

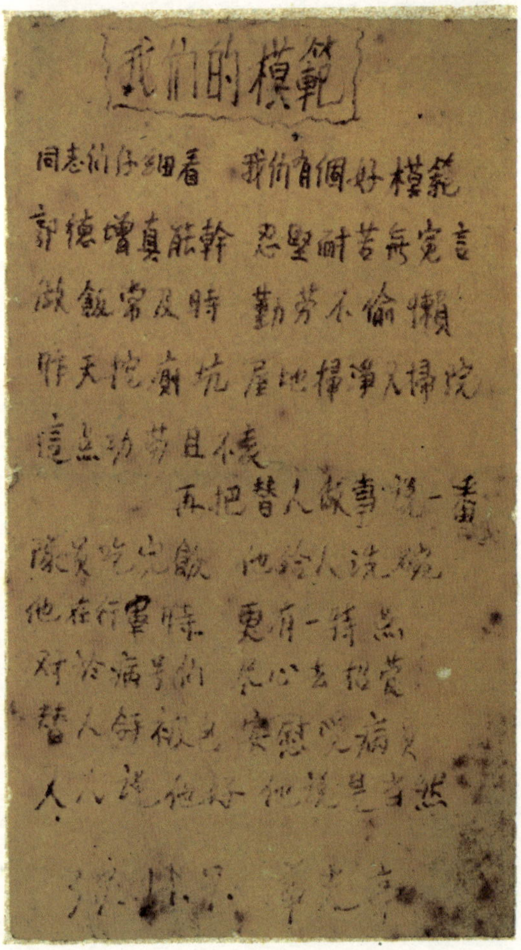

我们的模範

同志们仔细看 我们有個好模範
郭德增真能幹 忍堅耐苦無怨言
做飯常及時 勤劳不偷懒
昨天挖廁坑 屋地掃净又掃院
這点功劳且不表
再把替人做事說一番
陈[illegible]吃完飯 他给人洗碗
他在行軍時 更有一[illegible]
对於病号们 热心去招[illegible]
替人舒被子 安慰[illegible]病人
人人說他好 他說是当然
[illegible]

潍县张营区支前担架队队员墙报稿

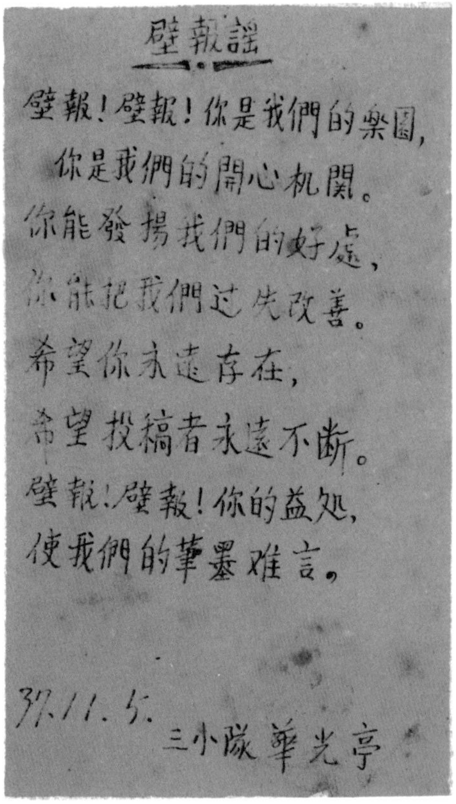

壁報謡

壁報！壁報！你是我們的樂園，

你是我們的開心机関。

你能發揚我們的好處，

你能把我們过失改善。

希望你永遠存在，

希望投稿者永遠不断。

壁報！壁報！你的益处，

使我們的筆墨难言。

37.11.5.

三小隊 華光亭

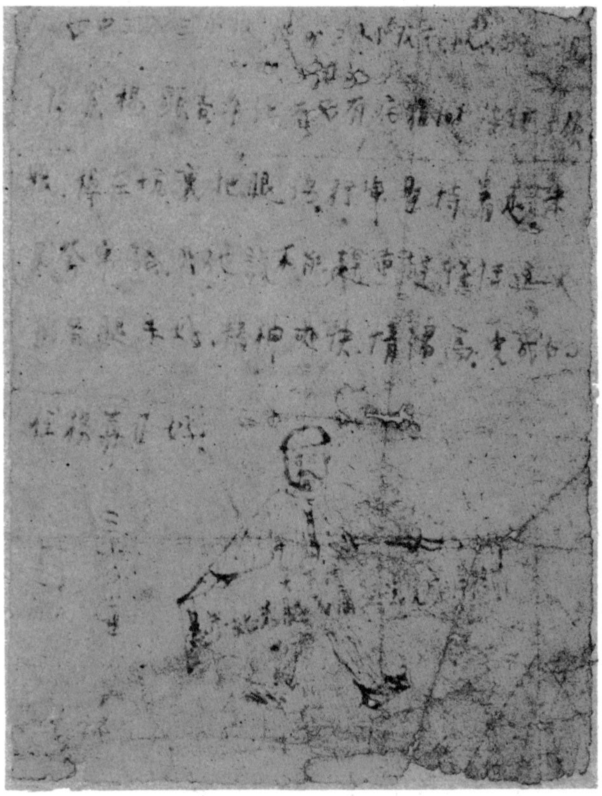

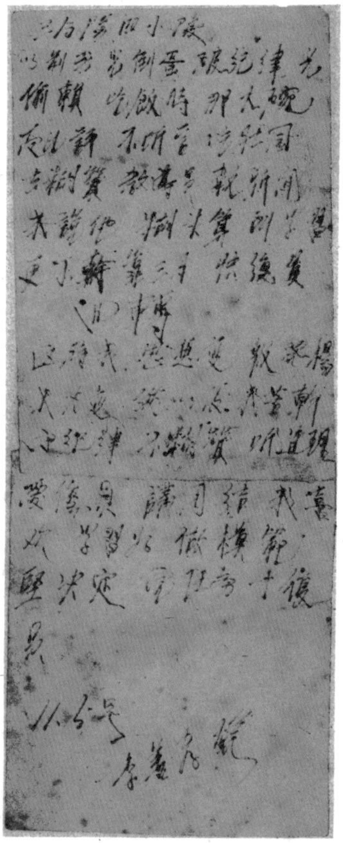

潍县张营区支前担架队队员墙报稿

## 山东潍坊担架队支前民工墙报稿

山东潍坊担架队支前民工在完成艰巨支前任务的同时，创办了大量民工墙报。这些墙报对丰富民工文化生活、增强民工队凝聚力、激发民工支前热情起到重要作用。

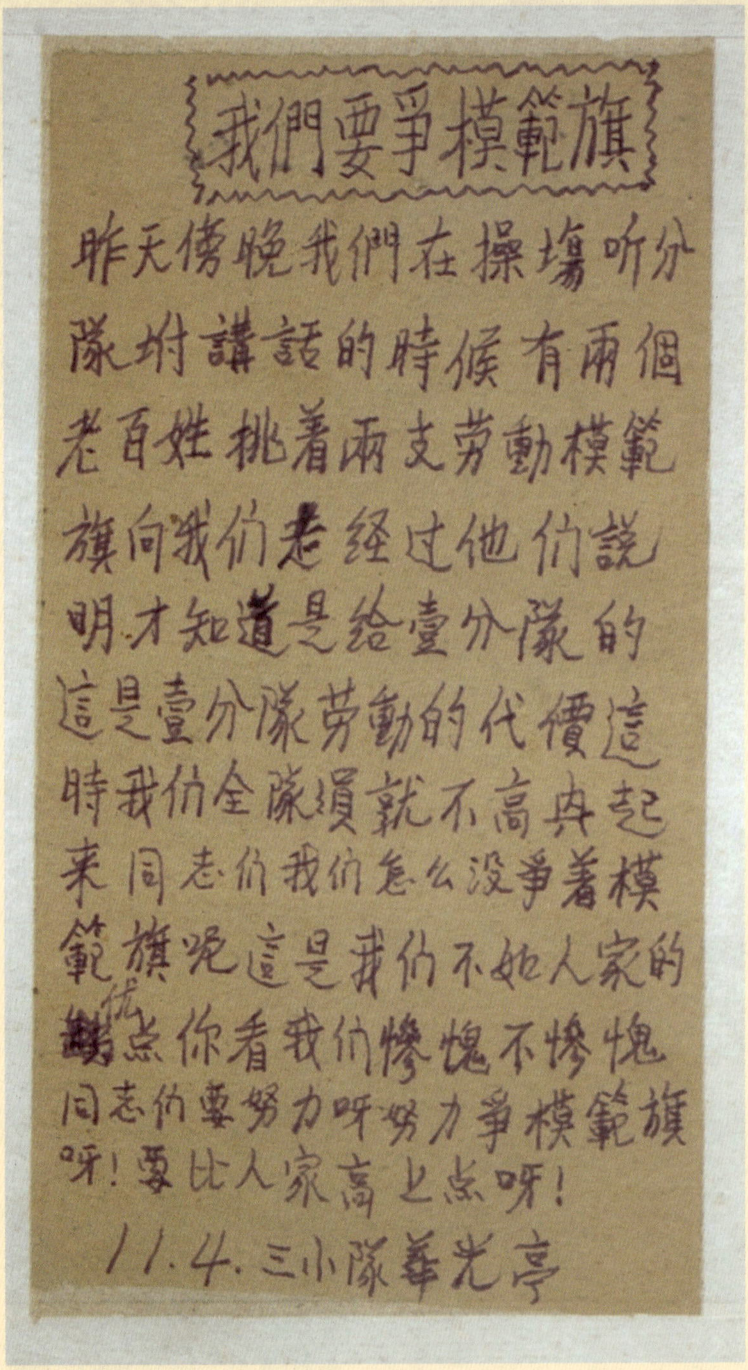

我們要爭模範旗

昨天傍晚我們在操場听分隊坿講話的時候有兩個老百姓挑着兩支劳動模範旗向我们走经过他们説明才知道是給壹分隊的這是壹分隊劳動的代價這時我们全隊員就不高興起来同志们我们怎么没爭着模範旗呢這是我们不如人家的优点你看我们慚愧不慚愧同志们要努力呀努力爭模範旗呀！要比人家高上点呀！

11.4. 三小隊華光亭

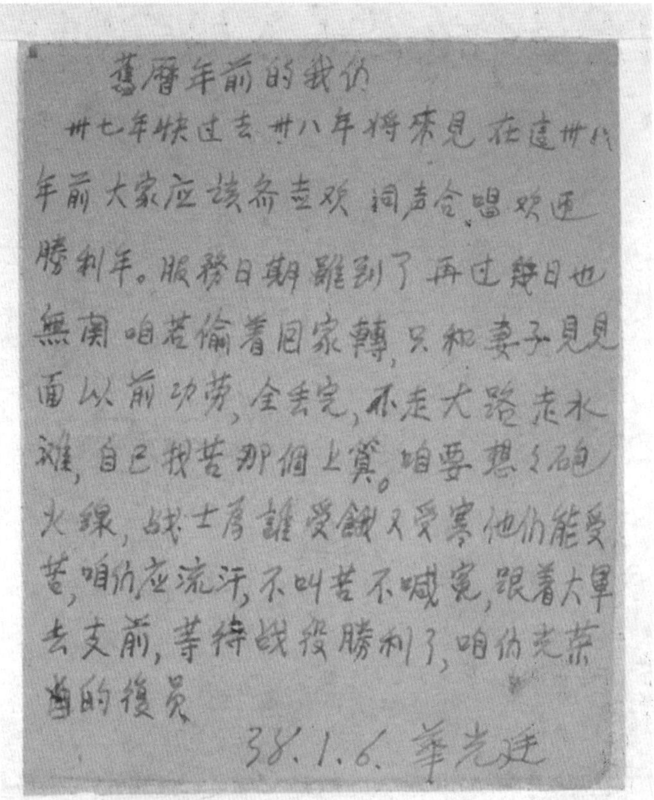

旧曆年前的我们

卅七年快过去 卅八年将来見 在這卅八年前大家应該喜欢 同声合唱欢迎勝利年。服務日期雖到了 再过幾日也無関 咱若偷着回家轉，只和妻子見見面 以前功劳，全丢完，不走大路走水灘，自己找苦那個上算。咱要想想砲火線，战士爲誰受餓又受寒 他们能受苦，咱们应流汗，不叫苦不喊寃，跟着大軍去支前，等待战役勝利了，咱们光荣的復員

38.1.6. 華光廷

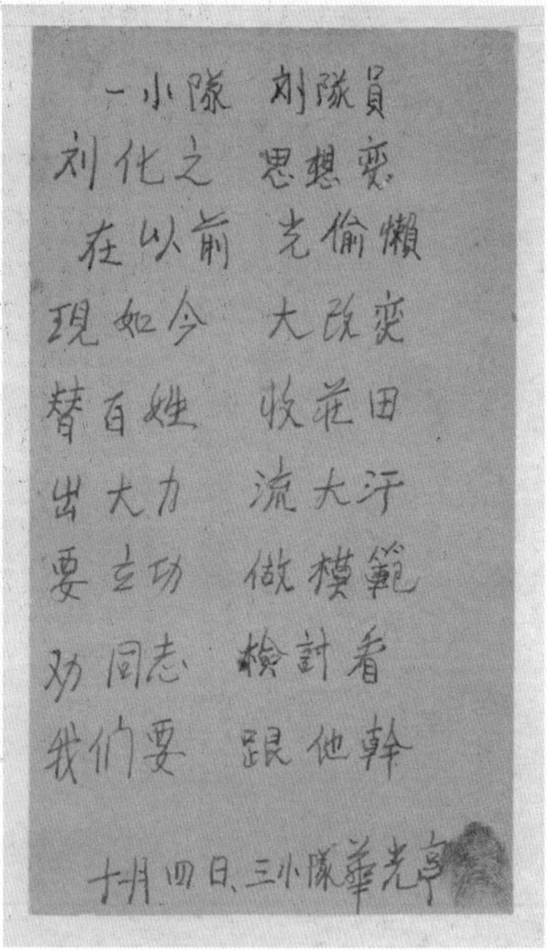

一小隊　刘隊員

刘化之　思想變

在以前　光偷懶

現如今　大改變

替百姓　收莊田

出大力　流大汗

要立功　做模範

劝同志　檢討看

我们要　跟他幹

十月四日、三小隊華光亭

山东潍坊担架队支前民工墙报稿

# 徐州特别市军事管制委员会布告（入城守则）

**保管单位：** 徐州市档案馆

**内容及评价：**

1948年12月1日，徐州解放。次日，中国人民解放军华东军区徐州特别市军事管制委员会成立。为严明机关部队人员入城纪律，彻底执行保护城市政策，徐州特别市军事管制委员会颁布了入城守则，计11条。布告文字为黑色宋体，从右至左竖排，末具中国人民解放军华东军区徐州特别市军事管制委员会印。入城守则的颁布实施，为稳定和维护解放之初徐州地方政治经济秩序起到重要作用。

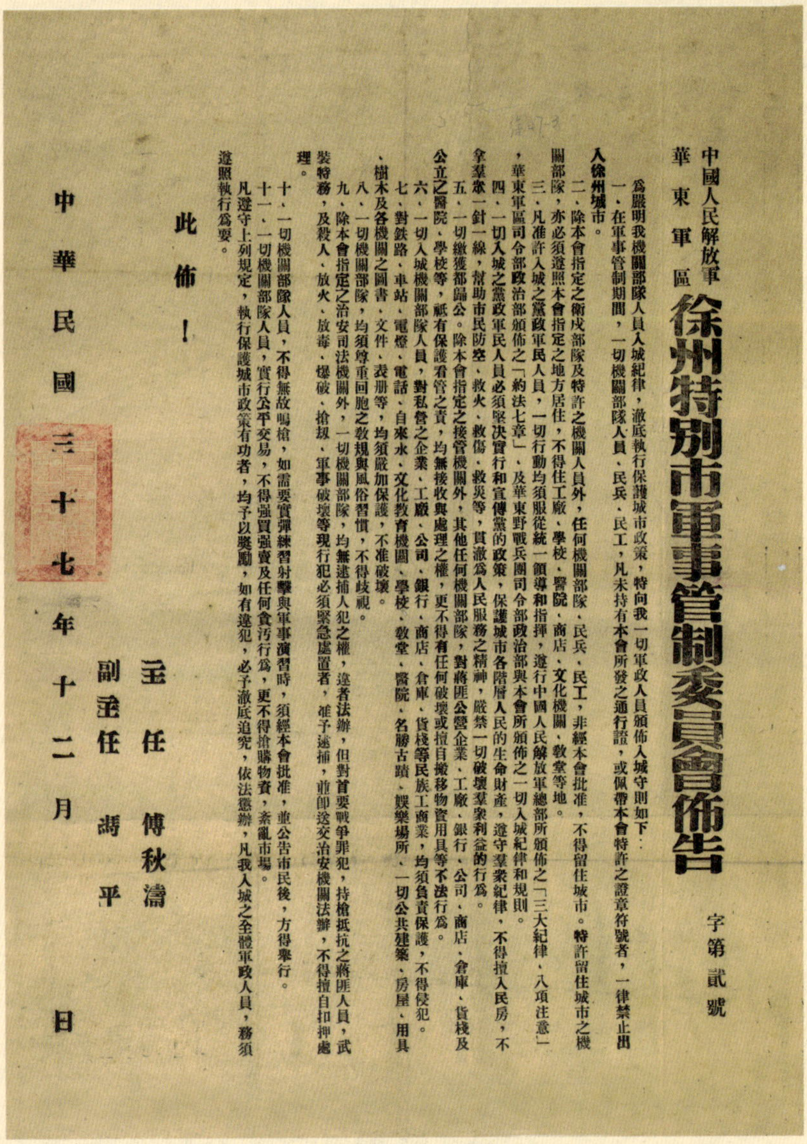

中國人民解放軍華東軍區 徐州特別市軍事管制委員會佈告

字第貳號

爲嚴明我機關部隊人員入城紀律，澈底執行保護城市政策，特向我一切軍政人員頒佈入城守則如下：

一、在軍事管制期間，一切機關部隊人員、民兵、民工，凡未持有本會所發之通行證，或佩帶本會特許之證章符號者，一律禁止出入徐州城市。

二、除本會指定之衛戍部隊及特許之機關人員外，任何機關部隊、民兵、民工，非經本會批准，不得留住城市。特許留住城市之機關部隊，亦必須遵照本會指定之地方居住，不得住工廠、學校、醫院、商店、文化機關、教堂等地。

三、凡准許入城之黨政軍民人員，一切行動均須服從統一領導和指揮，遵行中國人民解放軍總部所頒佈之「三大紀律、八項注意」，華東軍區司令部政治部頒佈之「約法七章」、及華東野戰兵團司令部政治部與本會所頒佈之一切入城紀律和規則。

四、一切入城之黨政軍民人員必須堅決實行和宣傳黨的政策，保護城市各階層人民的生命財產，遵守羣衆紀律，不得擅入民房，不拿羣衆一針一線，幫助市民防空、救火、救傷、救災等，貫澈爲人民服務之精神，嚴禁一切破壞羣衆利益的行爲。

五、一切繳獲都歸公。除本會指定之接管機關外，其他任何機關部隊，對蔣匪公營企業、工廠、銀行、公司、商店、倉庫、貨棧及公立之醫院、學校等，祇有保護看管之責，均無接收與處理之權，更不得有任何破壞或擅自搬移物資用具等不法行爲。

六、一切入城機關部隊人員，對私營之企業、工廠、公司、銀行、商店、倉庫、貨棧等民族工商業，均須負責保護，不得侵犯。

七、對鐵路、車站、電燈、電話、自來水、文化教育機關、學校、教堂、醫院、名勝古蹟、娛樂場所、一切公共建築、房屋、用具、樹木及各機關之圖書、文件、表册等，均須嚴加保護，不准破壞。

八、一切機關部隊，均須尊重回胞之教規與風俗習慣，不得歧視。

九、除本會指定之治安司法機關外，一切機關部隊，均無逮捕人犯之權，違者法辦，但對首要戰爭罪犯，持槍抵抗之蔣匪人員，武裝特務，及殺人、放火、放毒、爆破、搶刼、軍事破壞等現行犯必須緊急處置者，准予逮捕，並即送交治安機關法辦，不得擅自扣押處理。

十、一切機關部隊人員，不得無故鳴槍，如需要實彈練習射擊與軍事演習時，須經本會批准，並公告市民後，方得舉行。

十一、一切機關部隊人員，實行公平交易，不得強買強賣及任何貪污行爲，更不得搶購物資，紊亂市場。

凡遵守上列規定，執行保護城市政策有功者，均予以獎勵，如有違犯，必予澈底追究，依法懲辦，凡我入城之全體軍政人員，務須遵照執行爲要。

此佈！

主任 傅秋濤

副主任 壽 平

中華民國三十七年十二月 日

徐州特别市军事管制委员会布告（入城守则）（54cm×72cm）

**全文：**

**中国人民解放军华东军区徐州特别市军事管制委员会布告**

字第贰号

为严明我机关部队人员入城纪律，彻底执行保护城市政策，特向我一切军政人员颁布入城守则如下：

一、在军事管制期间，一切机关部队人员、民兵、民工，凡未持有本会所发之通行证，或佩带本会特许之证章符号者，一律禁止出入徐州城市。

二、除本会指定之卫戍部队及特许之机关人员外，任何机关部队、民兵、民工，非经本会批准，不得留住城市。特许留住城市之机关部队，亦必须遵照本会指定之地方居住，不得住工厂、学校、医院、商店、文化机关、教堂等地。

三、凡准许入城之党政军民人员，一切行动均需服从统一领导和指挥，遵行中国人民解放军总部所颁布之“三大纪律、八项注意”，华东军区司令部政治部颁布之“约法七章”，及华东野战兵团司令部政治部与本会所颁布之一切入城纪律和规则。

四、一切入城之党政军民人员必须坚决实行和宣传党的政策，保护城市各阶层人民的生命财产，遵守群众纪律，不得擅入民房，不拿群众一针一线，帮助市民防空、救火、救伤、救灾等，贯彻为人民服务之精神，严禁一切破坏群众利益的行为。

五、一切缴获都归公。除本会指定之接管机关外，其他任何机关部队，对蒋匪公营企业、工厂、银行、公司、商店、仓库、货栈及公立之医院、学校等，只有保护看管之责，均无接收与处理之权，更不得有任何破坏或擅自搬移物资用具等不法行为。

六、一切入城机关部队人员，对私营之企业、工厂、公司、银行、商店、仓库、货栈等民族工商业，均须负责保护，不得侵犯。

七、对铁路、车站、电灯、电话、自来水、文化教育机关、学校、教堂、医院、名胜古迹、娱乐场所、一切公共建筑、房屋、用具、树木及各机关之图书、文件、表册等，均须严加保护，不准破坏。

八、一切机关部队，均须尊重回胞之教规与风俗习惯，不得歧视。

九、除本会指定之治安司法机关外，一切机关部队，均无逮捕人犯之权，违者法办，但对首要战争罪犯，持枪抵抗之蒋匪人员，武装特务，及杀人、放火、放毒、爆破、抢劫、军事破坏等现行犯必须紧急处置者，准予逮捕，并即送交治安机关法办，不得擅自扣押处理。

十、一切机关部队人员，不得无故鸣枪，如需要实弹练习射击与军事演习时，须经本会批准，并公告市民后，方得举行。

十一、一切机关部队人员，实行公平交易，不得强买强卖及任何贪污行为，更不得抢购物资，紊乱市场。

凡遵守上列规定，执行保护城市政策有功者，均予以奖励，如有违犯，必予彻底追究，依法惩办，凡我入城之全体军政人员，务须遵照执行为要。

此布！

主　任　傅秋涛

副主任　冯　平

中华民国三十七年十二月　日

**相关知识：**

徐州特别市军事管制委员会是徐州解放之初的最高权力机关。徐州解放后，根据中国人民解放军华东军区司令部、政治部电令，成立华东军区徐州特别市军事管制委员会，傅秋涛任主任，方毅任第一副主任，冯平任第二副主任，周林、袁也烈、华诚之任委员。1948年12月2日，军管会成立，共设政务、公安、金融、工商、财粮、出版、文教、实业、生产、军实、军械、铁道、邮电、无线电、工矿、公路运输、卫生等17个部。

# 徐州特别市军事管制委员会胸章

**保管单位：**徐州市档案馆

**内容及评价：**

该胸章为徐州特别市军事管制委员会1948年12月颁发。白色粗麻布红油印制，盖有“徐州特别市军事管制委员会”、“部别”、“姓名”和“字第号”四栏，其中，手书的有“出版部”和“邢来”（佩带人姓名）等字样，并在填写位置上压盖篆体阳刻“中国人民解放军华东军区徐州市军事管制委员会”的印章。该胸章为研究解放之初徐州历史提供了实物佐证。

徐州特别市军事管制委员会胸章（11cm×8cm）

# “徐州市人民市政府印”启用通知

**保管单位：**徐州市档案馆

**内容及评价：**

1948年12月9日，徐州市人民市政府成立（1949年4月，更名为徐州市人民政府）。同年12月12日，市政府颁布通知，“徐州市人民市政府印”正式启用。该印为边长15cm的方印，印文篆体，清晰可鉴。从此，开启了徐州地方政权建设的新篇章。

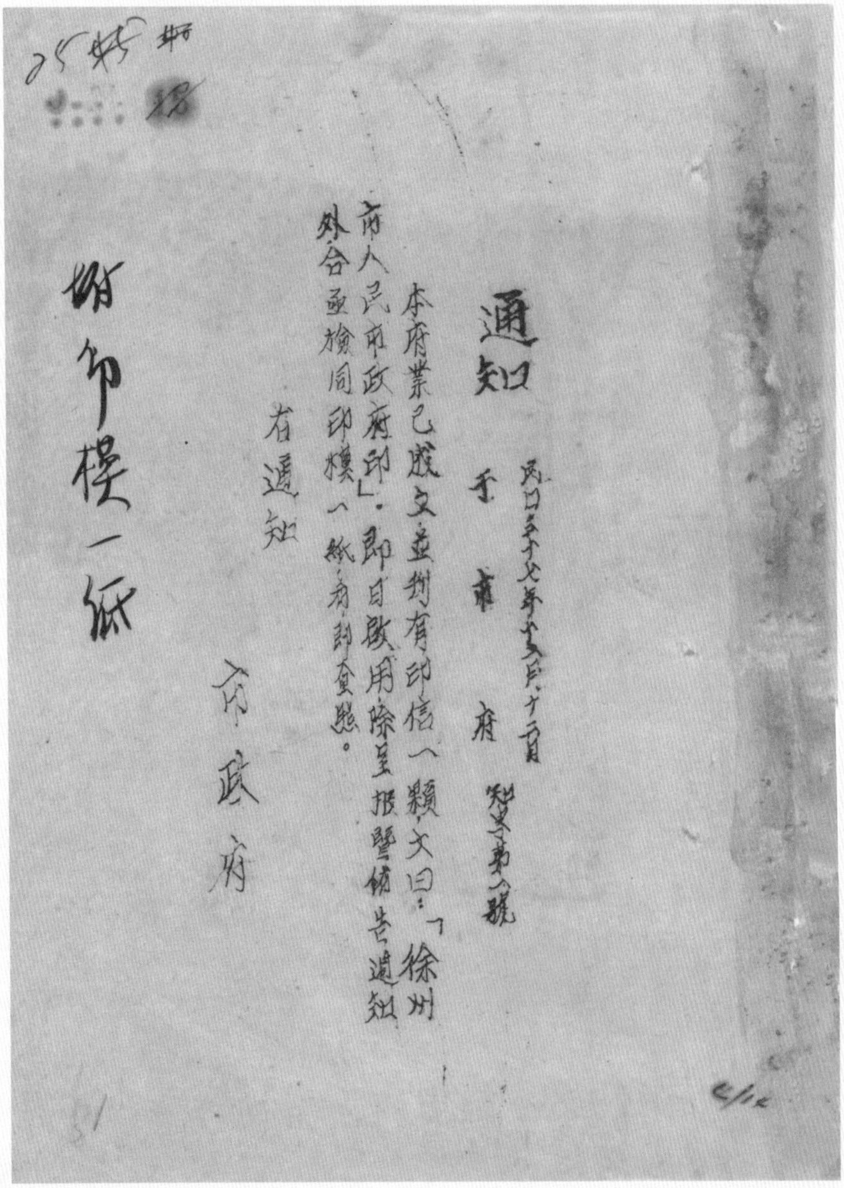

通知　市府　字第一號　民國三十七年十二月十二日

本府業已啟文並刻有印信一顆，文曰：「徐州市人民市政府印」，即日啟用，除呈報暨佈告週知外，合函檢同印模一紙，希即查照。

右通知

市政府

附印模一紙

“徐州市人民市政府印”启用通知（16cm×22cm）

“徐州市人民市政府印”印模（15cm×15cm）

**全文：**

**通　知**

民国三十七年十二月十二日于市府

知字第一号

本府业已成立，并刊有印信一颗，文曰：“徐州市人民市政府印”。即日启用。除呈报暨布告周知外合亟检同印模一纸，希即查照。

右通知

市政府

# 张北华市长施政工作报告

**保管单位：**徐州市档案馆

**内容及评价：**

1949年9月26日，徐州市召开首届各界人民代表会议。职工、农民、军警、妇女、机关、工商业、文教、市民等14个方面的264名代表参加会议。会上，市长张北华致开幕词并作施政工作报告。报告总结了入城9个月来，在生产建设、市政建设、财政经济、警备治安、文化教育等5个方面的成绩、经验和存在问题，提出了巩固革命秩序、进一步发展生产的两大任务。

解放初期的徐州面临着重重困难，面对严峻形势，根据中共中央关于“凡三万人口以上的城市，在解放两个月至迟三个月后，即应召开各界代表会议，以为党与政府密切地联系人民群众重要方法之一”的指示，徐州市人民政府召开各界人民代表会议，共商大计，体现了人民当家作主的精神，在发扬民主，巩固政权，推动生产等方面发挥了重要作用。

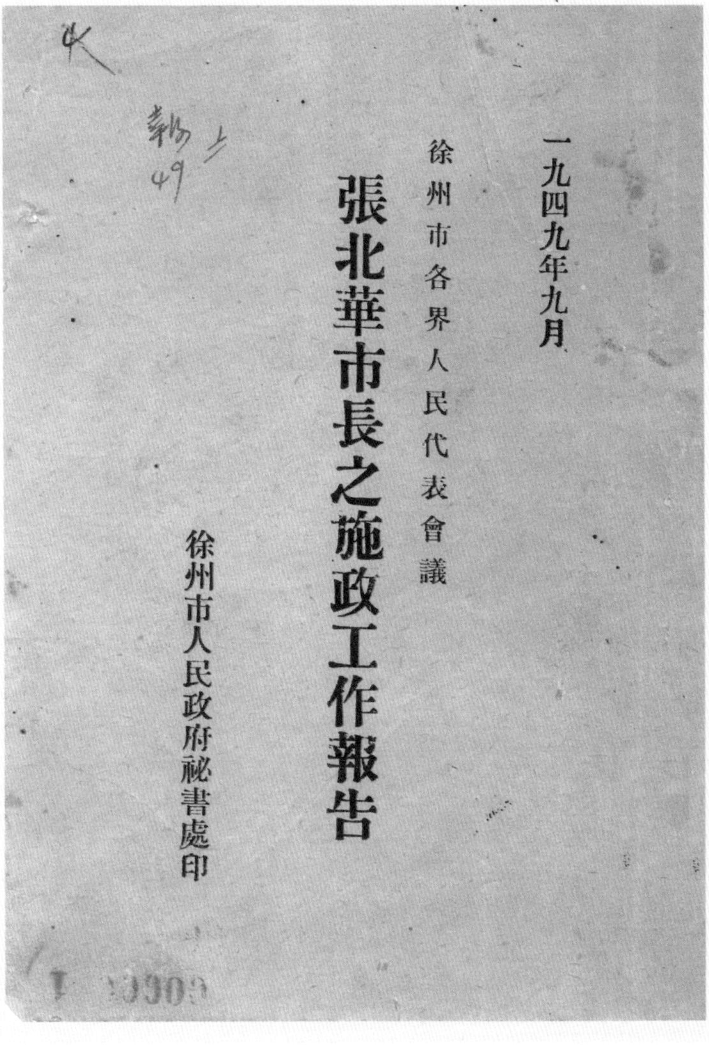
一九四九年九月
徐州市各界人民代表會議
張北華市長之施政工作報告
徐州市人民政府祕書處印

张北华市长施政工作报告（13cm×18cm）

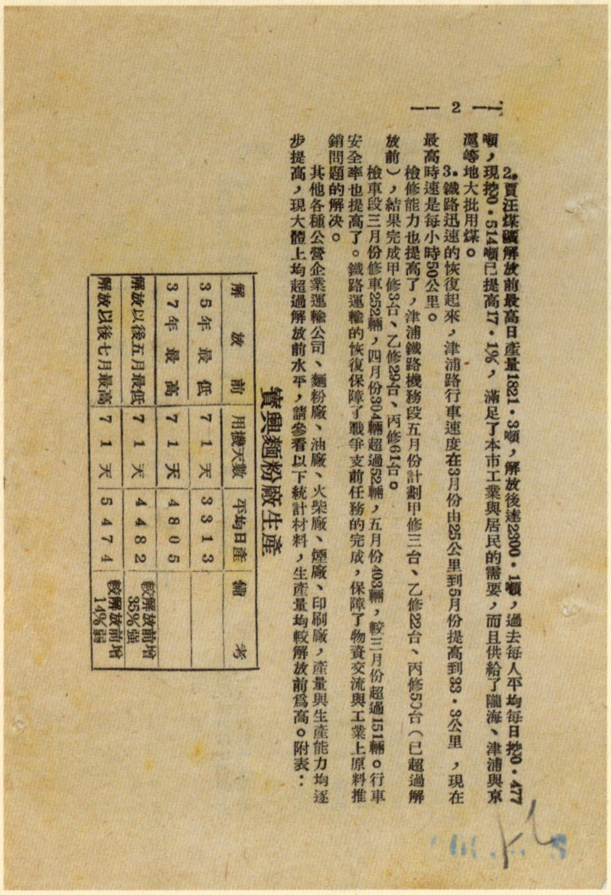

— 2 —

2.賈汪煤礦解放前最高日產量1821.3噸，解放後達2300.1噸，過去每人平均每日挖0.477噸，現挖0.514噸已提高17.1%，滿足了本市工業與居民的需要，而且供給了隴海、津浦與京滬等地大批用煤。

3.鐵路迅速的恢復起來，津浦路行車速度在3月份由25公里到5月份提高到33.3公里，現在最高時速是每小時50公里。

檢修能力也提高了，津浦鐵路機務段五月份計劃甲修三台、乙修22台、丙修50台（已超過解放前），結果完成甲修3台、乙修29台、丙修61台。

檢車段三月份修車252輛，四月份304輛超過52輛，五月份403輛，較三月份超過151輛。行車安全率也提高了。鐵路運輸的恢復保障了戰爭支前任務的完成，保障了物資交流與工業上原料推銷問題的解決。

其他各種公營企業運輸公司、麵粉廠、油廠、火柴廠、煙廠、印刷廠，產量與生產能力均逐步提高，現大體上均超過解放前水平，請參看以下統計材料，生產量均較解放前爲高。附表：

寶興麵粉廠生產

| 解放前 | 用機天數 | 平均日產 | 備考 |
|---|---|---|---|
| 35年最低 | 71天 | 3313 | |
| 37年最高 | 71天 | 4805 | |
| 解放以後五月最低 | 71天 | 4482 | 較解放前增35%強 |
| 解放以後七月最高 | 71天 | 5474 | 較解放前增14%弱 |

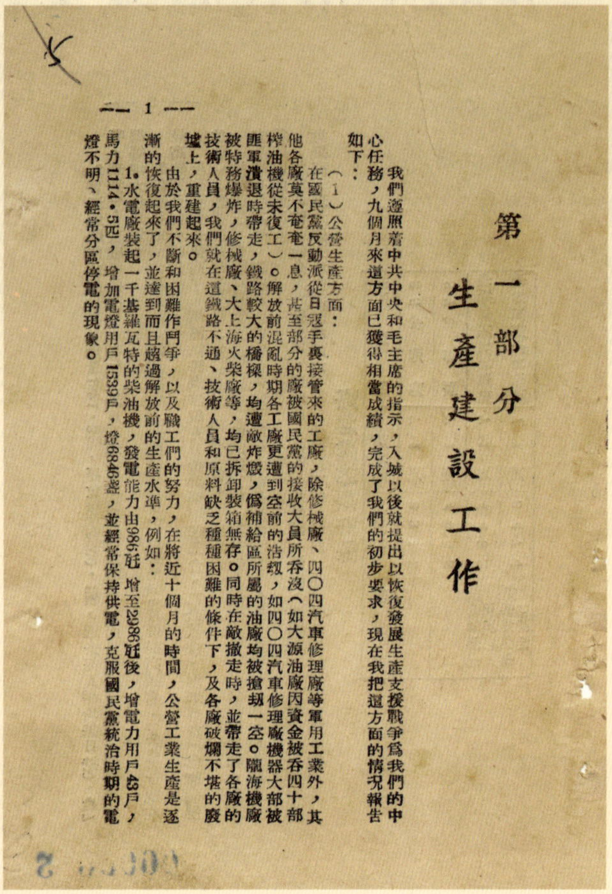

# 第一部分 生產建設工作

我們遵照着中共中央和毛主席的指示，入城以後就提出以恢復發展生產支援戰爭爲我們的中心任務，九個月來這方面已獲得相當成績，完成了我們的初步要求，現在我把這方面的情況報告如下：

（1）公營生產方面：

在國民黨反動派從日寇手裏接管來的工廠，除修械廠、四〇四汽車修理廠等軍用工業外，其他各廠莫不奄奄一息，甚至部分的廠被國民黨的接收大員所吞沒（如大源油廠因資金被吞四十部榨油機從未復工）。解放前混亂時期各工廠更遭到空前的浩刼，如四〇四汽車修理廠機器大部被匪軍潰退時帶走，鐵路較大的橋樑，均遭敵炸燬，僞補給區所屬的油廠均被搶刼一空。隴海機廠被特務爆炸，修械廠、大上海火柴廠等，均已拆卸裝箱無存。同時在敵撤走時，並帶走了各廠的技術人員，我們就在這鐵路不通、技術人員和原料缺乏種種困難的條件下，及各廠破爛不堪的廢墟上，重建起來。

由於我們不斷和困難作鬥爭，以及職工們的努力，在將近十個月的時間，公營工業生產是逐漸的恢復起來了，並達到而且超過解放前的生產水準，例如：

1.水電廠裝起一千基羅瓦特的柴油機，發電能力由986瓩增至2986瓩後，增電力用戶43戶，馬力1114.5匹，增加電燈用戶1539戶，燈6846盞，並經常保持供電，克服國民黨統治時期的電燈不明、經常分區停電的現象。

— 1 —

张北华市长施政工作报告第一部分生产建设工作

## 全文（节选）：

第一部分　　生产建设工作

我们遵照着中共中央和毛主席的指示，入城以后就提出以恢复发展生产支援战争为我们的中心任务，九个月来这方面已获得相当成绩，完成了我们的初步要求，现在我把这方面的情况报告如下：

（1）公营生产方面：

在国民党反动派从日寇手里接管来的工厂，除修械厂、四零四汽车修理厂等军用工业外，其它各厂莫不奄奄一息，甚至部分的厂被国民党的接收大员所吞没（如大源油厂因资金被吞四十部榨油机从未复工）。解放前混乱时期各工厂更遭到空前的浩劫，如四零四汽车修理厂机械大部被匪军溃退时带走，铁路较大的桥梁，均遭敌炸毁，伪补给区所属的油厂均被抢劫一空。陇海机厂被特务爆炸，修械厂、大上海火柴厂等，均已拆卸装箱无存。同时在敌撤走时，并带走了各厂的技术人员，我们就在这铁路不通、技术人员和原料缺乏种种困难的条件下，及各厂破烂不堪的废墟上，重建起来。

由于我们不断和困难作斗争，以及职工们的努力，在将近十个月的时间，公营工业生产是逐渐的恢复起来了，并达到而且超过解放前生产水准。

…………

第二部分　市政建设工作

自人民政府建立之日起，本着为人民服务的精神，即关心人民的疾苦，兴利除弊；但由于蒋匪长期统治徐市，遗留下的灾害，疮痍满目，百废待举，这一点必须认清的。我们要将满目疮痍的城市，建设成为人民的城市，生产的城市，民主的城市，是不能一下子成功的。所以过去九个月在市政方面，首先是从治灾除害做起，也就是把事情分清轻重缓急，人民迫切需要的先做，一步步的改造与建设。兹将这九个月来几个主要的市政工作简述如下：

一、水利工程：

徐市解放后我们首先注意的是下水道，奎河、黄河堤，三大工程是直接联系着三十六万市民的生命财产问题，因经年失修，人民已遭受很大灾害，要建设徐州，发展工商业，这是必须首先要解决的一个问题。下水道原长250312公尺，淤塞坍塌，一律疏通修补，并增修明暗沟14132公尺；奎河为全市排洪总干，河道狭窄淤塞，积水不能顺畅排出，从英士街到奎山段全长3435公尺，澈底疏浚；培修黄河堤（加高培厚）长1450公尺。除整修此三大工程外，而最紧要者抢修黄堤险工。今年黄河水位比去年高八公寸，由于霪雨倾下一昼夜，河水瀑涨，旧堤淹没，致造成严重危险，此种情况为二十年来所未有，幸赖我党政军人员及全体市民协助，不顾生命危险，昼夜抢堵，战胜危险，未成巨灾。这个功绩只有共产党和人民政府才有这种精神，若是蒋匪政府遇此严重危险，徐州市就不堪设想了。

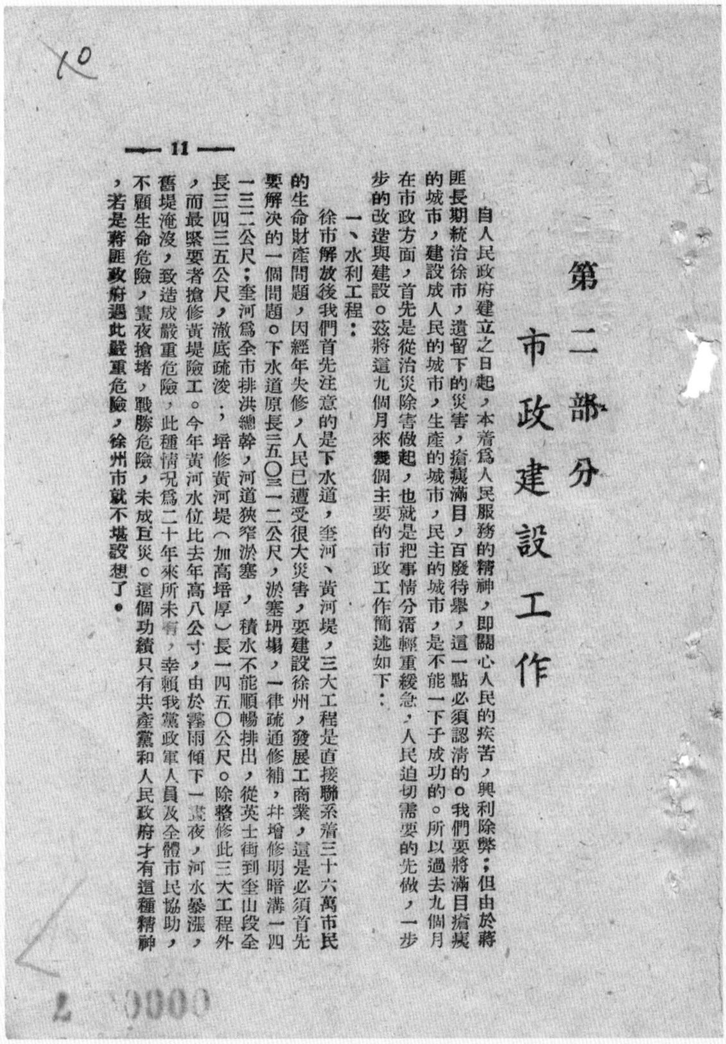
第二部分
市政建設工作

自人民政府建立之日起，本着為人民服務的精神，即關心人民的疾苦，興利除弊；但由於蔣匪長期統治徐市，遺留下的災害，瘡痍滿目，百廢待舉，這一點必須認清的。我們要將滿目瘡痍的城市，建設成人民的城市，生產的城市，民主的城市，是不能一下子成功的。所以過去九個月在市政方面，首先是從治災除害做起，也就是把事情分清輕重緩急，人民迫切需要的先做，一步步的改造與建設。茲將這九個月來幾個主要的市政工作簡述如下：

一、水利工程：

徐市解放後我們首先注意的是下水道，奎河、黃河堤，三大工程是直接聯系着三十六萬市民的生命財產問題，因經年失修，人民已遭受很大災害，要建設徐州，發展工商業，這是必須首先要解決的一個問題。下水道原長二五〇三一二公尺，淤塞坍塌，一律疏通修補，并增修明暗溝一四一三二公尺；奎河為全市排洪總幹，河道狹窄淤塞，積水不能順暢排出，從英士街到奎山段全長三四三五公尺，澈底疏浚；培修黃河堤（加高培厚）長一四五〇公尺。除整修此三大工程外，而最緊要者搶修黃堤險工。今年黃河水位比去年高八公寸，由於霪雨傾下一晝夜，河水暴漲，舊堤淹沒，致造成嚴重危險，此種情況為二十年來所未有，幸賴我黨政軍人員及全體市民協助，不顧生命危險，晝夜搶堵，戰勝危險，未成巨災。這個功績只有共產黨和人民政府才有這種精神，若是蔣匪政府遇此嚴重危險，徐州市就不堪設想了。

— 11 —

张北华市长施政工作报告第二部分市政建设工作

二、户口登记：

徐州市是个复杂的城市，蒋党、团、特分子、散兵游勇、土匪、还乡团，虽遣送很大一部分，但仍有许多潜伏市内，鱼目混珠，进行破坏、造谣、抢劫，危害市民，因此登记户口，划清好坏人界线，保护好人，管制坏人，是广大市民迫切要求。这一工作是个复杂而繁重的工作，是依靠了广大群众的力量才顺利完成的。在登记工作当中，吸收了一万六千六百十三个积极分子参加工作，在方法上采取自报公议，小组讨论通过的办法。登记户口的成功与广大群众密切结合是个基本原因。划清了界线，今后就便于清理了。全市人口统计，计城区299764人，农村55354人，共355118人。

三、取消保甲制与改革区街政权：

保甲制是蒋匪统制与摧残人民的工具，是一种封建的法西斯制度，保长是其爪牙，敲诈勒索，欺压人民，无恶不作，为人民所痛恨。政府进城来为了解除人民的痛苦，建立人民民主的政权，首先摧毁保甲制度，解散保公所，所有保甲人员必须立功赎罪，由区政府指定其代办一定的事情，宣布其罪恶，不准再有欺压人民的行为，俟街政府建立后，保甲即完全取消。我们根据城市集中的特点，同时更便利联系群众，因此即将区政府改建区公所，作为市政府的派出机关，街政府改建公安派出所，实行警政合一，一切工作集中于市政府一级，以便处理案件迅速与正确掌握政策。这一改革，政府本身简化了机构，工作效率提高，在政权建设上是一大进步。

四、拥军优属工作：

1、淮海战役后，除大力支援部队准备渡江外，并大力转送过徐之荣老病退人员，及烈军工属。这一工作在淮海大战后是很复杂的工作，计转送荣军8347人，烈军工属6127人，运烈士灵柩429具。

2、本市烈军工属经登记者共271户，生活困难者共发优待粮一万余斤。解决烈军属的生活困难，基本办法是帮助其生产与介绍职业，但这一点作的太差。对于提高烈军属的政治地位，也注意不够。今后对这一工作，必须认真去作，我们作不好，对不起前方战士，没有前方战士的牺牲流血，也就没有徐州的解放，没有中国的胜利。

五、社会救济工作：

人民政府是对人民负责的，与人民共甘苦共患难，人民的疾苦就是政府的疾苦。代表人民利益，这是人民政府的基本精神。徐市解放后，即进行救济了失业工人及贫苦市民，及以后蒋机轰炸及火药库失慎，均及时作了救济。最大的两次即是淮海战地蒋灾及黄水出险的水灾救济，除政府本身积极努力外并得到广大市民的同情与援助，总计得到救济的灾民有十九万人，救济物资主要的有：粮食四十余万斤，人民币二千六百余万元，衣服一万一千余件，骡马二百九十六匹。遣送本市外籍难民回家生产，及京沪杭一带过徐返籍人员，总共二万五千余人。转送京沪返籍人员，现在还在继续进行着。将来本市不事生产的游民，也须要回到农村去进行农业生产。

六、电讯工作：

徐州市的电讯建设，解放前被蒋匪破坏的一塌糊涂，解放后对电讯工作首先是迅速的整理恢复，其次才是扩展业务。整理恢复电讯工作不但是市民的需要，而且也是战争的急需，幸赖我全体工友及职员的努力，在战争的环境与敌机威胁下，很快的恢复起来，至目前止，不但恢复了而且也开展了业务，有线电报、电话，无线电报、电话，已与若干大城市畅通，电话工作迅速恢复与扩展，不但是通讯上的便利，对于发展生产、物资交流给了一很大帮助。

徐州市的市政工作是在蒋匪摧残的废墟上来着手进行的，在战争的环境下，一方面支前，一方面建设，又是在财政困难条件下，四周都是普遍灾荒，这就增加了我们徐州在市政建设上极严重困难，幸赖我们全体市民在政府的号召下，奋力协助，才能完成以上所谈的几项工作。虽然在市政方面完成了一些工作，但今天检查起来，我们感觉作的很不够，很不完满，在工作中存在着很多缺点。今后战争的环境使徐州成了巩固的后方，转入和平建设时期，要把这消费的及受蒋匪摧残很大的徐州，建设成一个生产的民主的徐州。

# 中华人民共和国成立后档案

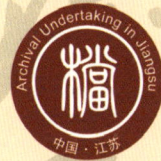

# 徐州市军民庆祝中华人民共和国成立集会游行照片

**保管单位：**徐州市档案馆

**内容及评价：**

1949年10月1日，中华人民共和国成立。次日，徐州市举行庆祝共和国成立的集会游行，路线为市淮海东路到市中心，游行顺序是汽车、坦克、装甲车、群众游行队伍。集会地点在市中心抗日胜利纪念塔（此塔于20世纪50年代拆除）下。

2008年，83岁的杭州市离休干部蔡国桢委托战友和媒体将当年集会游行活动的照片捐赠给徐州市档案馆。蔡国桢时任徐州华东装甲兵教导团中队长，该组照片是其部队宣传员拍摄，与馆藏报纸载述互为印证，生动地再现了共和国成立之初徐州军民游行欢庆的场景，真实地留存了20世纪40年代末徐州城旧貌及主要街道建筑影像，是研究徐州地方史的第一手素材。

游行军民在市中心集会（4cm×6cm）

大花车队伍（4cm×6cm）

坦克队伍（4cm×6cm）

装甲车队伍（4cm×6cm）

群众游行队伍（4cm×6cm）

学生们举着“保卫世界和平”的标语牌走过扎彩牌坊（4cm×6cm）

腰鼓队表演（4cm×6cm）

# 淮海战役烈士纪念塔建设档案

**保管单位：** 徐州市档案馆

**内容及评价：**

为纪念革命烈士，褒扬革命风范，淮海战役胜利不久，中共中央批准在淮海战役的中心地——徐州建立淮海战役烈士纪念塔。淮海战役烈士纪念塔建设档案共计51卷，种类有文书、会计、照片和图纸等，内容包括筹备建塔的会议纪要、建塔前期征地协议、勘察说明、备料清单、相关收据、面向全国征集并遴选的建塔设计方案和有关往来文书等。该部分档案展现了淮塔从1949年初建停工，1959年再建至1965年建成并举行典礼的全部过程，记述了困难时期建塔的详细经过，印证了中国共产党领导人民进行革命和建设的艰苦历程。

山東省纪念革命烈士建築委員會徐州分會纪念塔基礎工程包工合同（正本）
（2）

山东省纪念革命烈士建筑委员会徐州分会纪念塔基础工程包工合同（正本）

## 全文：

### 山东省纪念革命烈士建筑委员会第一次会议决议

民国卅八年五月六日通过

一、本会的任务是：

甲、领导济南、徐州、临沂、烟台及青岛等五地，建立革命烈士纪念塔、革命烈士纪念堂及革命烈士陵园。

乙、领导各乡建立烈士碑。

丙、编纂革命烈士史绩。

二、建立分会组织：

甲、在济南、徐州、青岛、烟台及临沂等地建立分会，各分会委员的名单，由各该地党、政、军、民领导机关商定，在五月二十五前提请本会批准。

昌潍、潍坊及滨北行政区各遴选两个得力干部经本会批准后参加山东省纪念革命烈士建筑委员会青岛分会为委员。

渤海行政区遴选三个得力干部，经本会批准后参加山东省纪念革命烈士建筑委员会济南分会为委员，并由其中决定一人为副主任委员。

乙、各分会的任务是执行和贯彻本会的一切决议指示和向本会提出各种建议。

丙、各分会接受本会及同级政府的领导，并通过同级政府推动组织，完成任务。

丁、各分会，可酌设设计委员会，工程处，秘书处及编纂委员会等组织根据工作的需要自行决定，报告本会。

戊、各分会所在地的政府应商同当地的党军民领导机关选派必要的得力干部充实各分会的组织，专司其职。

三、革命烈士题名于烈士纪念堂和烈士碑问题：

甲、凡下列革命烈士都须在烈士纪念堂提名，以纪念其不朽功绩。

山東省紀念革命烈士建築委員會第一次會議決議

☆ 民國卅八年五月六日通過 ☆

一、本會的任務是：

甲、領導濟南、徐州、臨沂、烟台及青島等五地，建立革命烈士紀念塔，革命烈士紀念堂及革命烈士陵園。

乙、領導各鄉建立烈士碑。

丙、編纂革命烈士史績。

二、建立分會組織：

甲、在濟南、徐州、青島、烟台及臨沂等地建立分會，各分會委員的名單，由各該地黨、政、軍、民領導機關商定，在五月二十五前提請本會批准。

昌濰、濰坊及濱北行政區各遴選兩個得力幹部經本會批准後參加山東省紀念革命烈士建築委員會青島分會為委員。

渤海行政區遴選三個得力幹部經本會批准後參加山東省紀念革命烈士建築委員會濟南分會為委員並由其中決定一人為副主任委員。

乙、各分會的任務是執行和貫徹本會的一切決議指示和向本會提出各種建議。

丙、各分會接受本會及同級政府的領導，並通過政府推動組織，完成任務。

丁、各分會，可酌設設計委員會，工程處，秘書處及編纂委員會等組織根據工作的需要自行決定，報告本會。

山东省纪念革命烈士建筑委员会第一次会议决议（27cm×17cm）

1、原华东人民解放军（现第三野战军）光荣殉国的本籍烈士和外籍在本解放区光荣殉国的烈士，以及中原人民解放军（现第二野战军）在淮海战役中光荣殉职的烈士。

2、参加本解放区地方武装光荣殉国的烈士。

3、在人民解放军兄弟部队中光荣殉国的本籍烈士。

4、在本解放区内党、政、民机关团体工作的，在革命斗争中光荣殉国，或积劳成疾因病逝世的本籍和外籍烈士。

5、在兄弟解放区党政民机关团体工作，在革命斗争中光荣殉国，或积劳成疾因病逝世的本籍烈士。

6、在进行革命的秘密工作中光荣殉国的烈士。

7、在抗日斗争中光荣殉国的尚未名标抗日烈士塔的烈士。

乙、凡下列革命烈士都须在本乡的烈士碑上题名，以纪念其不朽功绩。

1、党政、军民部队机关团体的工作同志在革命斗争中光荣殉国于本乡的烈士。

2、在革命斗争中在其它地区光荣殉国的本乡烈士。

3、在当地革命斗争中为保护人民利益光荣殉国的烈士。

丙、为便于烈士名标纪念堂，作如下的一般划分。

1、淮海战役中光荣殉国的烈士名标徐州烈士纪念堂。

2、济南、兖州、泰安、莱芜等战役中光荣殉国及在渤海区光荣殉国的外籍和本籍烈士名标济南烈士纪念堂。

3、在鲁中南地区历次进行的战役（除已列一二项地区纪念外）及宿北战役中光荣殉国及在鲁中南地区光荣殉国的其它外籍和本籍烈士名标临沂烈士纪念堂。

4、在胶东地区（四个海区及烟台）历次战役中光荣殉国及在胶东地区光荣殉国的其它外籍和本籍烈士名标烟台烈士纪念堂。

5、在潍坊、昌潍、滨北、青岛等地区历次战役中光荣殉国，及各该地区光荣殉国的其它外籍和本籍烈士名标青岛烈士纪念堂。

丁、广泛和有组织的搜集烈士名单及

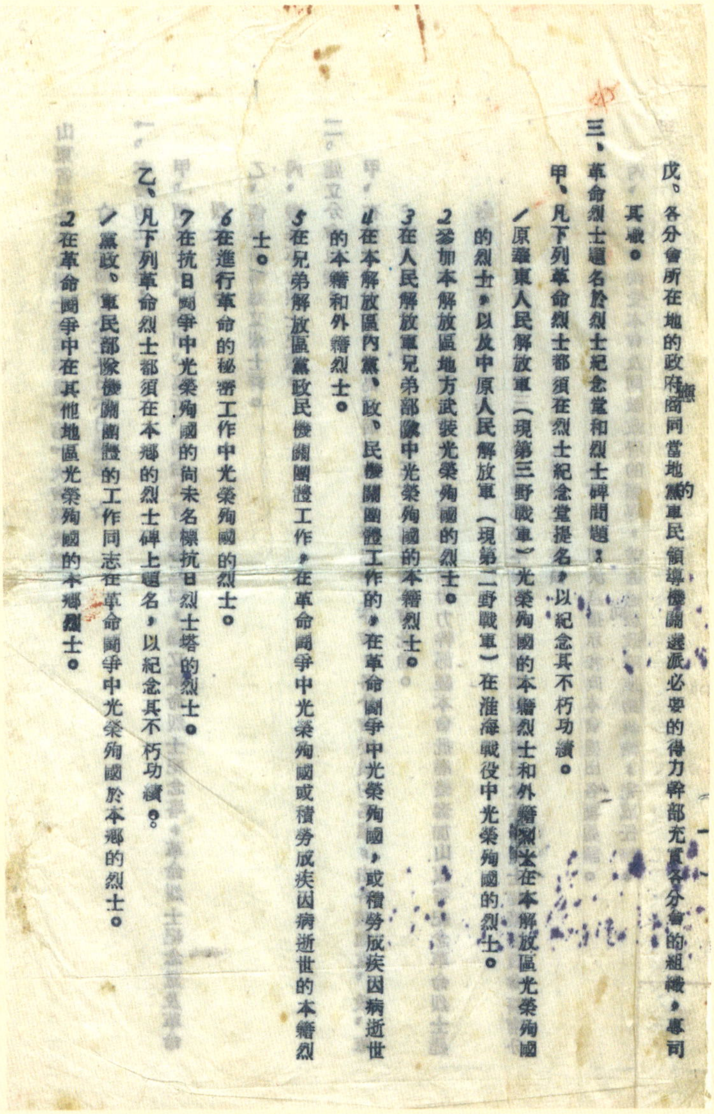
戊。各分會所在地的政府應商同當地的黨軍民領導機關選派必要的得力幹部充實各分會的組織，專司其職。
三、革命烈士題名於烈士紀念堂和烈士碑問題：
甲、凡下列革命烈士都須在烈士紀念堂提名，以紀念其不朽功績。
1原華東人民解放軍（現第三野戰軍）光榮殉國的本籍烈士和外籍烈士在本解放區光榮殉國的烈士，以及中原人民解放軍（現第二野戰軍）在淮海戰役中光榮殉國的烈士。
2參加本解放區地方武裝光榮殉國的烈士。
3在人民解放軍兄弟部隊中光榮殉國的本籍烈士。
4在本解放區內黨、政、民機關團體工作的，在革命鬥爭中光榮殉國，或積勞成疾因病逝世的本籍和外籍烈士。
5在兄弟解放區黨政民機關團體工作，在革命鬥爭中光榮殉國或積勞成疾因病逝世的本籍烈士。
6在進行革命的秘密工作中光榮殉國的烈士。
7在抗日鬥爭中光榮殉國的尚未名標抗日烈士塔的烈士。
乙、凡下列革命烈士都須在本鄉的烈士碑上題名，以紀念其不朽功績。
1黨政、軍民部隊機關團體的工作同志在革命鬥爭中光榮殉國於本鄉的烈士。
2在革命鬥爭中在其他地區光榮殉國的本鄉烈士。

山东省纪念革命烈士建筑委员会第一次会议决议（27cm × 17cm）

烈士史绩。

1、在烈士纪念堂褒扬的烈士，由人民解放军各部队团以上政治机关，山东军区政治部，县、市以上政府，中共党委及人民团体分头搜集备函直接分送各分会。

2、在烈士碑上题名的名单由该乡乡政府，会同人民团体拟定呈报县政府审查批准。

3、各地人民亦可向当地县政府提出应该褒扬的烈士名单及烈士史绩，由县政府查实签署分送各分会。

四、编纂革命烈士史绩，由各分会直接负责，凡对革命有特殊贡献，其光荣事绩应予褒扬以励革命意志的光荣殉国烈士，可由县团以上政治机关，中共党委、人民政府、人民团体编纂史绩送交各分会，统一研究，统一编纂，交本会审查。

五、所有革命烈士墓，原则不动，而任职县团级以上的烈士可以移入就近陵园，在各该分会统一筹划下设墓。

六、经费问题：

1、建塔、建祠、建园经费由省款项下支付的，暂定北币一百四十亿，计分徐州、济南各四十亿，烟台、临沂及青岛各二十亿，分期拨付，余由地方报请省府批准后，自行筹措，但须尽量用当地的资材（如拆用城墙砖石等）及群众的积极性和集体力量（如机关团体工作人员及驻军参加运材搬土等）和人民的自愿捐款，以节省开支。

2、建碑经费在节约原则下，在乡（村）公款内开支，但须尽量运用群众自愿捐献的旧石碑加以改造。

七、设计和计划中的两个问题：

1、纪念塔、烈士纪念堂的设计，必须使其充分表现烈士的革命精神和革命风格（伟大、庄严、坚实），并须防止封建性塔祠图案的简单搬移和脱离政治要求的单纯技术设计。

2、各地区（除青岛）应根据本决议拟定计划，图案及预算于本月月终以前送到本会审查。

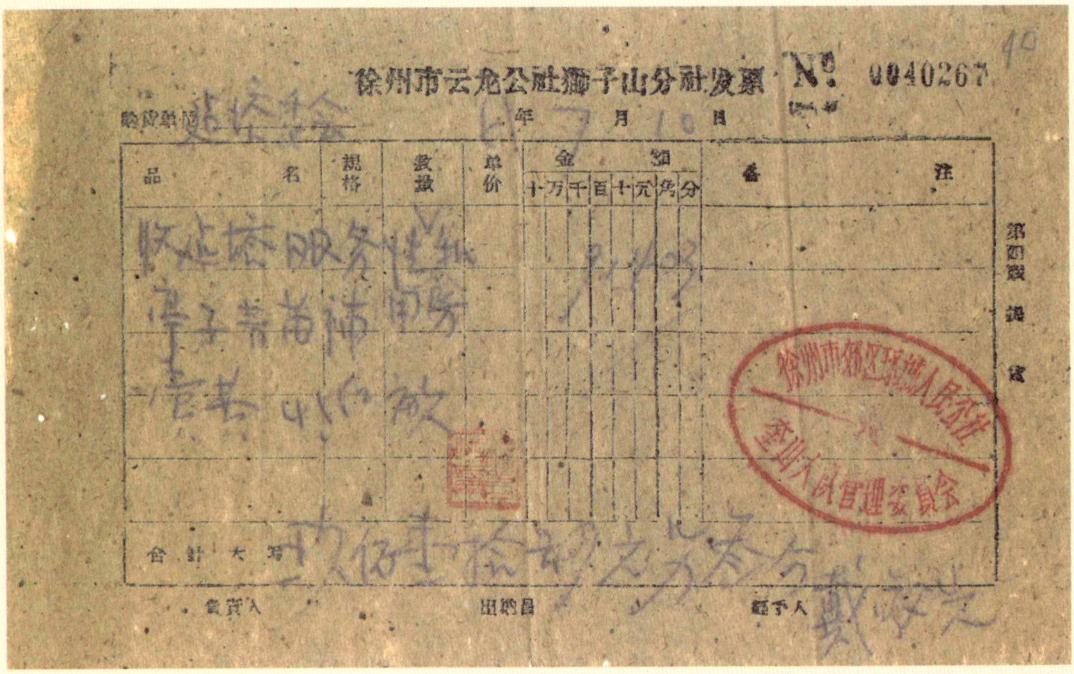

徐州市云龙公社獅子山分社发票　No. 0040267

購貨单位　　年　月　日

| 品名 | 規格 | 数量 | 单价 | 金额 十万千百十元角分 | 备注 |
| --- | --- | --- | --- | --- | --- |
| 合計大写 | | | | | |

負責人　出納員　經手人

征购土地发票（11cm × 17cm）

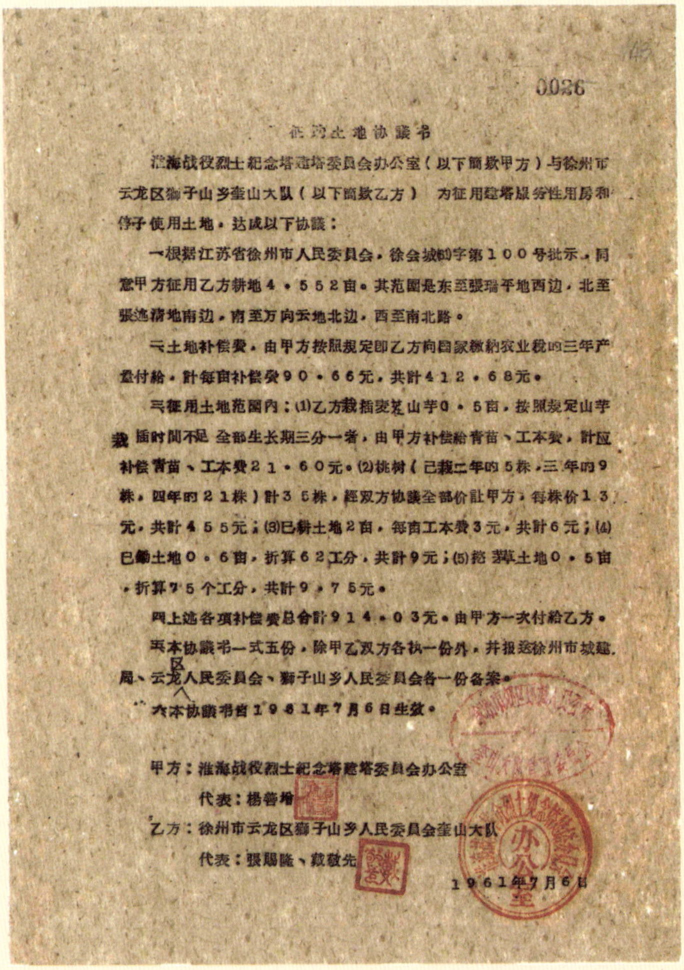

0026

征购土地协議书

淮海战役烈士紀念塔建塔委員会办公室（以下簡款甲方）与徐州市云龙区獅子山乡奎山大队（以下簡款乙方）为征用建塔服务性用房和停子使用土地，达成以下协議：

一根据江苏省徐州市人民委員会，徐会城(61)字第100号批示，同意甲方征用乙方耕地4.552亩。其范圍是东至張瑞平地西边，北至張逸清地南边，南至万向云地北边，西至南北路。

二土地补償费，由甲方按照規定即乙方向国家繳納农业稅的三年产量付給，計每亩补償費90.66元，共計412.68元。

三征用土地范圍內：(1)乙方栽插麦苍山芋0.5亩，按照規定山芋栽插时間不足全部生长期三分一者，由甲方补償給青苗、工本費，計应补償青苗、工本費21.60元。(2)桃树（已栽二年的5株，三年的9株，四年的21株）計35株，經双方协議全部价让甲方，每株价13元，共計455元；(3)已耕土地2亩，每亩工本費3元，共計6元；(4)已鋤土地0.6亩，折算62工分，共計9元；(5)鋤草土地0.5亩，折算75个工分，共計9.75元。

四上述各項补償費总合計914.03元，由甲方一次付給乙方。

五本协議书一式五份，除甲乙双方各执一份外，并报送徐州市城建局、云龙区人民委員会、獅子山乡人民委員会各一份备案。

六本协議书自1961年7月6日生效。

甲方：淮海战役烈士紀念塔建塔委員会办公室

代表：楊善增

乙方：徐州市云龙区獅子山乡人民委員会奎山大队

代表：張賜隆、戴敬先

1961年7月6日

征购土地协议书（27cm × 19cm）

塔徽新一方案（25cm×17cm）

塔徽新二方案（25cm×17cm）

塔徽新三方案（17cm × 25cm）

塔徽新四方案（17cm × 25cm）

# 华克之、郑抱真和孙凤鸣后人孙广宇、孙大林往来书函

**保管单位：**徐州市铜山区档案馆

**内容及评价：**

华克之、郑抱真写给孙凤鸣养子孙广宇及其后人孙大林的往来书函共计36封，主要内容包括评价、宣传孙凤鸣事迹，建立孙凤鸣纪念碑和对其后人生活关怀照顾等事宜。该部分书函时间跨度较长，始自1949年，迄于1995年，内容丰富，是记录和研究孙凤鸣生平事迹的珍贵历史资料。

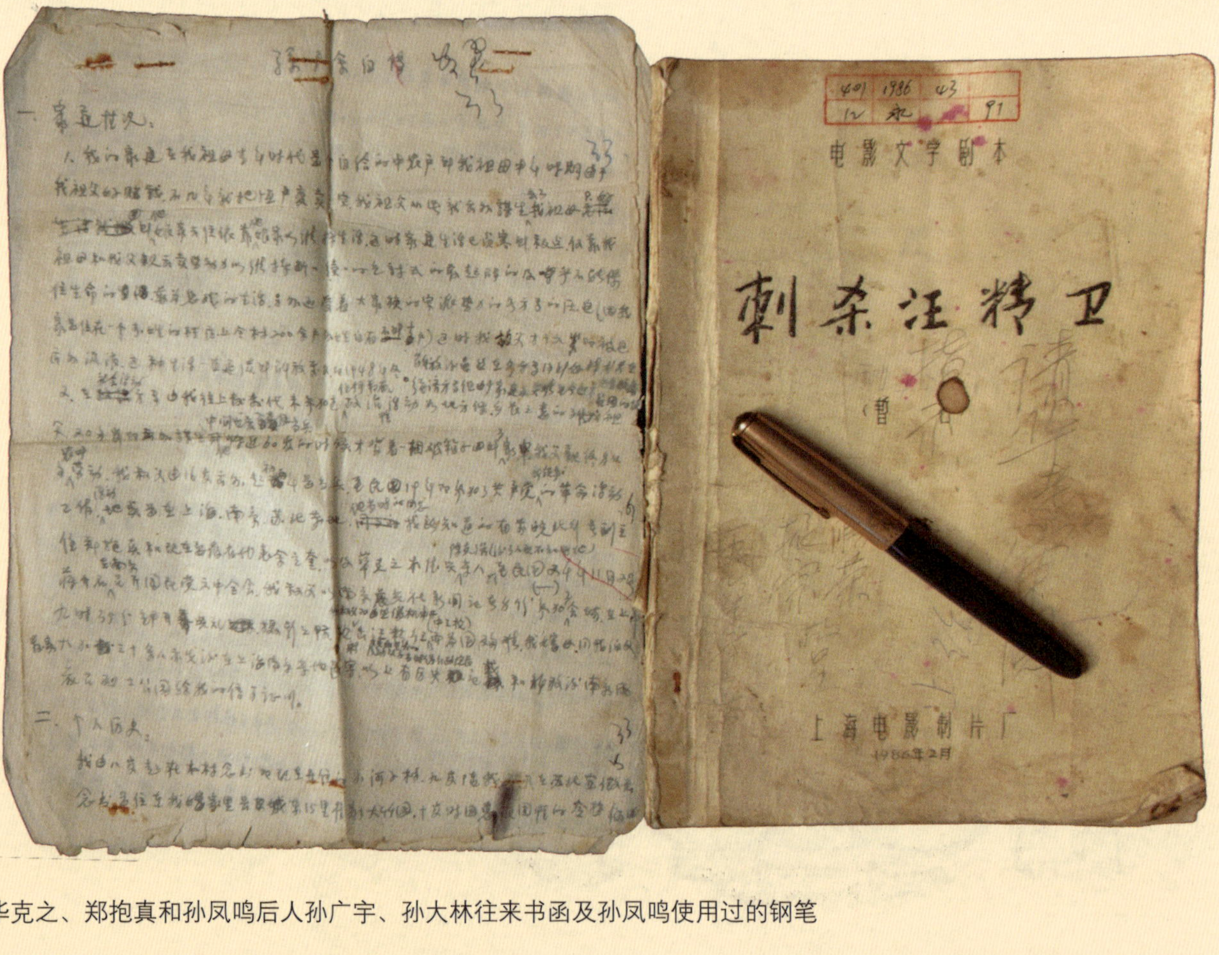


华克之、郑抱真和孙凤鸣后人孙广宇、孙大林往来书函及孙凤鸣使用过的钢笔

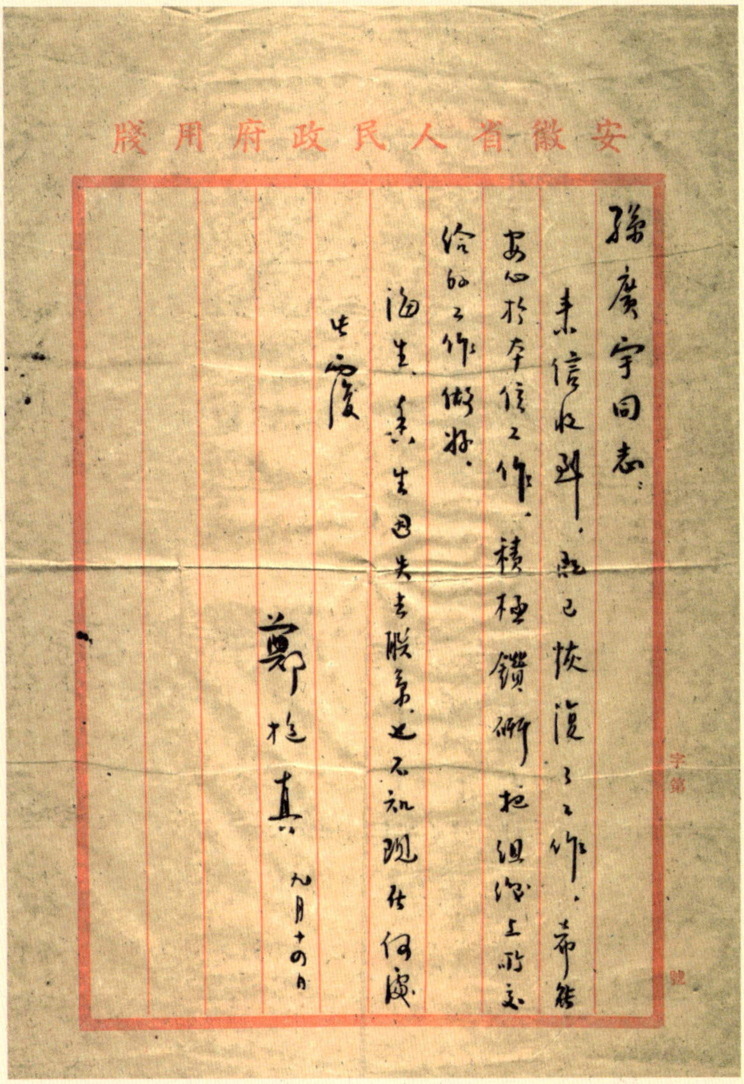

安徽省人民政府用箋

孫廣宇同志：

来信收悉，知已恢復工作，希能安心於本位工作，積極鑽研，把組織上所交給的工作做好。

涵生、秉生因失去聯系也不知現在何處。

此復

鄭抱真

九月十四日

字第　號

9月14日（1953年，编者注），郑抱真致信孙凤鸣养子孙广宇，教导其安心本职工作，积极钻研，把组织上交付的工作做好。（20cm×29cm）

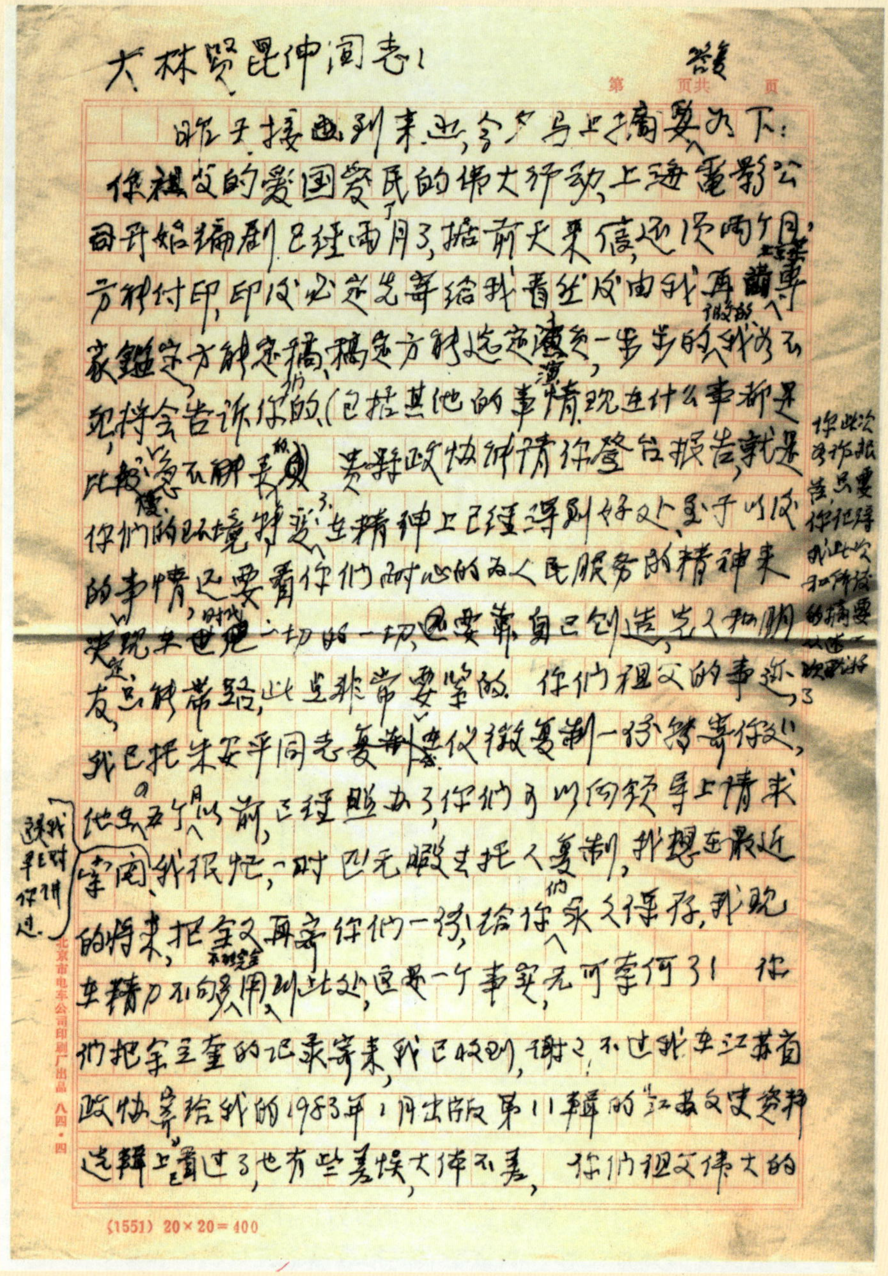

大林贤昆仲同志：

第　页共　页

昨天接函到来迟，今另写上摘要如下：

你祖父的爱国爱民的伟大行动，上海电影公司开始编剧已经两月了，据前天来信还须两个月方能付印，印后必定先寄给我看，然后由我再请专家鉴定，方能定稿，稿定方能选定演员，一步步的我都会告诉你们的（包括其他的事情），现在什么事都是比较[illegible]。责成政协请你登台报告，就是你们的环境转变了，在精神上已经得到好处，至于以后的事情还要看你们耐心的为人民服务的精神来表现出来，一切的一切，还要靠自己创造，先人和朋友只能带路，此是非常要紧的。你们祖父的事迹，我已托朱安平同志代复制一份寄你们，他在五个月以前已经照办了，你们可以向领导上请求学阅，我很忙，一时也无暇来托人复制，我想在最近的将来，把全文再寄你们一份，给你们永久保存，我现在精力不够用到此处，这是一个事实，无可奈何了！你们把宗主奎的记录寄来，我已收到，谢谢！不过我在江苏省政协寄给我的1983年1月出版第11辑的江苏文史资料选辑上已看过了，也有些差误，大体不差，你们祖父伟大的

（1551）20×20=400

北京市电车公司印刷厂出品　八四·四

1985年元月31日，华克之致信孙大林，介绍上海电影公司编制孙凤鸣电影剧本的经过，教导孙大林等要学习孙凤鸣的爱国精神，牢记党的教导，为国为民忠诚、谦虚。（19 cm×27cm）

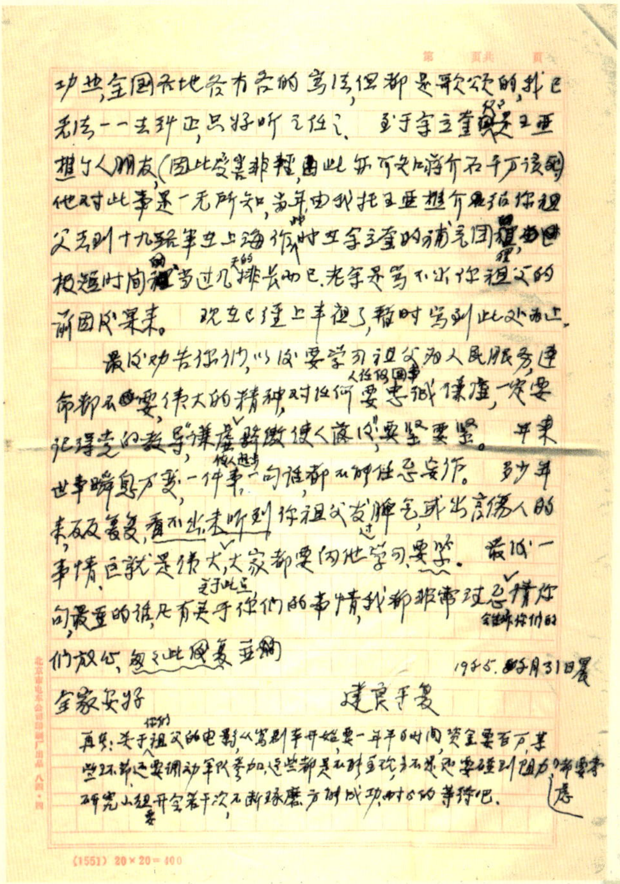

功共，全国各地各方面的宣传，但都是歌颂的，我已无法一一去纠正，只好听之任之。至于宋之堂是王亚樵个人朋友（因此案是非轻，由此所有知情者不予追究），他对此事是一无所知，当年由我托王亚樵介绍你祖父去到十九路军去上海作战时由宋之堂的补充团担任过很短时间的当过几天的排长而已。老宋是写不出你祖父的前因后果来。现在已经上车站了，暂时写到此处为止。

最后劝告你们，以后要学习祖父为人民服务连命都不要伟大的精神，对任何人任何国事要忠诚谦虚，一定要记得毛的教导，谦虚使人进步，骄傲使人落后，要坚要坚。我来世事瞬息万变，一件事一句话都不能任意妄作。多少年来反反复复，看不出来听到你祖父发过脾气或出言伤人的事情，这就是伟大，大家都要向他学习，要学。最后一句最重要的话，凡有关于你们的事情，我都非常对总理你们的们放心，勿以此风为要。

1985.8月31日晨

全家安好

建良手书

再者：关于你们祖父的电影，从写剧本开始要一年半的时间，资金要百万，某些环节还要调动军队参加，这些都是不能马上完成，而且还要碰到阻力，都要专研究小组开会若干次，不断琢磨方能成功，耐心的等待吧。

又启

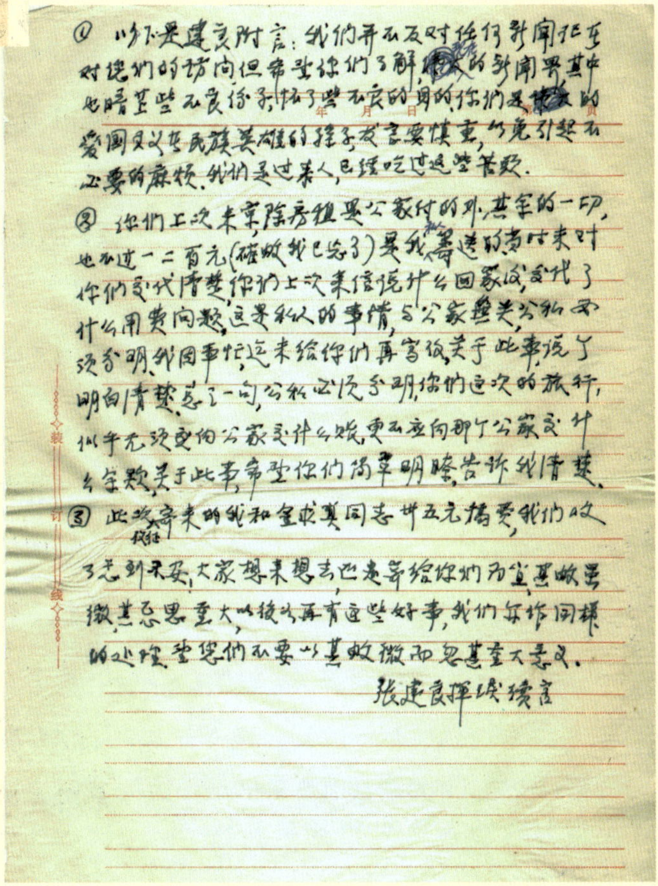

① 以下是建良附言：我们并不反对任何新闻报社对您们的访问，但希望你们了解现在的新闻界其中也暗藏某些不良分子，抱了些不良的目的，你们是伟大的爱国主义者民族英雄的孩子，发言要慎重，以免引起不必要的麻烦，我们是过来人，已经吃过这些苦头。

② 你们上次来京，除房租是公家付的外，其余的一切也不过一二百元（确数我已忘了），是我私人筹送的，当时未对你们交代清楚，你们上次来信说什么回家后交代了什么用费问题，这是私人的事情，与公家无关，公私要分明，我因事忙，近来给你们再写信，关于此事说了明白清楚，总之一句，公私必须分明，你们这次的旅行，纵千元须交给公家交什么账，更不应向哪个公家交什么字据，关于此事，希望你们尚早明瞭，告诉我清楚。

③ 此次寄来的我和宝成莫同志廿五元捐赠，我们收了之到不安，大家想来想去也是寄给你们为宜，其数虽微，其意思重大，以后不再有这些好事，我们会作同样的处理，望您们不要以其数微而忽其重大意义。

张建良择续言

**相关知识：**

1935年，李济深、陈铭枢、王亚樵等人在香港密议，决定在国民党四届六中全会上锄杀蒋介石、汪精卫。王亚樵派华克之潜回南京主持，孙凤鸣、张玉华、贺坡光三人具体执行。同年11月1日，国民党四届六中全会100多名国民党中央委员会后在会议厅前合影，蒋介石未到现场，伪装成记者的孙凤鸣突然闪出，高呼“打倒卖国贼”，向汪精卫连开三枪，汪精卫中枪倒地，孙凤鸣被卫兵击中，抢救无效，于11月2日凌晨去世。

# 郭影秋就编写徐州革命史事宜致郭子化函

**保管单位：**徐州市档案馆

**内容及评价：**

1962年1月2日，时任南京大学校长的郭影秋就编写徐州革命史一事致信郭子化。信中郭影秋分析了编写徐州革命史的困难，建议“发动曾在徐州工作过的同志大家动手，先从回忆录做起，由片鳞到全貌，慢慢地把资料积累起来，逐步形成徐州地区的革命斗争史”，体现了老一辈革命工作者高度的历史责任感和为地方存史留档的远见卓识。

信中提及“曾在徐州工作过的同志”分别是：耿大姐，即耿建华，曾任中共徐州特支军事委员会书记、徐州地委妇女委员；陈履真，曾任中共徐海蚌特委宣传部长，1932年12月牺牲，其妻秦雅芬曾在徐州地区从事党的工作；中士，即郝中士，曾任中共沛县县委宣传部长、县委书记、丰沛鱼中心县委书记；渠清，即鹿渠清，曾任中共沛县中心县委书记；李文，曾任中共湖上五县工作委员会宣传部长；效斌，即王效斌，曾任中共丰县县委书记。信中提及的“海明同志”为郭子化夫人，“凌静”为郭影秋夫人。原信末只具月日，据编者考证，此信应为1962年1月2日写就。

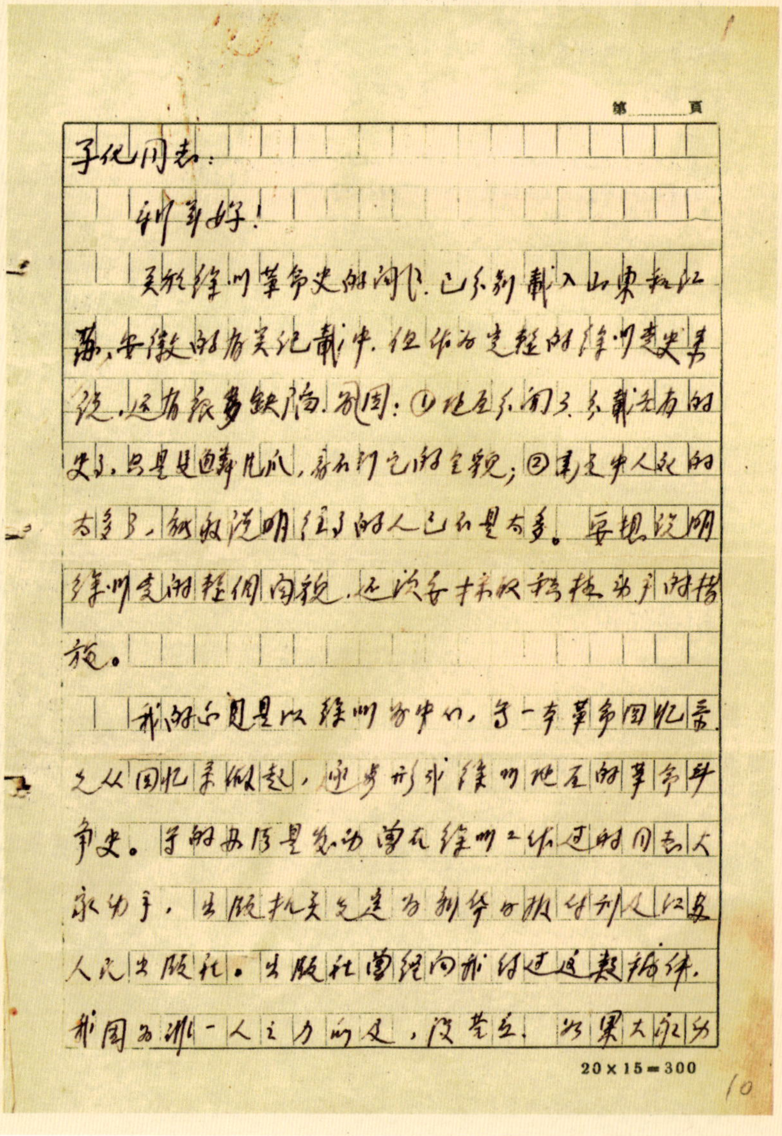
第　　頁

子化同志：

新年好！

关于徐州革命史的问题，已分别载入山东和江苏、安徽的有关记载中，但作为完整的徐州党史来说，还有很多缺陷。例如：①现在所[illegible]分散记载的史料，只是些断片，看不到它的全貌；②历史中人物的[illegible]，能够说明经过的人已不是太多。要想说明徐州党的整个面貌，还须多[illegible]。

我的意见是以徐州为中心，写一本革命回忆录，先从回忆录做起，逐步形成徐州地区的革命斗争史。[illegible]是发动曾在徐州工作过的同志大家动手，出版机关[illegible]江苏人民出版社。出版社曾经向我约过这类稿件，我因为非一人之力所及，没答应。如果大家分

20×15=300

1962年1月2日，郭影秋致函郭子化，讨论编写徐州革命史相关事宜。（19cm×27cm）

**全文：**

子化同志：

新年好！

关于徐州革命史的问题，已分别载入山东和江苏、安徽的有关记载中，但作为完整的徐州党史来说，还有很多缺陷。因为：①地区分开了，分载各省的史事，只是只鳞片爪，看不到它的全貌；②肃反中人死的太多了，能够说明往事的人已不是太多。要想说明徐州党的整个面貌，还须要采取积极动手的措施。

我的意见是以徐州为中心，写一本革命回忆录。先从回忆录做起，逐步形成徐州地区的革命斗争史。写的办法是发动曾在徐州工作过的同志大家动手，出版机关先定为新华日报副刊及江苏人民出版社。出版社曾经向我约过这类稿件，我因为非一人之力所及，没答应。如果大家动手，一人写一篇或几个问题，彙集成册，是不太难的。你看如何？

目前在北京的同志，除你以外，有耿大姐、陈履真同志的爱人等。这些老同志请你约他们一下，下及中士、渠清、李文、效斌等同志，我可以约他们。发表，由我负责处理。

我在新华副刊及"雨花杂志"上已发表了一些旧诗及杂文，不少是关于徐州及湖西的。你如有兴趣，可把旧诗加简短说明，分期陆续发表，积少成多，由片鳞到全貌，慢慢地把资料积累起来，即使我们不作统一处理，让修史者去采择也是好的。

散在各地的同志，我也愿和他们商量。

敬礼。

海明同志好。

凌静将去沪动手术。

影秋

元月二日

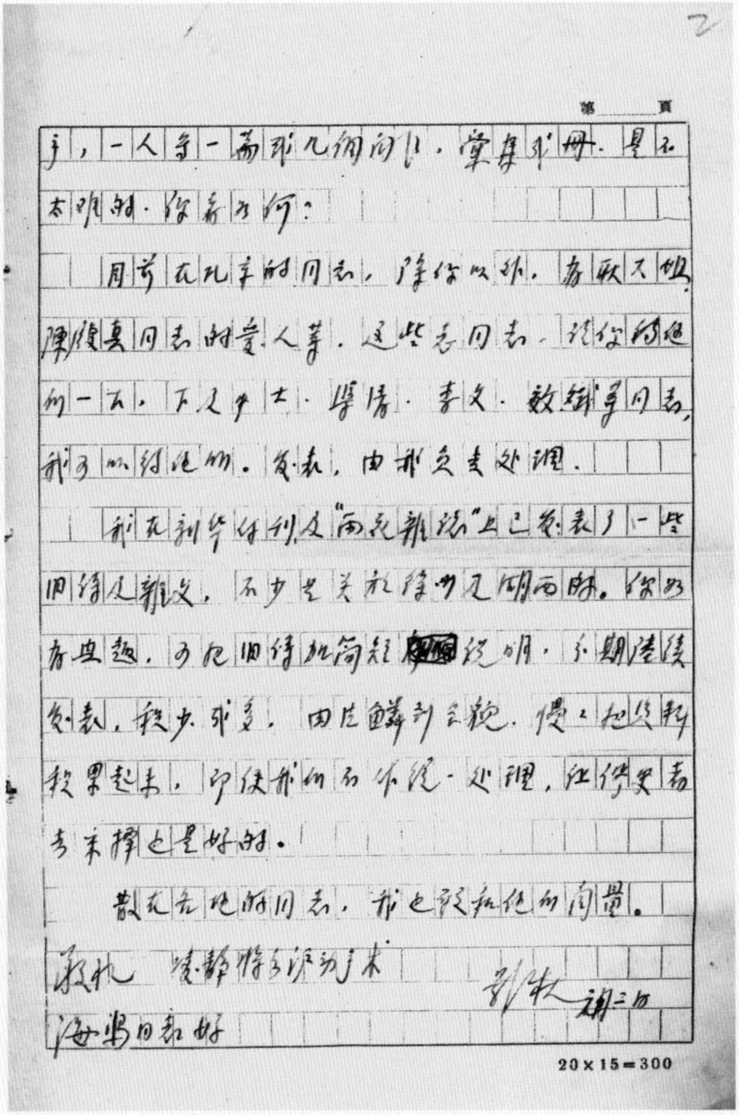
2

第　頁

手，一人写一篇或几个问题，彙集成册，是不太难的。你看如何？

目前在北京的同志，除你以外，有耿大姐、陈履真同志的爱人等。这些老同志，请你约他们一下。下及中士、渠清、李文、效斌等同志，我可以约他们。发表，由我负责处理。

我在新华副刊及"雨花杂志"上已发表了一些旧诗及杂文，不少是关于徐州及湖西的。你如有兴趣，可把旧诗加简短说明，分期陆续发表，积少成多，由片鳞到全貌，慢慢地把资料积累起来，即使我们不作统一处理，让修史者去采择也是好的。

散在各地的同志，我也愿和他们商量。

敬礼　凌静将去沪动手术

海明同志好

影秋　元月二日

20×15=300

**相关知识：**

郭影秋（1909～1985），江苏铜山人。1935年加入中国共产党。“西安事变”后，受中共党组织派遣，到国民革命军第五战区司令部抗日民众动委会从事统战工作。1938年徐州沦陷后，奉命去湖西地区组织抗日武装，建立湖西抗日根据地，任湖西军分区政委、司令员。同年7月，苏鲁豫（湖西）特委建立，郭影秋任特委委员兼苏鲁人民抗日义勇队第二总队政治委员。解放战争时期，任中共冀鲁豫湖西地委书记兼军分区司令员、政委，解放军十八军政治部主任等职。解放后，历任中共云南省委书记处书记、云南省省长，南京大学党委书记、校长，中国人民大学党委书记、副校长，中共北京市委书记处书记等职。

郭子化（1895～1975），名邦清，字子化。江苏邳州人。1926年加入中国共产党。1932年10月受中共徐州特委派遣，去鲁南开展工作，重建枣庄矿区党支部。先后创建中共苏鲁边区临时特委、中共苏鲁豫皖边区临时特委，并任书记。抗日战争及解放战争时期，任中共苏鲁豫皖边区省委统战部部长、华东局秘书长、华东支前委员会主任。中华人民共和国成立初期，任山东省政府副主席、代主席。1955年2月，调任国家卫生部副部长。

# 党和国家领导人纪念淮海战役胜利题词

**保管单位：**徐州市档案馆

**内容及评价：**

为纪念淮海战役的伟大胜利，铭记革命烈士的丰功伟绩，党和人民政府决定在徐州建立淮海战役烈士纪念塔和淮海战役纪念馆。毛泽东题写塔名“淮海战役烈士纪念塔”；周恩来为淮海战役纪念馆题词“淮海英雄永垂千古”；邓小平为纪念淮海战役胜利三十周年和四十周年分别题词“中华儿女们永远记着：你们的幸福是先烈们用血换来的。淮海战役烈士永垂不朽”和“纪念淮海战役胜利四十周年”；江泽民题词“纪念淮海战役胜利五十周年”。其中，徐州市档案馆保存的邓小平和江泽民的题词为原件，毛泽东和周恩来的题词原件已于20世纪80年代初上交中央档案馆，馆藏为复制件。

淮海战役的胜利，是人民战争的伟大胜利，是毛泽东军事思想的伟大胜利，党和国家领导人的题词具有重要的历史价值和纪念意义。

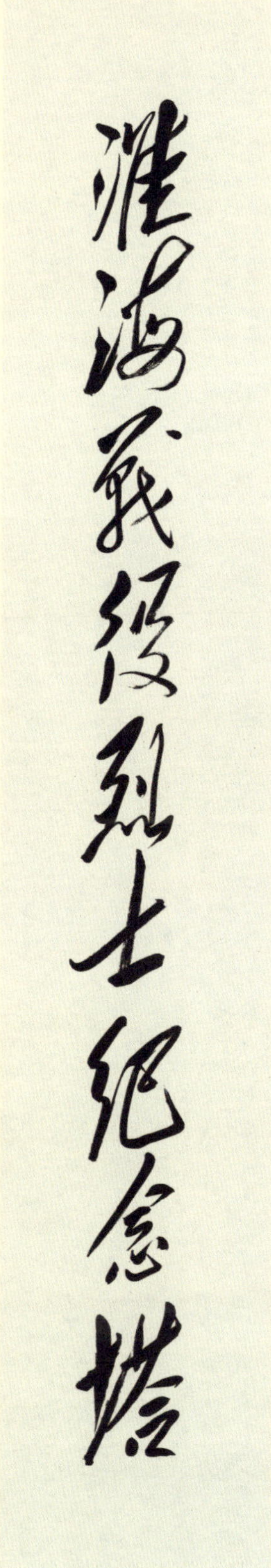


毛泽东题词

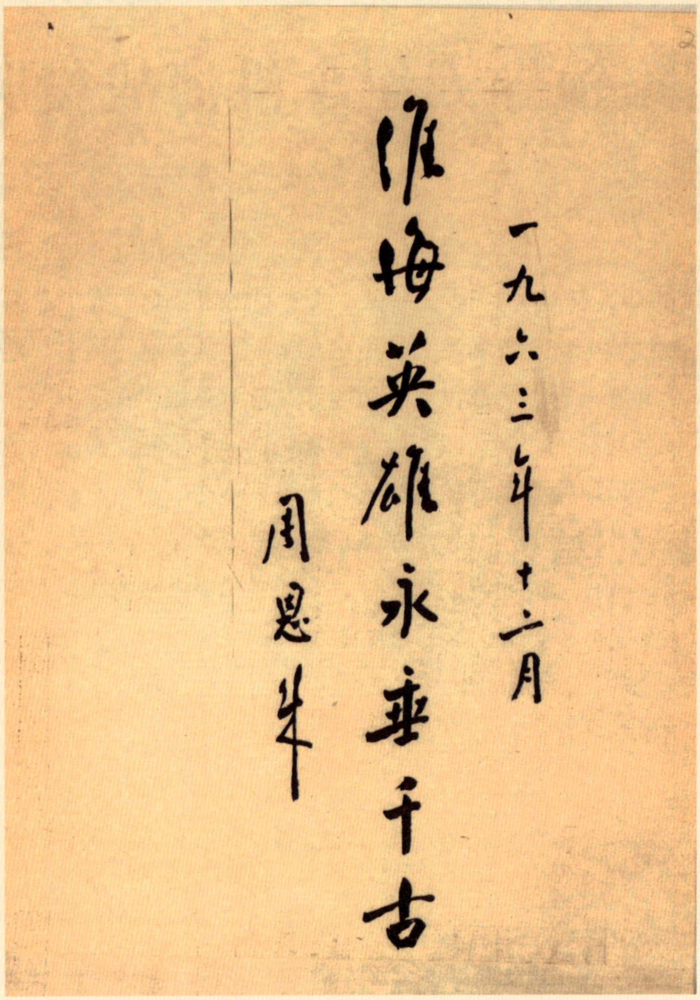
淮海英雄永垂千古
一九六三年十二月
周恩来

周恩来题词

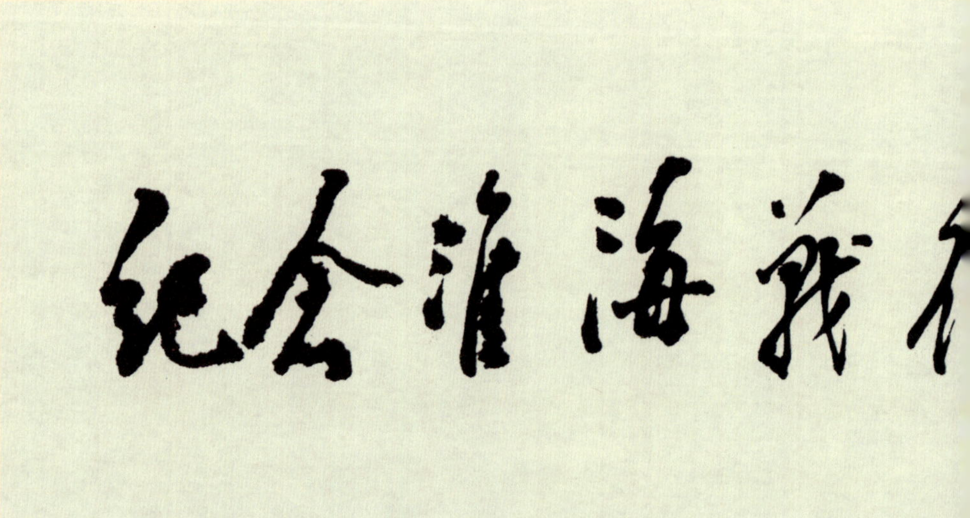
纪念淮海战

邓小平为纪念淮海战役胜利四十周年题词（69cm×34cm）

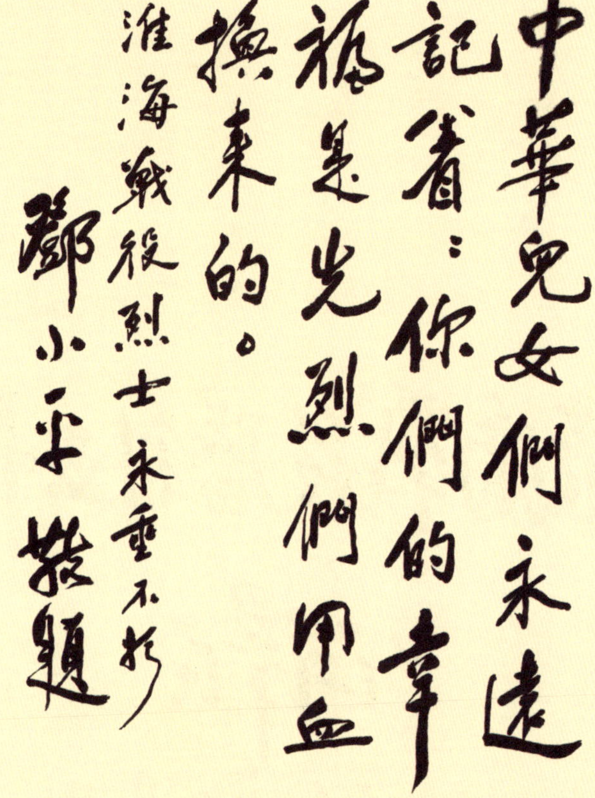


邓小平为纪念淮海战役胜利三十周年题词（57cm×88cm）

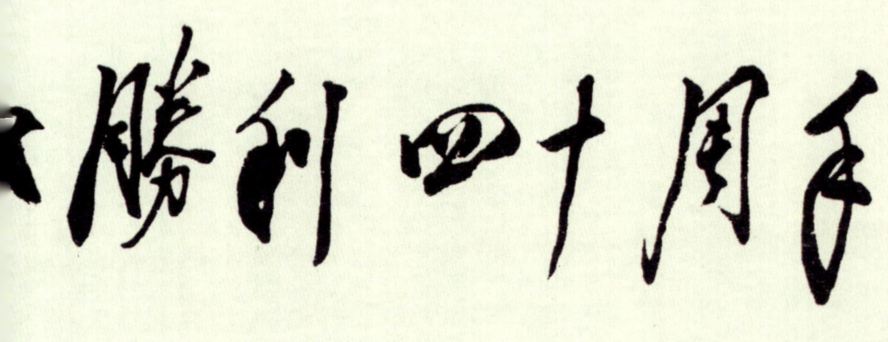

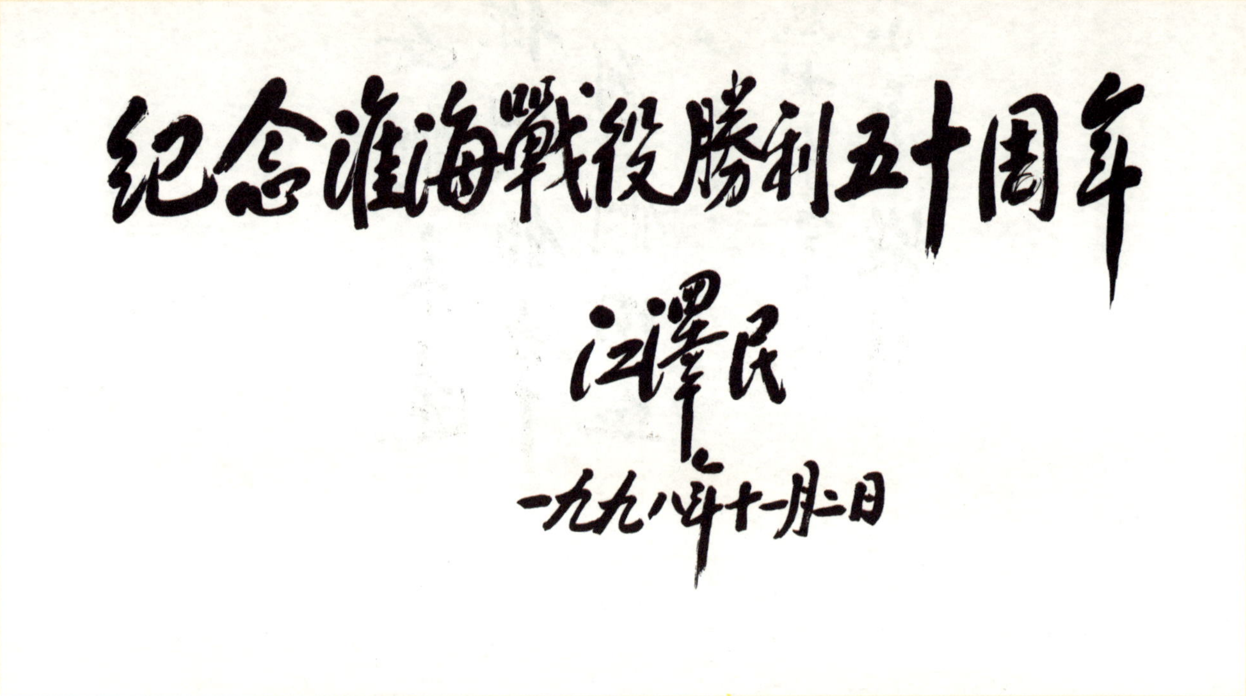


江泽民为纪念淮海战役胜利五十周年题词（134cm×66cm）

# 胡耀邦视察徐州讲话录音

**保管单位：**徐州市档案馆

**内容及评价：**

1984年10月31日至11月4日，中共中央总书记胡耀邦在徐州市视察工作。在徐期间，胡耀邦接见了缅甸联邦社会主义共和国总统吴山友，主持召开江苏、河南、安徽三省负责人座谈会，听取中共徐州市委负责同志代表市委、市政府所作的工作汇报，召开徐州市区7个企业厂长、党委书记座谈会，并到睢宁县考察工作。针对全国的形势和徐州的情况，胡耀邦发表了一系列重要讲话。

《胡耀邦同志在徐州市委负责同志汇报工作时的讲话》、《胡耀邦同志在徐州市企业厂长、党委书记座谈会上的讲话》、《胡耀邦同志视察讲话》即为当时的讲话录音，共计9盒，时长418分钟。该档案真实地反映了当时的讲话场景和胡耀邦特有的讲话风格，内容涉及整党、贯彻执行十一届三中全会关于解放思想、实行改革开放的决议和十二届三中全会关于经济体制改革的决定等问题。同时，胡耀邦还对徐州的经济政治工作和未来建设规划作出重要指示，体现了党和国家领导人对徐州发展的重视和关怀。

胡耀邦视察徐州讲话录音

# 李可染、林散之等书画名家为修葺戏马台题字

**保管单位：**徐州市档案馆

**内容及评价：**

戏马台是徐州现存较早的古迹，原为公元前206年西楚霸王项羽在都城彭城（今江苏徐州）南山之颠所筑。1984年12月，徐州市第九届人民代表大会、徐州市人民政府决定重修戏马台。1986年4月16日破土动工，至1987年8月1日正式对外开放。期间，徐州市人民政府广邀国内书画名家为修葺戏马台题字。李可染、林散之、萧娴、武中奇等93位书画大师泼墨题赠。该批书法作品共计152幅，主题鲜明，风格各异，凸显书法之菁华，展示大师之风采，具有较高的艺术欣赏和书法研究价值。

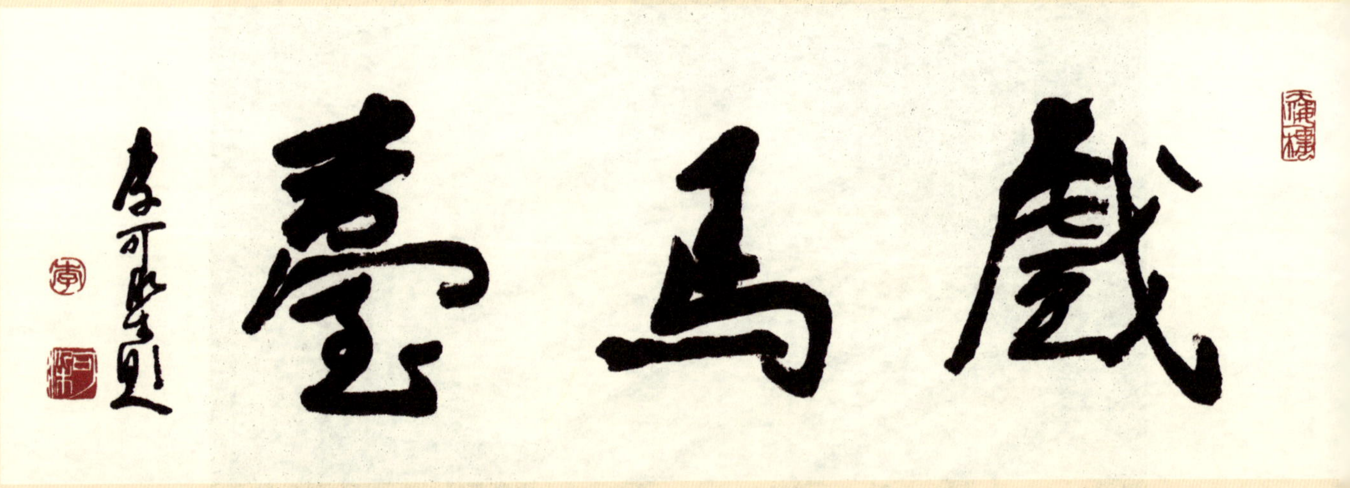


李可染题字：戏马台（83cm×26cm）

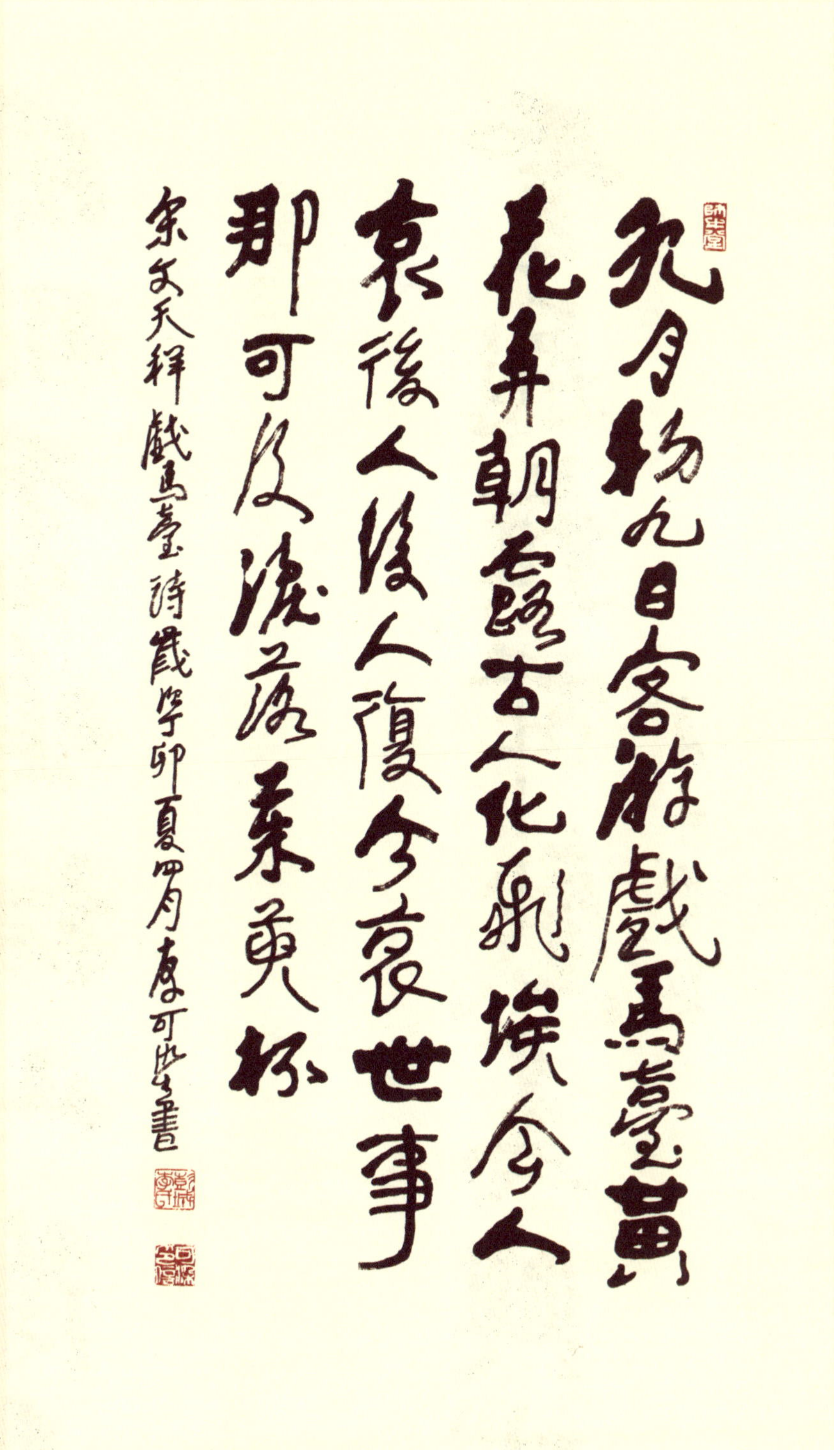

李可染题字：九月初九日，客游戏马台。黄花弄朝露，古人化飞埃。今人哀后人，后人复今哀。世事那可及，泪落茱萸杯。（70cm×123cm）

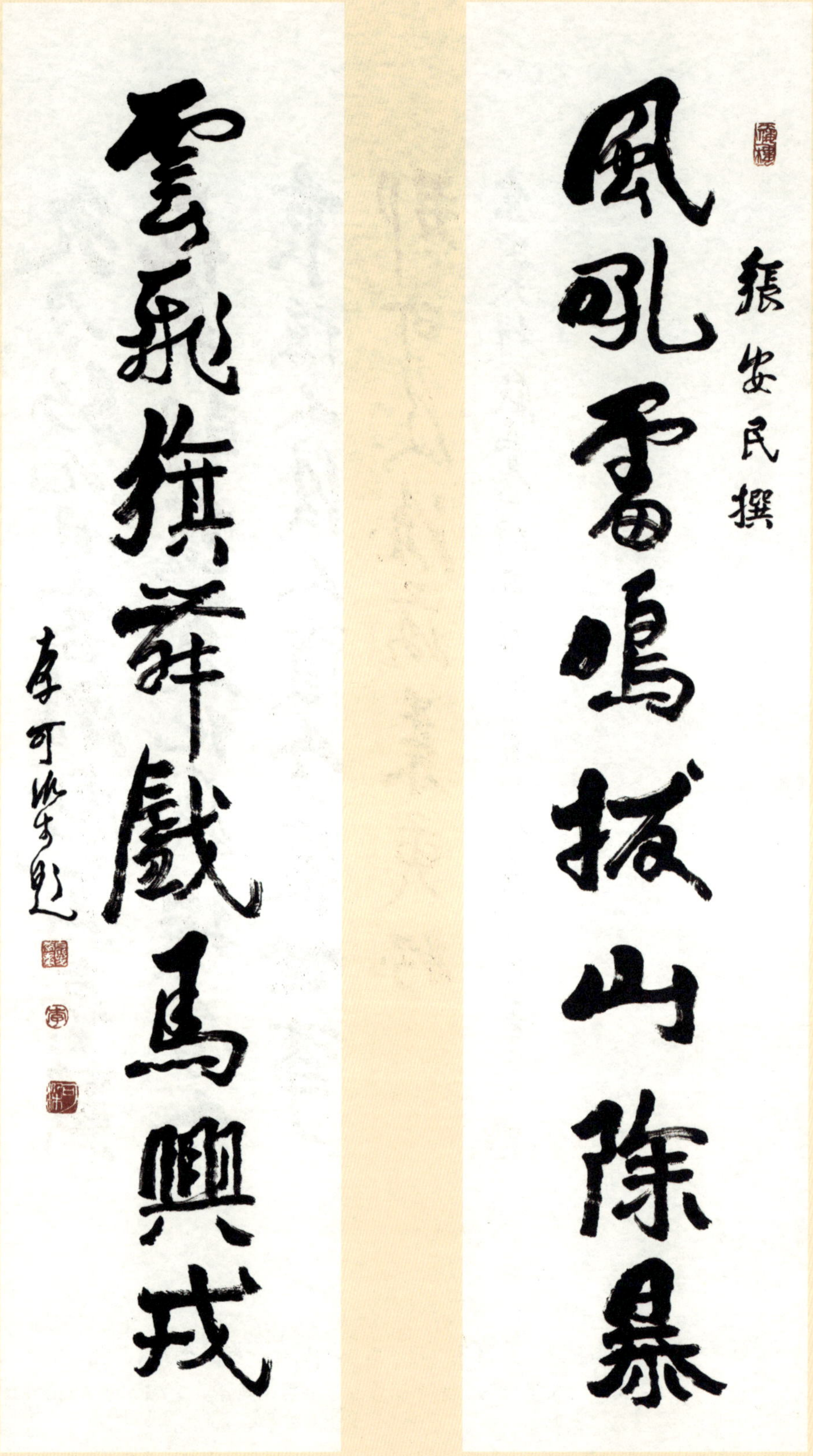
風吼雷鳴拔山除暴
張安民撰
雲飛旗舞戲馬興戎
李可染題

李可染题字：风吼雷鸣拔山除暴　云飞旗舞戏马兴戎（单幅38cm×136cm）

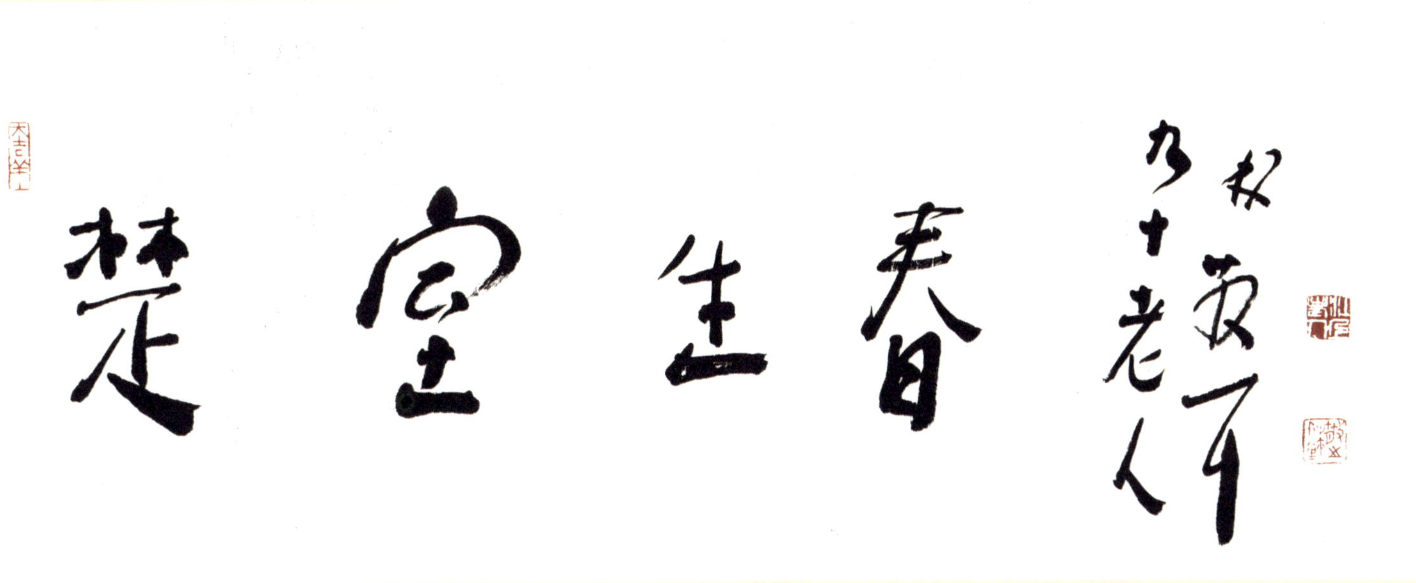

林散之题字：楚室生春（101cm×34cm）

武中奇题字：风云阁（48cm×21cm）

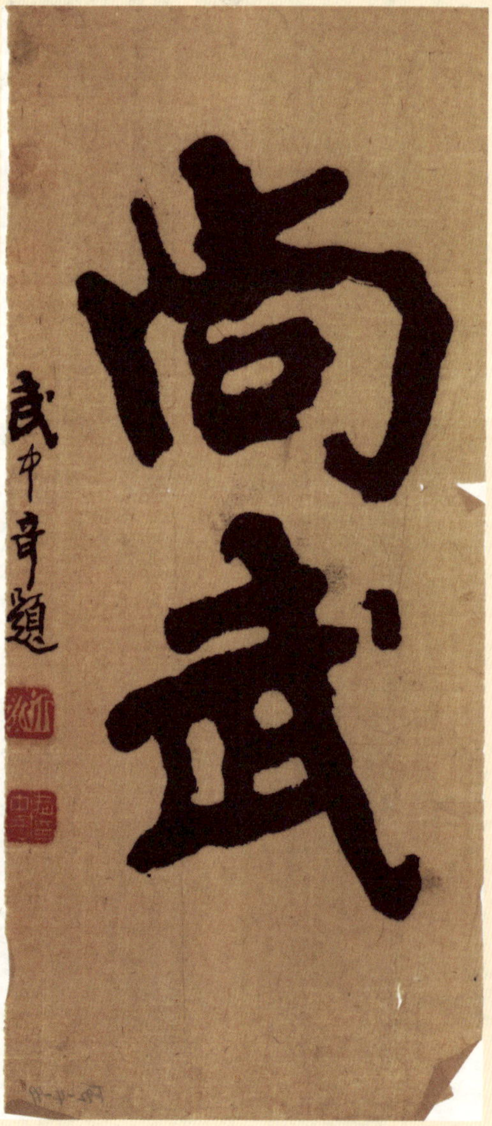


武中奇题字：尚武（22cm×47cm）

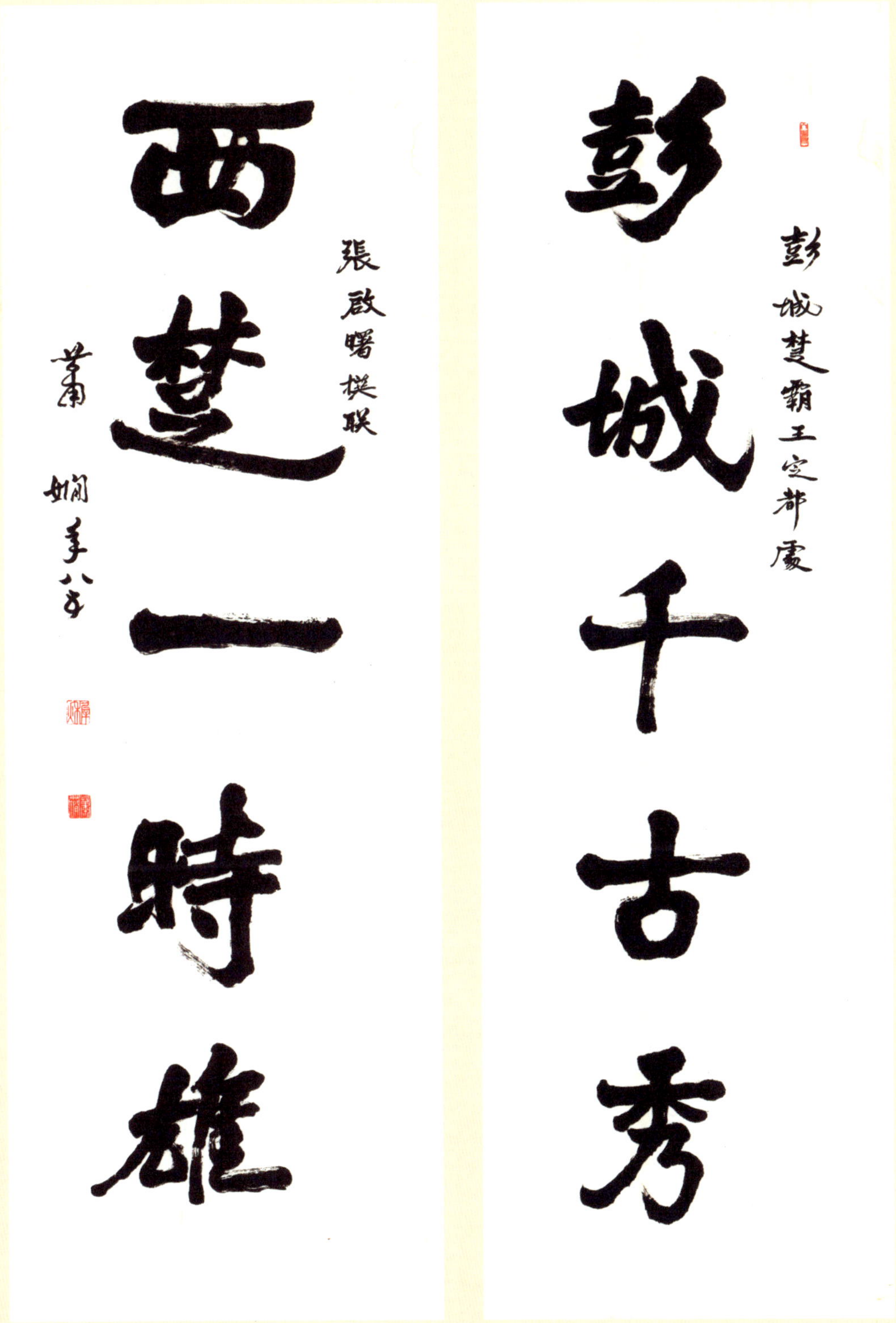
彭城千古秀
彭城楚霸王定都處
西楚一時雄
張啟曙撰联

萧娴题字：彭城千古秀　西楚一时雄（单幅52cm×179cm）

**相关知识：**

李可染（1907~1989），江苏徐州人。中国当代杰出的山水画大师。师从黄宾虹、齐白石，融中西绘画技法于一体，笔法凝练，涩笔积染，大气磅礴。其作品以鲜明的时代精神和艺术个性，促进了中国传统绘画的嬗变与升华。

林散之（1898~1989），名霖，又名以霖，字散之，号三痴、左耳、江上老人等，江苏江浦人。工书法、诗文，擅山水。赵朴初、启功等称之诗、书、画"当代三绝"。

武中奇（1907~2006），山东长清人。真、草、篆、隶均有深厚功力，尤以真、草见长，书风气势浑厚，挺拔苍劲。

萧娴（1902~1997），字稚秋，号蜕阁，署枕琴室主，贵州贵阳人。中国当代著名女书法家，诗人，篆、隶、楷皆精，以楷书为第一。其行楷大字，笔力雄厚，结字精微，气息浑涵，气势磅礴。

徐州府志

府學藏版

地情资料

新修徐州府志序

嘉禾石公以守徐之四年入覲政洪百廢具修咱登

子前之治徐州也今之治徐府也邊境既增官制亦墨

烏可以無志叔又余讀豐蕭三縣

# 清乾隆本《徐州府志》

**保管单位：** 徐州市档案馆

**内容及评价：**

清乾隆本《徐州府志》，乾隆五年（1740）石杰（徐州知府）主修，王峻（曾参与撰修《大清统一志》）主纂，全书定为30类，共分30卷。清乾隆本《徐州府志》为官修方志，有府衙经历武承运专职督刊，于乾隆七年（1742）出版，为木刻本。该志虽有专职督刊，亦不少白页，糊字，印刷、装订不甚精细。但是，作为徐州第一部府志（以前徐州所有方志均为州志），较之以往州志在区域、时限和内容等方面均有所增加，徐州地方史研究者多以此及后来的诸志为参考。

清乾隆本《徐州府志》（单本18cm×25cm）

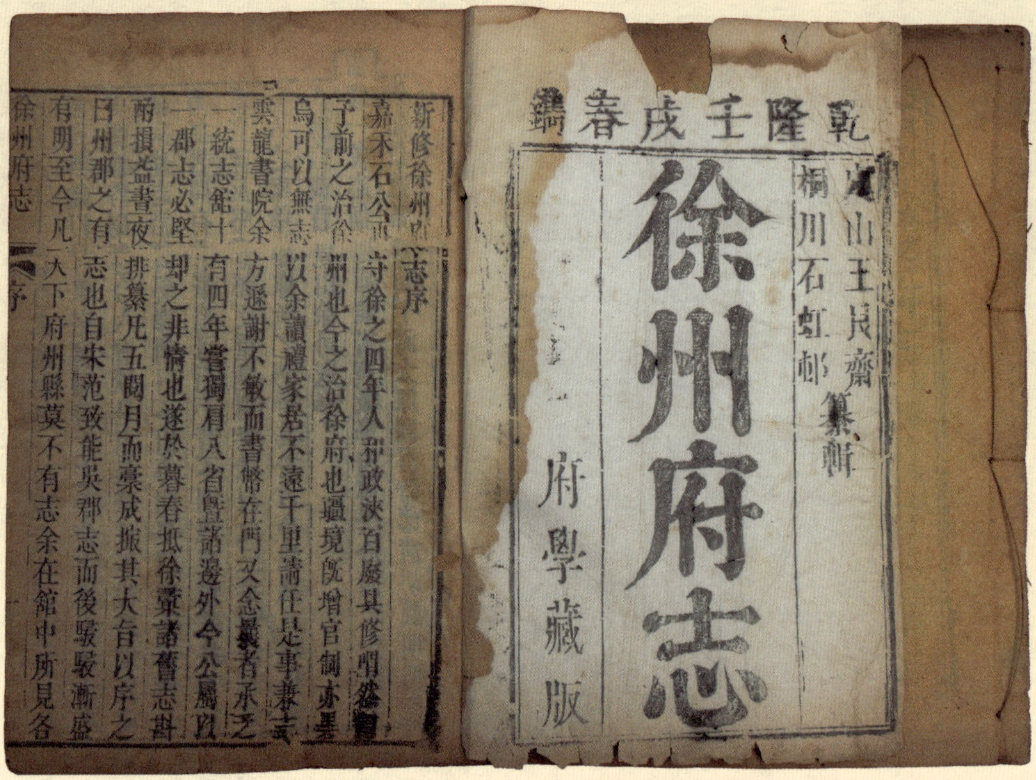


清乾隆本《徐州府志》新修徐州府志序

**全选（节选）：**

## 序一

嘉禾石公再守徐之四年，人和政浃，百废俱修。喟然曰：“予前之治徐州也，今之治徐府也，疆境既增，官制亦异，乌可以无志？”以余读《礼》家居，不远千里，请任是事，兼主云龙书院。余方逊谢不敏，而书币在门。又念曩者承乏《一统志》馆十有四年，尝独肩八省暨诸边外，今公属以一郡志，必坚却之，非情也。遂於暮春抵徐，汇诸旧志，斟酌损益，昼夜排纂，凡五阅月而稿成。撮其大旨以序之曰：州郡之有志也，自宋范致能《吴郡志》而后骎骎渐盛。有明至今，凡天下府州县莫不有志，余在馆中所见各处府志不下数百本，然而无一可观者，其故在於无笔、无书、无识。以村学究腐烂时文之手，使之操纪述之事，支离拙俗，开卷令人憎厌，是谓无笔；目不睹唐宋以前诸家，地志沿讹袭谬，称引不出传闻，事迹类多傅会，是谓无书；间有手笔稍可而平昔不明地理、体裁，终苦鲜当，宜详反略，当轻反重，是谓无识。以此三无而修志，如盲人之索涂，如寐者之呓语，其於古今地理、人事疵病尚胜言哉！。昔昆山徐司寇奉诏修《一统志》，备四库藏书，广征海内博学洽闻之士。而无锡顾景范、常熟黄子鸿、太原阎百诗、德清胡偭明四先生者，尤精于地志、山经、水注之书，为司寇所尊信，故其书博大精确，一洗向来诸志之陋。近虽重修，无能出其范围。余幸得十余年厕身馆局，稍窥见前人之卓识苦心，今于是书建置、山川、古迹诸类亦仿其意以为之，所虑讨论无人，书籍无多，向所云三者，或自蹈之而不知也。若夫兹郡之山河形势，古来控守之大要，与我国家太平一统升州为府之善制，公之序与志中已详，余不复赘。

乾隆五年岁次庚申八月既望，江西道监察御史虞山王峻序。

## 序二

昔冉子之言志曰："求也为之，比及三年，可使足民如其礼乐，以俟君子。"夫冉子为圣门高第，岂诚礼乐有所未娴哉？良以政有后先，务有缓急，礼义生于富足，而文物盛于康阜。先其所急以立其基，而其所后者可徐起，而曰有功治道固宜然也。郡国有志，亦记载之常，不足以云礼乐，然而察星野、别山川、崇典礼、列官师、稽赋则、辨物产，凡政治之得失，人才之盛衰，风俗之美恶，与夫轶事旧闻，雄辞骏采，莫不厘然毕具，俾后之人知所遵循，而生其感发，是亦礼乐之遗意焉耳！余守徐五年於兹矣，无年不水，无岁不灾。荷蒙皇上轸恤民艰，不惜帑金、廪粟、蠲租，给赈之令，殆无虚日，所费几及百万。民之赖以存活者不可胜计。余率属经理，奔走泥涂，日无宁晷。目击夫闾阎之一无盖藏，而哀哀鸿雁，增悲中野，方恧然以未能足民为愧，奚暇及志哉！然而徐志之不可缓较甚于他郡者，其故有三：徐之为直隶州也，自胜国时，已然辖萧、沛、丰、砀，雍正十一年升州为府，附郭设铜山县，东割邳、睢、宿三州县附益之，而徐州一卫亦隶于府。疆围既广，官制顿增，昔之牧令五，今之牧令八；昔之司马一，别驾二，今之司马三，别驾二；下至学博、丞、簿、巡驿首领等官，昔之数二十有六，今之数五十有四；棋布星罗，上下联络，职长攸关，不加登别，是备官而未之闻也。淮北州县，向鲜文吏，又离省远，簿书期会，救过不遑，一切笔墨之役，置之度外，间有修葺，亦多断续。考其年代，州志修于康熙六十一年为最近，睢志

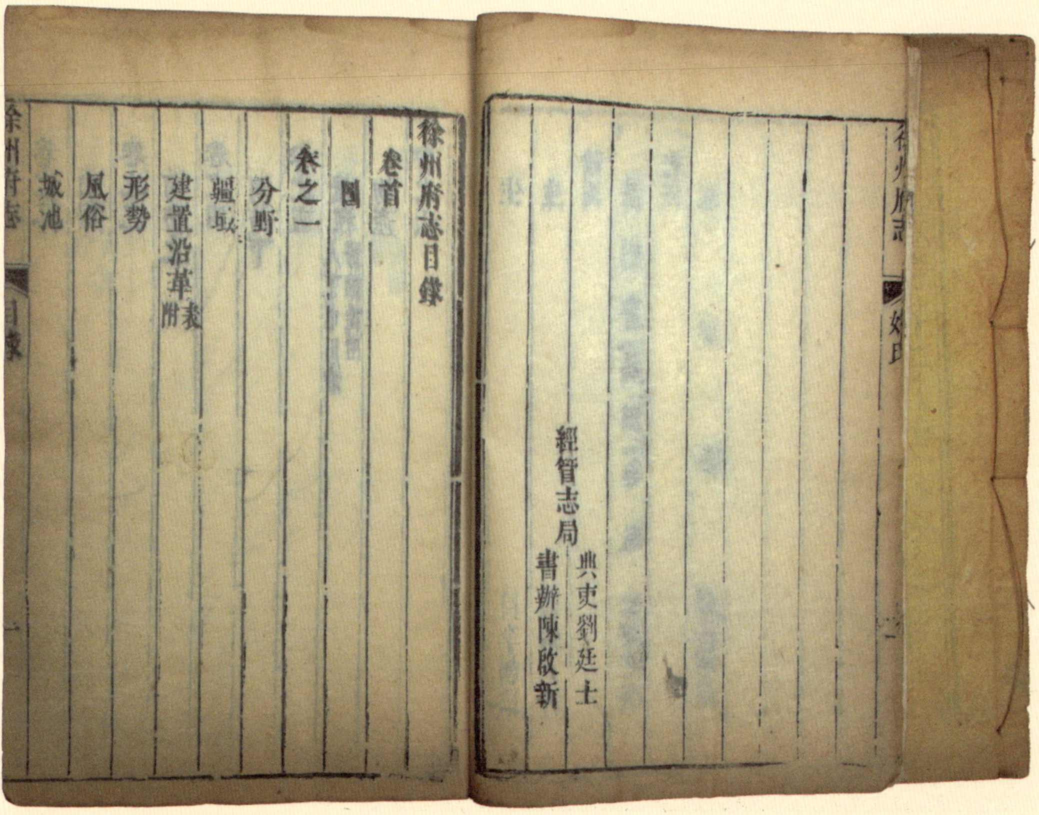


清乾隆本《徐州府志》目录

修于五十二年，丰志修于四十七年，邳志修于三十二年，宿志、萧志修于二十二年，而沛、砀则本朝未之举行。前明遗版，字迹漶漫，几不可识。且邳、宿、睢向列淮志中，自雍正二年，改邳为直隶，辖宿、睢，既为淮志所不收，而邳又无专志，一切文卷委之波臣。询以近年牧令，并不能举其姓氏爵里，更数十年后不且荡然一无所存乎？徐之境南北三百里，东西五百里，黄河贯其中，铜、萧、砀、睢介河之南，丰、沛、邳、宿介河之北，而运河又介邳、宿之间，更有昭阳、微山、骆马诸湖环列左右，所关国计民生甚巨且重。是以险工林立，丞倅佐杂，半皆河员，自春徂秋，修防不辍。河性变迁不常，数年之内，形势顿殊，有昔平而今险者，有昔急而今缓者，苟非条分而缕析之，后之治河者将何所考焉！夫当此灾祲频仍之后，竭蹶不遑，而徐志又势难再缓，倘膜置而不加纂辑，文献无证，信从奚自？则余罪滋甚。於是延虞山侍御王公主其事，相与考古证今，削疑存信，宁严毋滥，宁朴毋华，而于河防一篇，三致意焉。始于庚申之仲春，讫於辛酉之季冬，阅两岁乃告成。成之日，适余奉命量移蜀中，将与徐之诸父老别，乃喟然叹曰：徐古用武之国也，兵革战斗，史不绝书，今天下治安已久，文教聿新，而山川险固，形势具在，铜为陆冲，宿为水冲，六省咽喉，两江锁钥，讵屹然重镇欤！且其俗好勇尚气，秀杰者多倜傥非常之士，而黠骜者亦剽悍而难驯，非礼陶而乐淑之，其何以进于道？幸俗敦俭朴，不事华靡，时和谷登，不过三四年，元气可复，而余三余九之风不难再觏，然后教以廉让，泽以诗书，养其秀杰而化其剽悍难驯之气，施礼乐于足民之后，是所望于后之守兹土者。

乾隆七年仲春下浣，赐进士出身中宪大夫知徐州府事，今升四川按察使司副使分巡建昌道桐川石杰序。

清乾隆本《徐州府志》八属总图

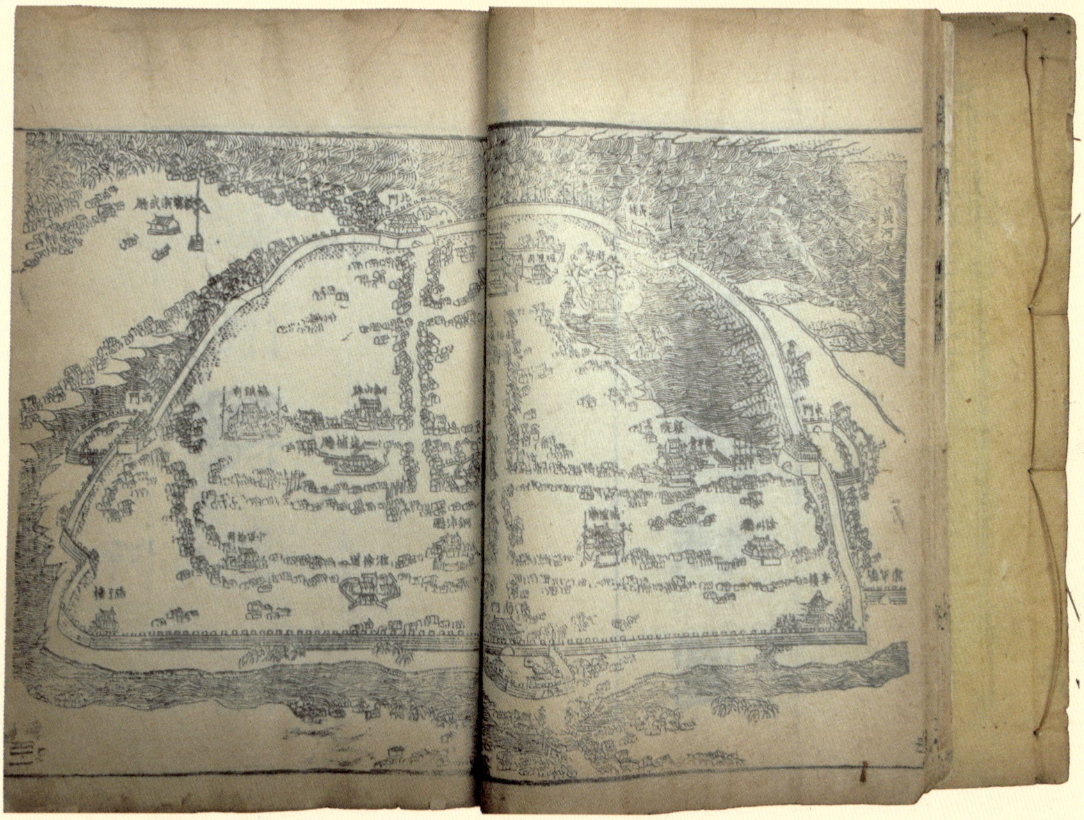

清乾隆本《徐州府志》徐州府城图

# 清道光本《铜山县志》

**保管单位：**徐州市铜山区档案馆

**内容及评价：**

清道光十年（1830）铜山知县崔志元主修、左泉金主纂的《铜山县志》是上承乾隆本《铜山县志》之后的又一部铜山县地方志书，共24卷，木刻本，白口，单鱼尾上署“铜山县志”，下署卷次、卷目和卷内页次。该志资料翔实，刻工精细，详细介绍和记录了铜山县自然、历史、文化和民俗等方面的情况，并附有四境图、县城图、学宫图、街道图等共计21幅，对研究铜山县历史文化具有重要参考价值。

清道光本《铜山县志》（单本17cm×27cm）

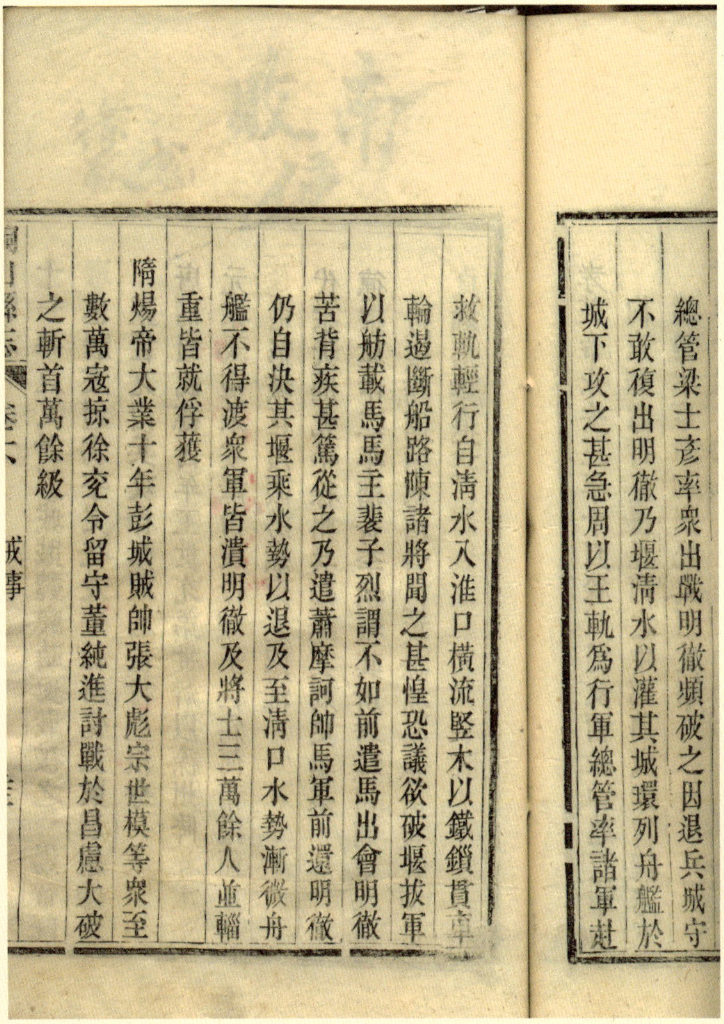

總管梁士彥率衆出戰明徹頻破之因退兵城守不敢復出明徹乃堰清水以灌其城環列舟艦於城下攻之甚急周以王軌爲行軍總管率諸軍赴救軌輕行自清水入淮口横流竪木以鐵鎖貫車輪遏斷船路陳諸將聞之甚惶恐議欲破堰拔軍以舫載馬馬主裴子烈謂不如前遣馬出會明徹苦背疾甚篤從之乃遣蕭摩訶帥馬軍前還明徹仍自決其堰乘水勢以退及至清口水勢漸微舟艦不得渡衆軍皆潰明徹及將士三萬餘人並輜重皆就俘獲

隋煬帝大業十年彭城賊帥張大彪宗世模等衆至數萬寇掠徐兗令留守董純進討戰於昌慮大破之斬首萬餘級

清道光本《铜山县志》节选

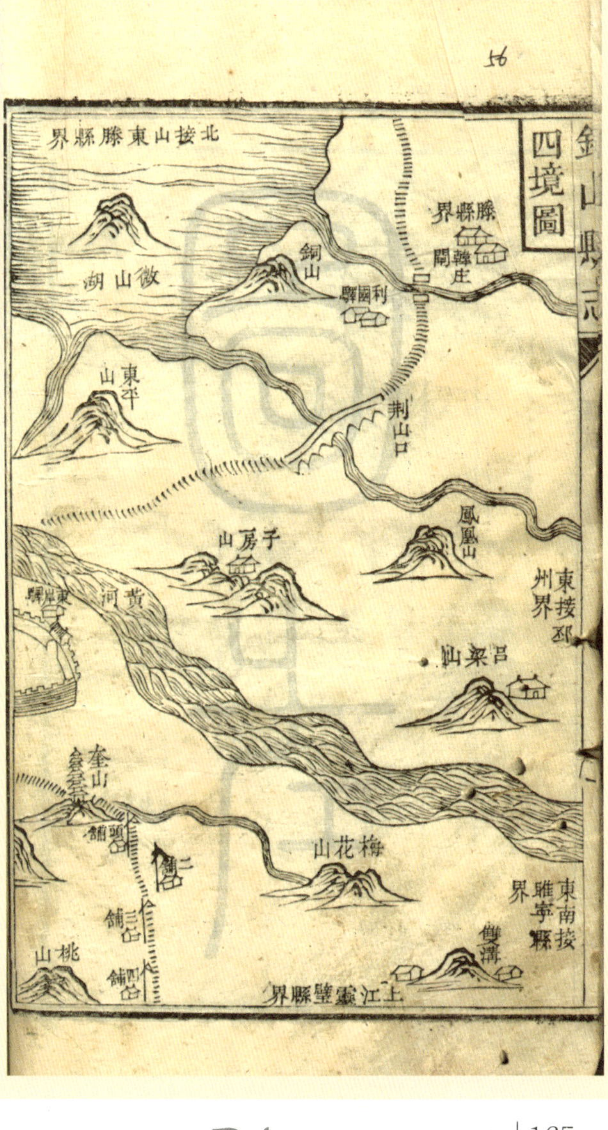


清道光本《铜山县志》四境图

# 清咸丰本《邳州志》

**保管单位：**邳州市档案馆

**内容及评价：**

清咸丰本《邳州志》，咸丰元年（1851）董用威、马铁群主修，鲁一同主纂。全书分20卷，木刻本，版刻清楚，双栏，白口，单鱼尾上署“邳州志”，下署卷次与卷内页次。清咸丰本《邳州志》取材考证审慎严谨，语言行文简洁流畅，曾国藩赞誉称“近日志书最佳者”，朱士嘉谓其“志家新派中一巨子”。该志作为当时声震全国的一部地方志书，详细记述了邳州一方之全史，对研究邳州历史文化具有重要参考价值。

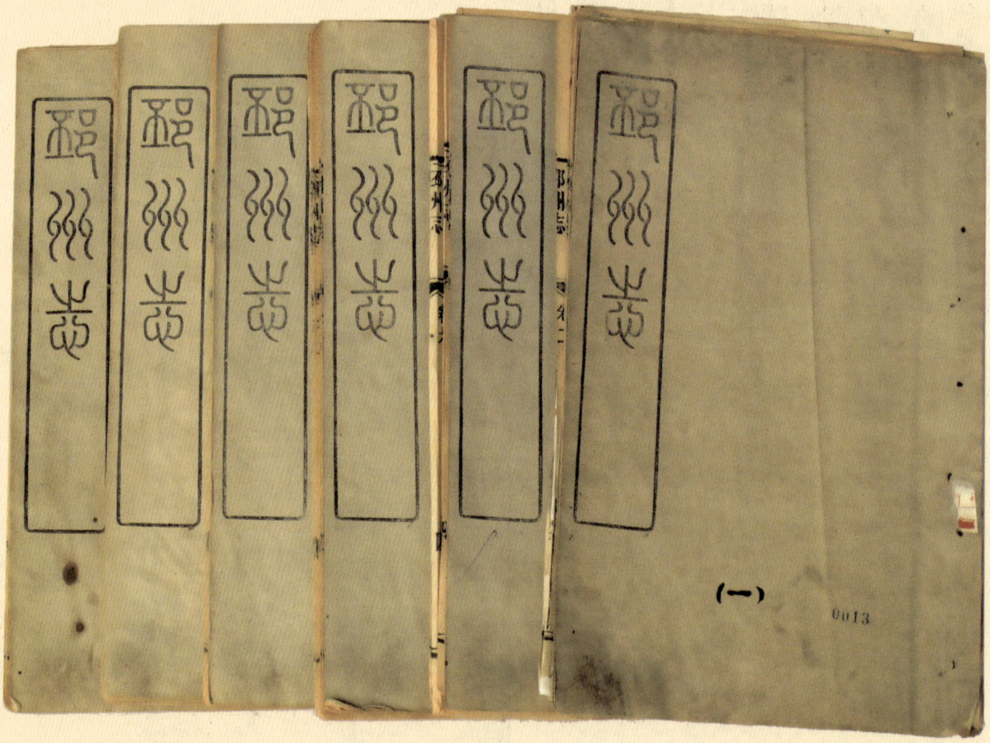


清咸丰本《邳州志》（单本18cm×28cm）

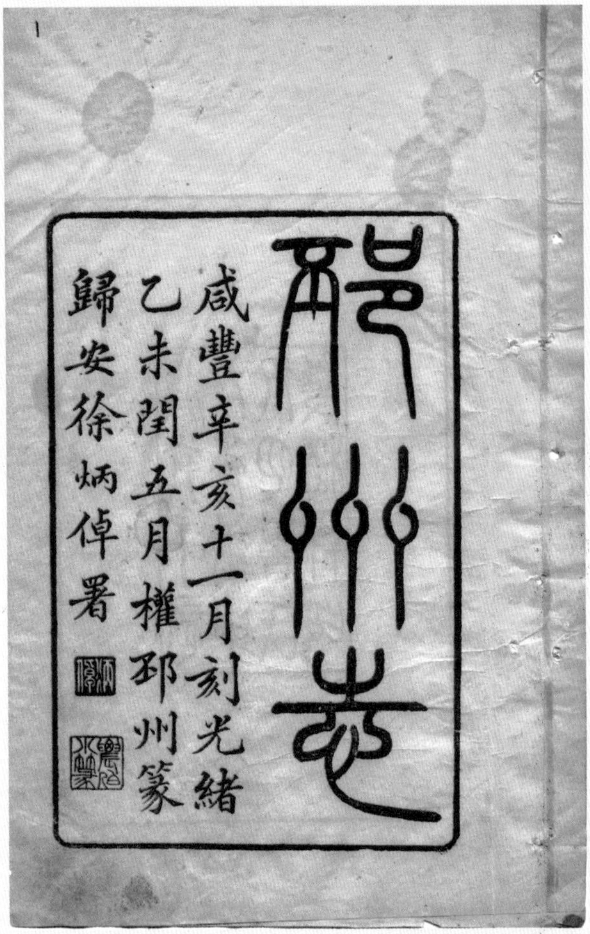

邳州志

咸豐辛亥十一月刻光緒

乙未閏五月權邳州篆

歸安徐炳倬署

清咸丰本《邳州志》扉页

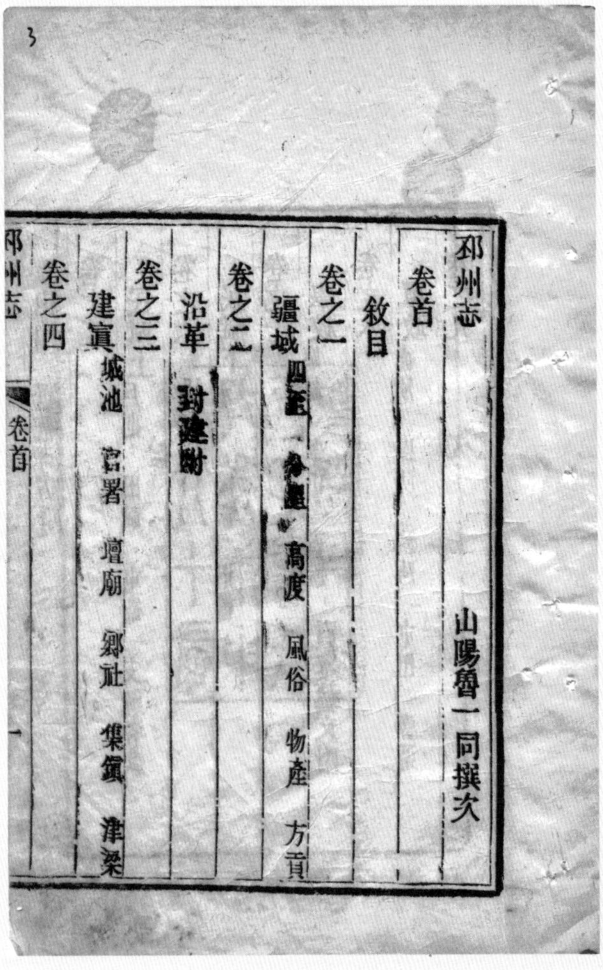

邳州志

卷首　山陽魯一同撰次

敘目

卷之一

疆域 四至 分野　高度　風俗　物產　方貢

卷之二

沿革 封建附

卷之三

建置　城池　官署　壇廟　鄉社　集鎮　津梁

卷之四

邳州志　卷首

清咸丰本《邳州志》目录

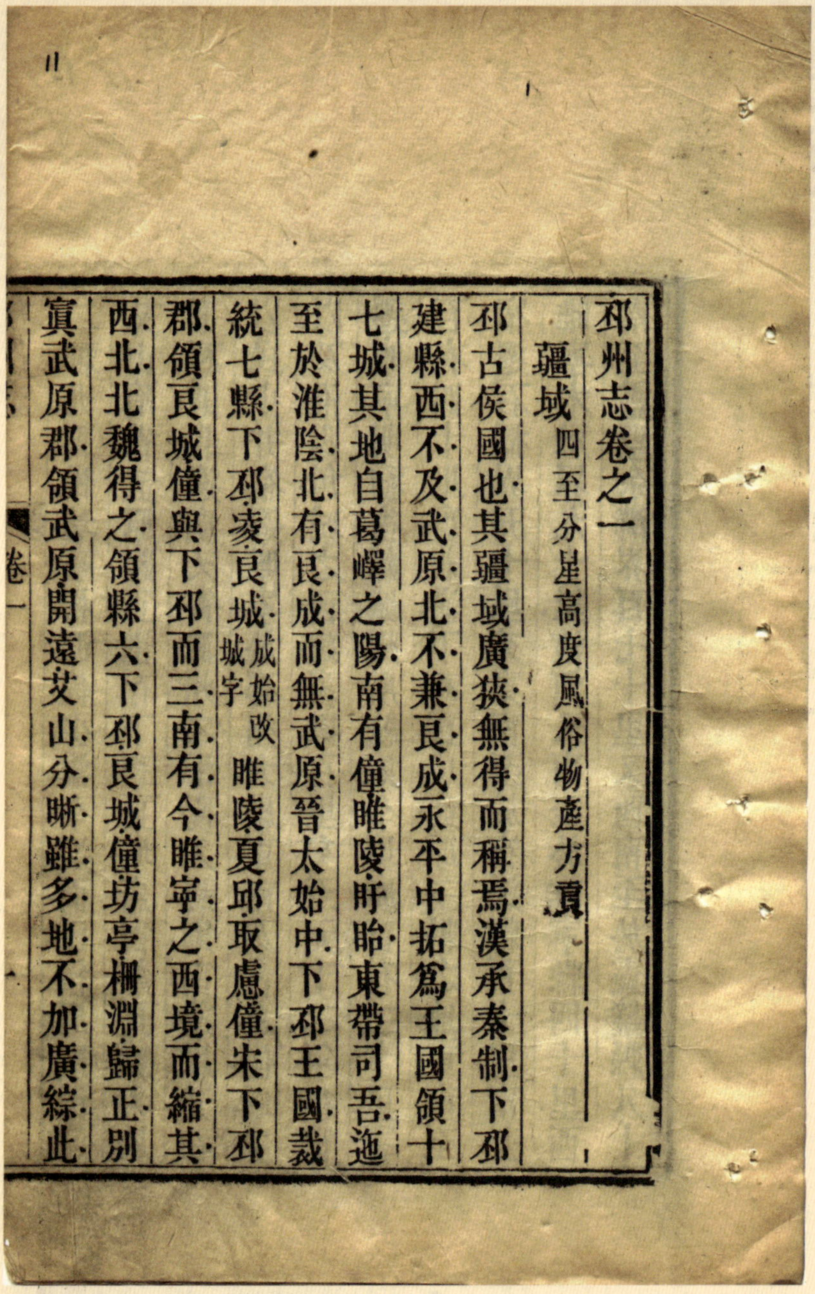

邳州志卷之一

疆域 四至分星高度風俗物產方貢

邳古侯國也其疆域廣狹無得而稱焉漢承秦制下邳建縣西不及武原北不兼良成永平中拓爲王國領十七城其地自葛嶧之陽南有僮睢陵盱眙東帶司吾淩至於淮陰北有良成而無武原晉太始中下邳王國裁統七縣下邳夌良城（良成始改城字）睢陵夏邱取慮僮宋下邳郡領良城僮與下邳而三南有今睢寧之西境而縮其西北北魏得之領縣六下邳良城僮坊亭柵淵歸正別寘武原郡領武原開遠艾山分晰雖多地不加廣綜此

邳州志 卷一

清咸丰本《邳州志》节选

# 《徐州游览指南》

**保管单位：**徐州市档案馆

**内容及评价：**

1923年春，江苏省教育年会在徐州召开。铜山教育会戴恩普首编《徐州旅游指南》，由铜山县教育会和铜山县教育局发行，为游徐州者提供食宿游乐各种信息。该书共计78页，包括铜山县城全图，铜山县城区图，徐州风景照片，徐州城乡及各县名胜古迹介绍，徐州市游览路线，公路、铁路车次、价目和食宿游乐等内容。

2012年，百岁老人张绍堂将此书捐赠给徐州市档案馆。1923年版《徐州游览指南》是近代徐州出版最早的旅游指南书籍，涵盖当时徐州政治、经济、文化、军事等诸多方面的内容，对于研究民国时期徐州历史文化具有重要的参考价值。

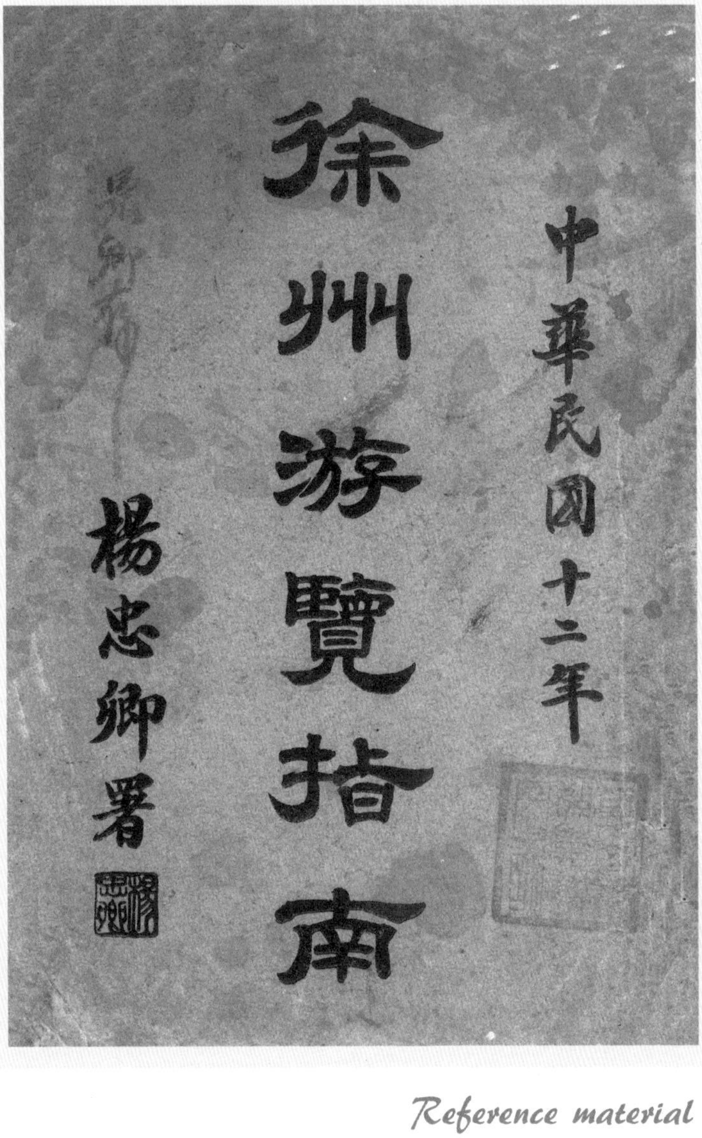


《徐州游览指南》（15cm×23cm）

## 全选（节选）：

### 徐州游览指南编辑大意

本书专供游览者徐州之用，故于名胜古迹一类除在铜山县境者择要采入外，其在旧属各县者亦间载入，以便游览。

本书所附铜山城市全图系最近所测绘者，铜山县全图十八市乡界线清晰。阅者欲至其处不难接图而索。

本书所载各机关及各种事业，悉择其重要者刊载，其他无甚关系者未列入。

本书所载各项价目多系约数，临时或有涨落，要在因时制宜，且徐州物价以钱码计者甚多，尤不可拘泥。

本书所附火车时刻表津，浦路系临城变后所改订者，陇海路系东段未完竣时暂行者，以后或有变更当随时注意。

本书末附余渖一项，系采取往昔徐州之遗闻散见于稗史小说饶有趣味者，专列一门借增阅者之兴味。

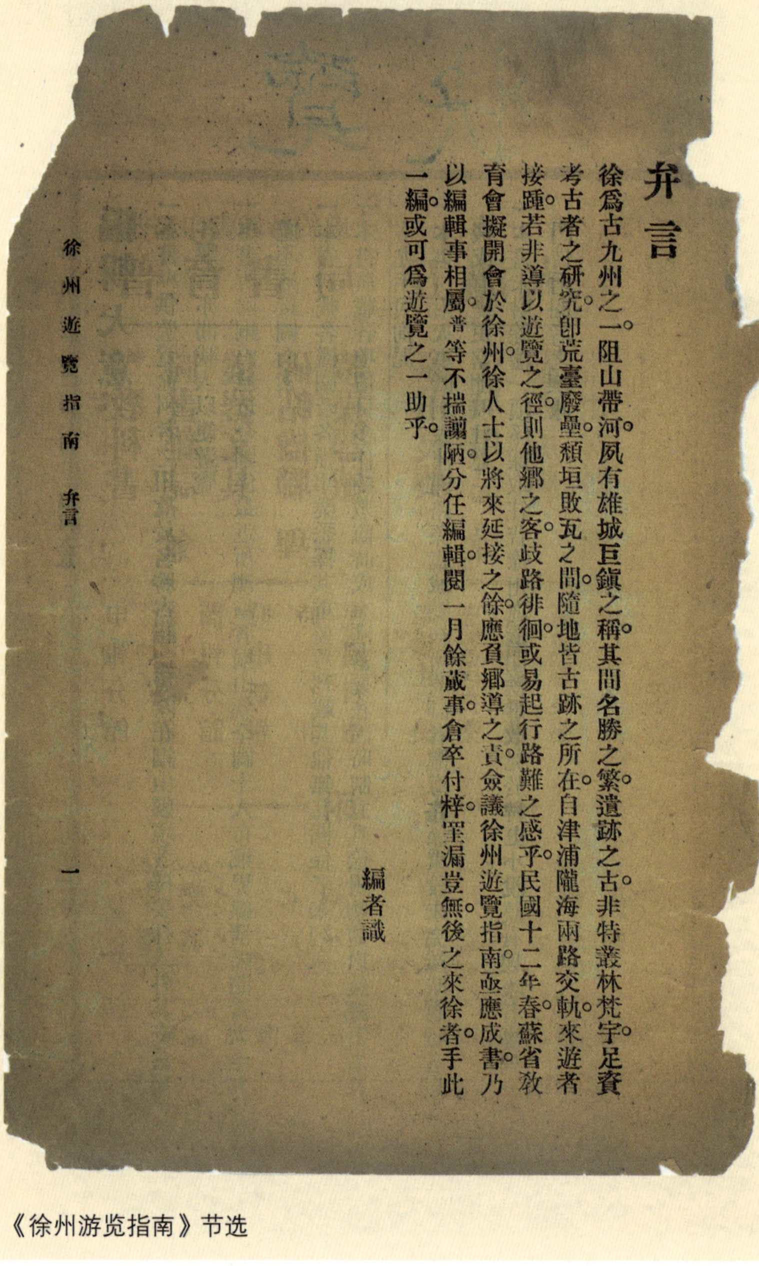

弁言

徐爲古九州之一。阻山帶河。夙有雄城巨鎮之稱。其間名勝之繁。遺跡之古。非特叢林梵宇足資考古者之研究。即荒臺廢壘頹垣敗瓦之間。隨地皆古跡之所在。自津浦隴海兩路交軌。來遊者接踵。若非導以遊覽之徑。則他鄉之客。歧路徘徊。或易起行路難之感乎。民國十二年春。蘇省教育會擬開會於徐州。徐人士以將來延接之餘。應負鄉導之責。僉議徐州遊覽指南。亟應成書。乃以編輯事相屬。普等不揣譾陋。分任編輯。閱一月餘蕆事。倉卒付梓。罣漏豈無。後之來徐者。手此一編。或可爲遊覽之一助乎。

編者識

徐州遊覽指南　弁言　一

《徐州游览指南》节选

#### 弁　言

徐为古九州之一。阻山带河，夙有雄城巨镇之称。其间名胜之繁，遗迹之古，非特丛林梵宇，足资考古者之研究。即荒台废垒、颓垣败瓦之间，随地皆古迹之所在。自津浦陇海两路交轨，来游者接踵。若非导以游览之径，则他乡之客，歧路徘徊，或易起行路难之感乎。民国十二年春，苏省教育会拟开会于徐州。徐人士以将来延接之余，应负乡道之责。佥议徐州游览指南，亟应成书。乃以编辑事相属。普等不揣谫陋，分任编辑，阅一月余蒇事。仓卒付梓，挂漏岂无？后之来徐者，手此一编。或可为游览之一助乎。

编者识

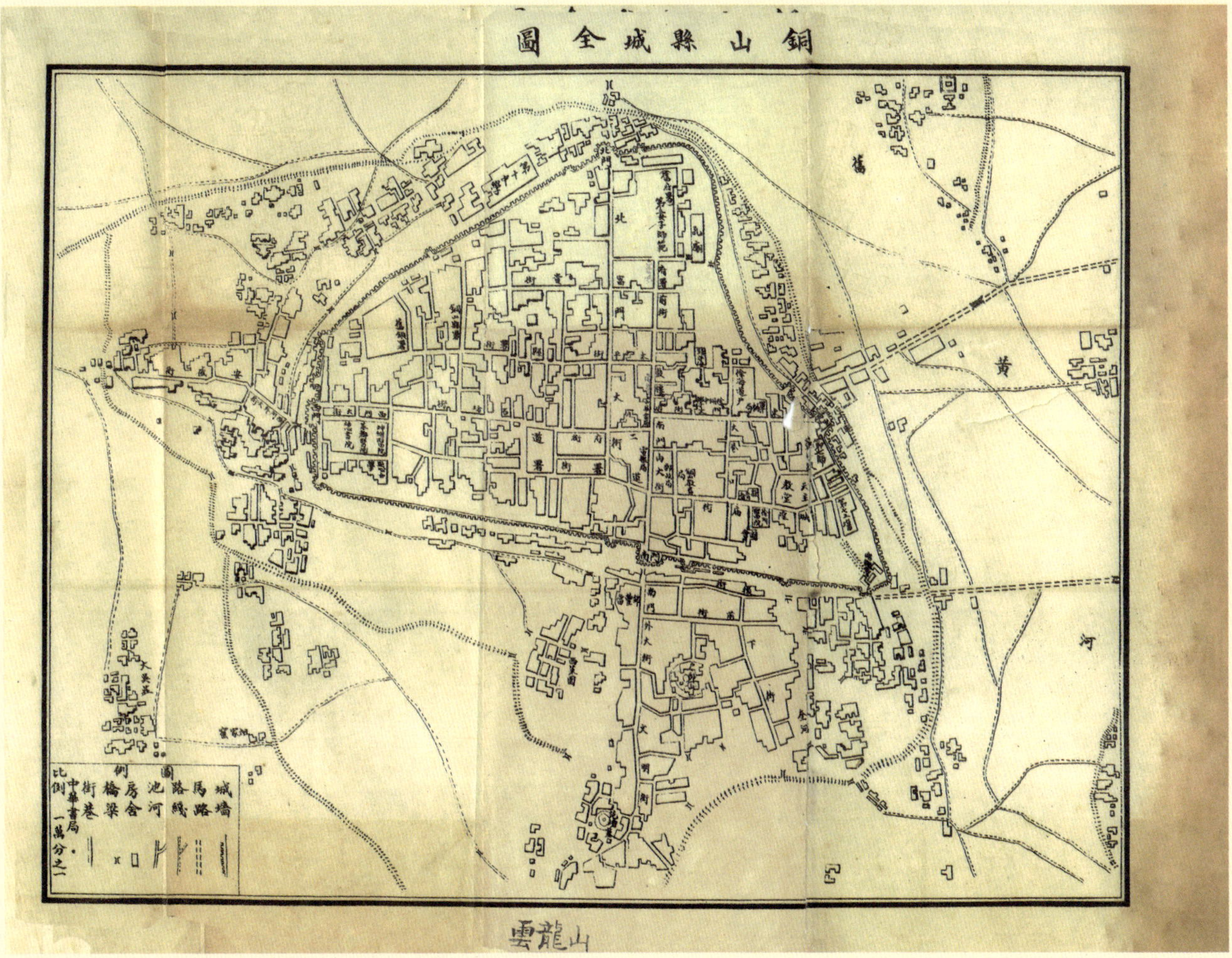


《徐州游览指南》铜山县城全图

徐州風景
其一
黃樓
雲龍山
戲馬臺
范增墓

徐州風景
其二
快哉亭
魁星閣
燕子樓
子房山

《徐州游览指南》徐州风景

中華民國九年六月

# 徐州中外名人演講集

书报典籍

銅山縣勸學所
教育會輯印

# 《徐州诗征》

**保管单位：**徐州市档案馆

**内容及评价：**

《徐州诗征》是徐州第一部诗歌总集，清徐州知府桂中行主编，始编于光绪十三年（1887），光绪十六年（1890）成稿，光绪十七年（1891）刊成行世。《徐州诗征》凡8卷，为木刻本，卷首冠桂中行序文一则。收录范围以是否徐州籍人为取舍，时限上起明末，下迄清光绪年间（1875~1908），诗集以人为单位，总计辑录254位诗人作品，每辑录一人之作品，必于其端冠以小传，略序字号，科班出身，生平事迹和著作成就。

《徐州诗征》是对徐州地区诗歌创作的一次大征集，许多作品精华以及作者简历赖以传世，不仅对保存文献起到巨大作用，更具有重要的史料研究价值。

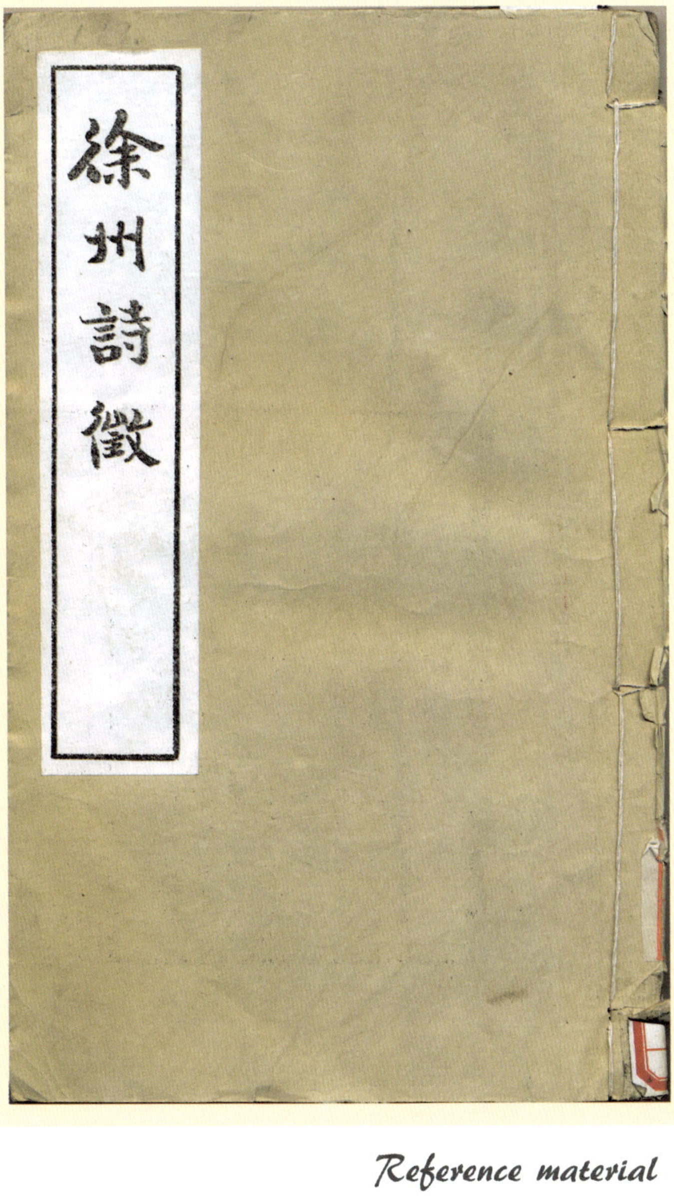


《徐州诗征》（16cm×25cm）

## 全文（节选）：

### 序

《小戴记·王制篇》：“大师陈诗，以观民风。”季札之观乐也，且知其国之兴替。故《汉·艺文志》亦云：“古有采诗之官，王者所以观风俗，知得失，自考正也。”盖民隐之舒郁，俗尚之良窳，政教之窊隆善败，惟诗足以纪之。诗亦守土者所有事哉！中行不敏，再治徐七岁矣，惧无以道民成俗也，乃陈徐之诗，观之。上溯有明，逮及並世，其宣民隐、章俗尚、敷政教也，十尝七八焉。舒郁、良窳、窊隆、善败之迹，油然有会于心。善者有所感，而不善者有所讽也。其他之留连景物、藻雪衿抱者，十亦二三焉。虽若无与于政教耶，然民隐俗尚之所系，犹于是得其倪。徐之父老子弟，其感且讽，必有比于中行者，则亦恶可以已也。第而录之，得诗八卷，作者若而人。乌乎盛矣！

古之治《诗》者三家，独韩婴产燕，于徐邈不相属。若申公之鲁，后苍、辕固之齐，并迩徐，其所渐既深远。汉《大风》一歌且为百世风诗之祖，采诗于徐自其所也。然炎刘而降，代不数人，其诗传者绝鲜，将治诗者或颛或否与？抑亦采风之职废，颛门孤诣泯焉汩焉，无以大禒于世，以致然与？是编所录，俯仰三百年，而治诗之盛如是，则昔之自汉而明，其湮郁无传者，且什百于是，是编不尤汲汲与！经始于丁亥迄庚寅而寿之木。左之甄采者，吴王教授亦曾、金坛冯编修煦、宿迁陈孝廉环、铜山王训导凤池也。中行抑闻之“诗含神雾”，曰“诗者持也，在于敦厚之教，自持其心。”郑康成氏曰：“诗者承也，政善则下民承而赞咏之，政恶则讽刺之。”由前之说，可以诏徐之父老子弟；由后之说，则又后之继中行治徐者所当交勉也。

光绪辛卯春三月，临川桂中行。

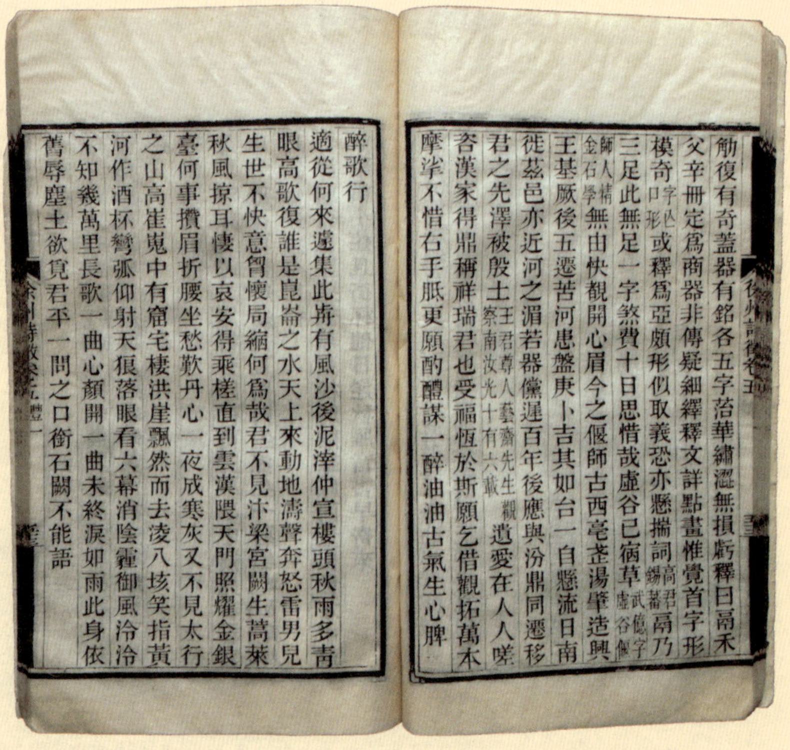
觵復有奇蓋器有銘各五字箬華繡澀無損虧釋曰鬲禾
父辛冊定爲商器非傳疑細繹釋文詳點畫惟覺首字形
模奇字亾口形或釋爲亞頗形似取義恐亦懸揣詞高君錫蕃鬲乃
三足此無足一字煞費十日思惜哉虛谷已宿草武億字虛谷偃
師人精金石學無由快覩開心眉今之偃師古西亳苤湯肇造興
王基厥後五遷苦河患盤庚卜吉其如台一自懸流日南
徙茲邑亦近河之湄若器儻遲百年後應與汾鼎同遷移
君之先澤被殷土王君尊人藝齋先生觀察南汝光十有六載遺愛在人人嗟
咨漢家得鼎稱祥瑞君也受福恆於斯願乞借觀拓萬本
摩挲不惜右手胝更願酌醴謀一醉油油古氣生心脾

醉歌行
適從何來遠集此弄有風沙後泥滓仲宣樓頭秋雨多青
眼高歌復誰是崑崙之水天上來動地濤聲奔怒雷男兒
生世不快意胸懷局縮何爲哉君不見汴梁宮闕生蒿萊
秋風掠耳悽以哀安得乘槎直到雲漢闚天門照耀金銀
臺何事攢眉折腰坐愁歎丹心一夜成寒灰又不見太行
之山高崔嵬中有窟宅棲洪崖飄然而去凌八垓笑指黃
河作酒杯彎弧仰射天狼落眼看六幕消陰霾御風泠泠
不知幾萬里長歌一曲心顏開一曲未終淚如雨此身依
舊辱塵土欲覓君平一問之口銜石闕不能語

《徐州诗征》（16cm × 25cm）

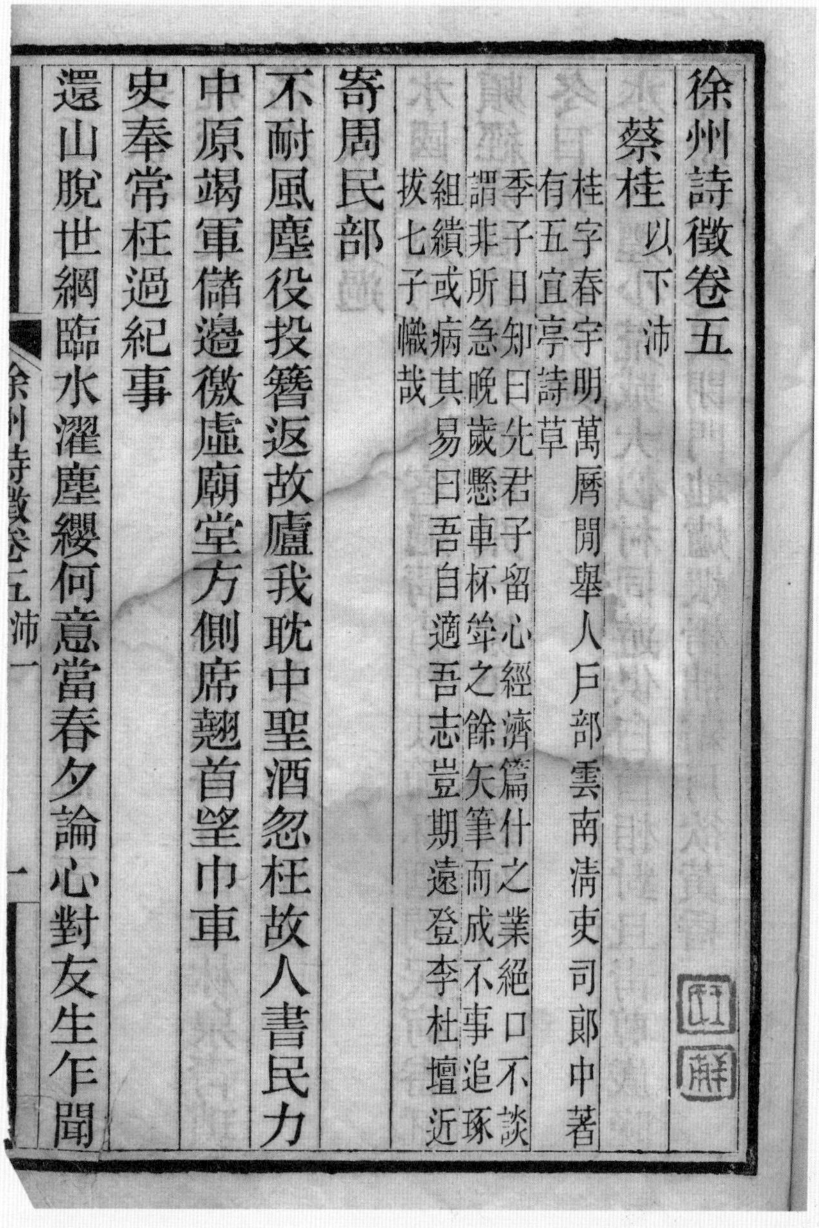

徐州詩徵卷五

蔡桂 以下沛

桂字春宇明萬曆間舉人戸部雲南清吏司郎中著有五宜亭詩草

季子日知曰先君子留心經濟篇什之業絕口不談謂非所急晚歲懸車杯斝之餘矢筆而成不事追琢組繢或病其易曰吾自適吾志豈期遠登李杜壇近拔七子幟哉

寄周民部

不耐風塵役投簪返故廬我耽中聖酒忽枉故人書民力中原竭軍儲邊徼虛廟堂方側席翹首望巾車

史奉常枉過紀事

還山脫世網臨水濯塵纓何意當春夕論心對友生乍聞

徐州詩徵卷五沛 一

《徐州诗征》节选

# 《徐州中外名人演讲集》

**保管单位：**沛县档案馆

**内容及评价：**

1919年，应北京大学教授蒋梦麟等人邀请，美国著名教育家杜威博士来华讲学。在此后的两年多的时间里，杜威先后在北京、南京、杭州、上海、广州等十几个省市作了200余场讲演，受到国内各界广泛关注和好评。1920年5月，铜山县劝学所所长杨懋卿、教育会长刘虚舟等人联名上书徐海道尹程道存，建议举办徐州中外名人讲演大会，邀请杜威博士和黄炎培等著名教育家来徐州讲演。在获得程道存批准后，杨懋卿等人立即着手筹备讲演大会事宜。同年6月17日至23日，徐州中外名人讲演大会在石牌坊街基督教会大礼堂举行，杜威、黄炎培等6位中外知名教育家作了精彩的讲演，徐州所属八县和安徽、河南、山东等地均有听众前来，演讲会第一天的听众达1500余人，可容纳千人的大礼堂座无虚席。

该册《徐州中外名人演讲集》为铜山县劝学所和铜山县教育会辑印，上海国光书局承印，共108页。徐海道尹程道存作序，收录了杜威、刘伯明、陈鹤琴、张默君、黄炎培和王伯秋等6位教育家的讲演文章14篇。讲演内容涉及教育新趋势、新文化运动意义、大战后欧美女子教育、青年修养、职业教育、公民教育等多个方面，对研究民国时期学生教育、国民教育的变革和发展具有重要参考价值。

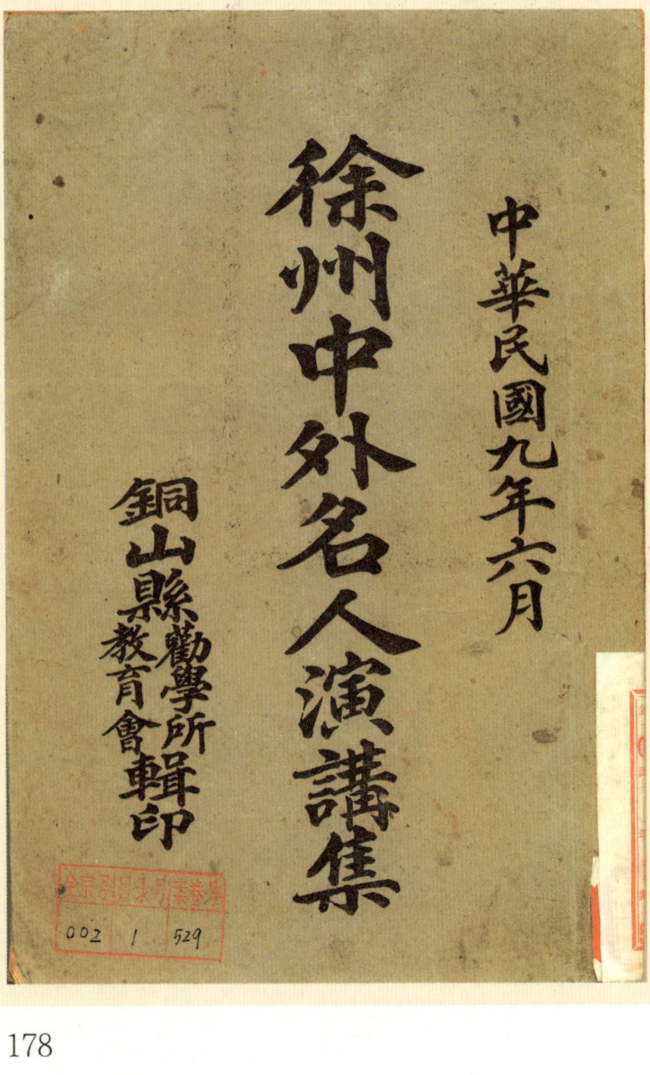


《中外名人演讲集》
（15cm×23cm）

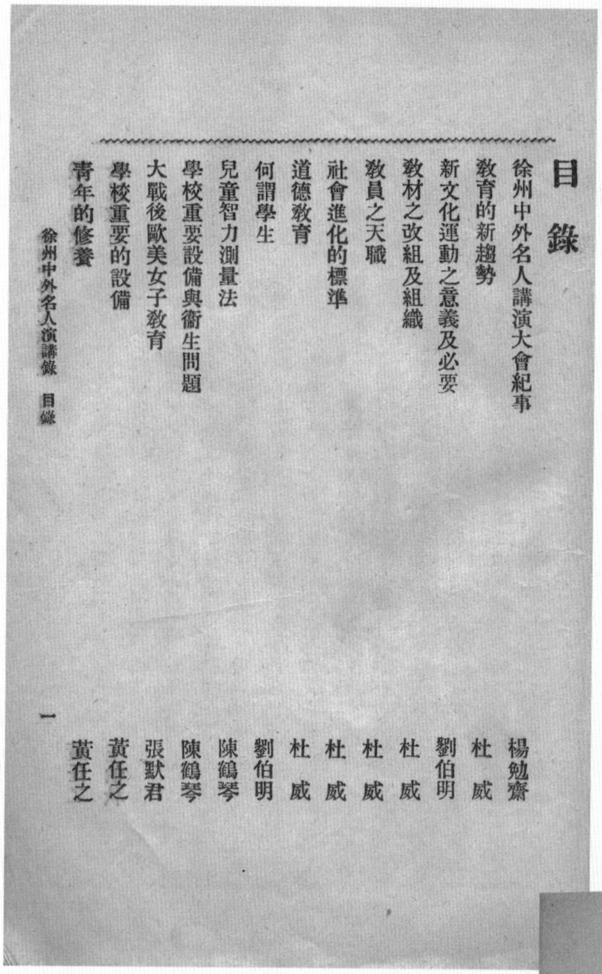

目錄



徐州中外名人演講錄 目錄 一

《中外名人演讲集》目录

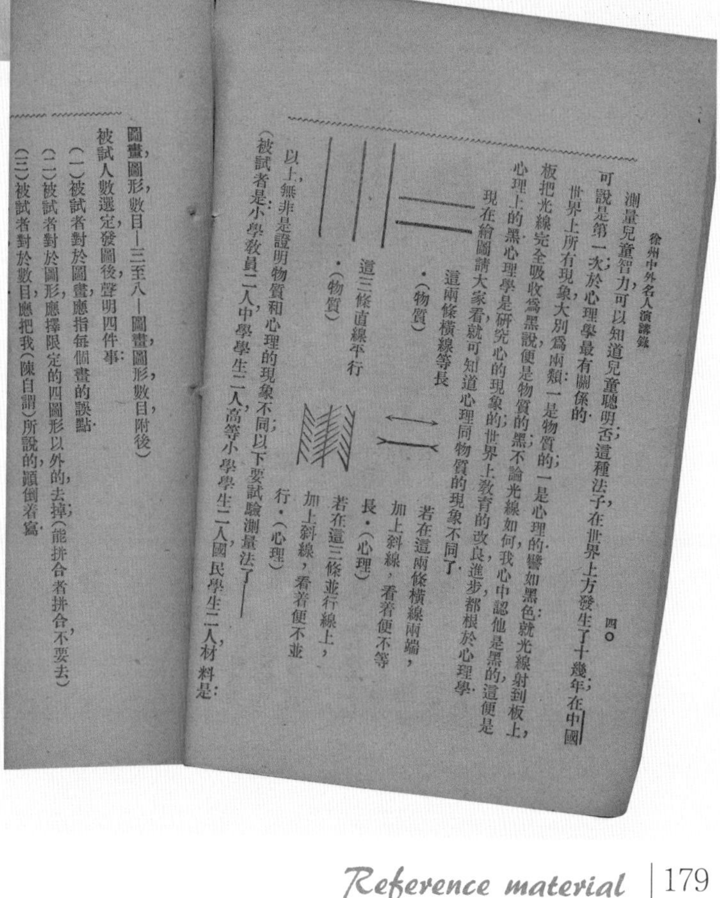

徐州中外名人演講錄 四〇

測量兒童智力可以知道兒童聰明否;這種法子在世界上方發生了十幾年在中國可說是第一次;於心理學最有關係的世界上所有現象大別爲兩類:一是物質的,一是心理的譬如黑色就光線射到板上板把光線完全吸收爲黑說便是物質的黑;不論光線如何,我心中認他是黑的這便是心理上的黑心理學是研究心的現象的;世界上教育的改良進步都根於心理學現在給圖請大家看就可知道心理同物質的現象不同了

這兩條橫線等長·(物質) 若在這兩條橫線兩端,加上斜線,看着便不等長·(心理)

這三條直線平行·(物質) 若在這三條並行線上,加上斜線,看着便不並行·(心理)

以上,無非是證明物質和心理的現象不同;以下要試驗測量法了——

(被試者是小學教員二人,中學學生二人,高等小學學生二人國民學生二人材料是:圖畫,圖形,數目—三至八—圖畫圖形數目附後)

被試人數選定發圖後,聲明四件事

(一)被試者對於圖畫應指每個畫的缺點

(二)被試者對於圖形,應擇限定的四圖形以外的,去掉;(能拼合者拼合,不要去)

(三)被試者對於數目,應把我(陳自謂)所說的顛倒着寫

《中外名人演讲集》节选(15cm×23cm)

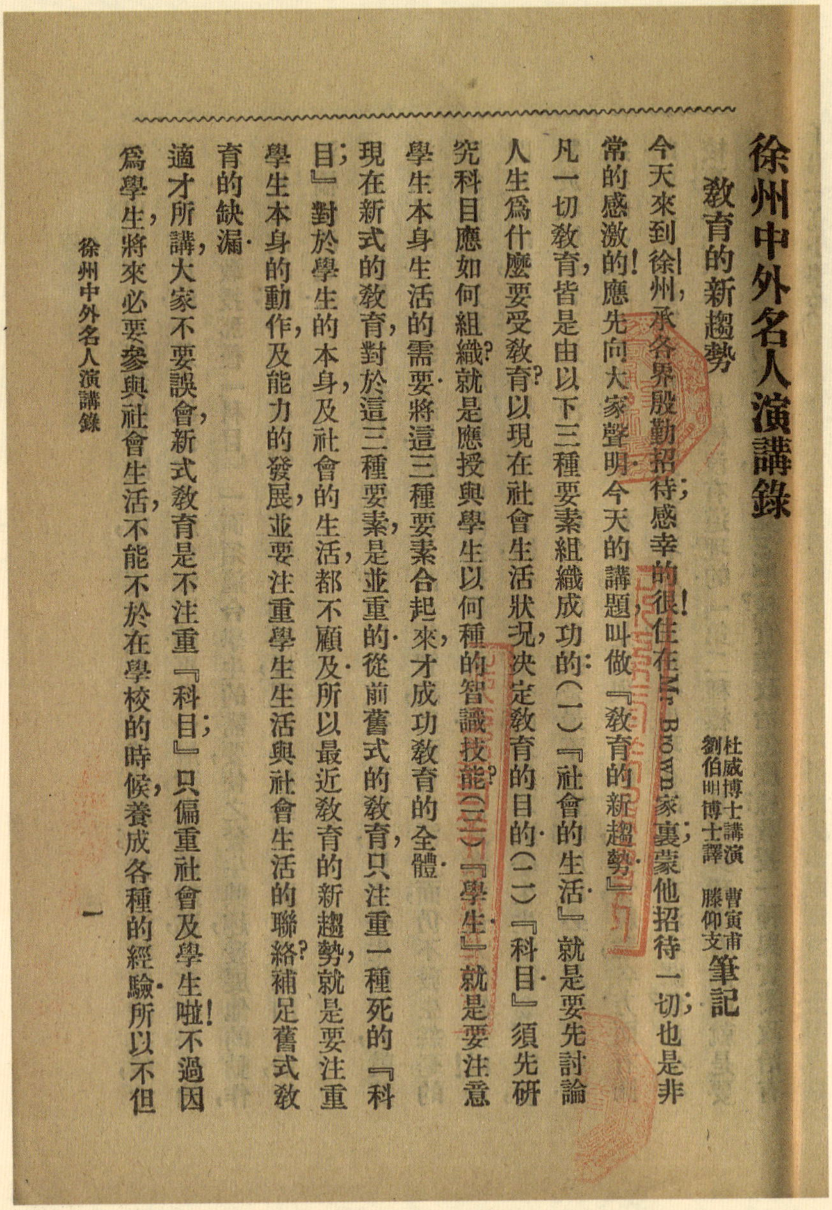

徐州中外名人演講錄

教育的新趨勢

杜威博士講演 劉伯明博士譯 曹寅甫 滕仰支筆記

今天來到徐州，承各界殷勤招待；感幸的很！住在Mr Brown家裏；蒙他招待一切；也是非常的感激的！應先向大家聲明，今天的講題叫做『教育的新趨勢』。

凡一切教育皆是由以下三種要素組織成功的：(一)『社會的生活』就是要先討論人生爲什麼要受教育？以現在社會生活狀況，決定教育的目的。(二)『科目』須先研究科目應如何組織？就是應授與學生以何種的智識技能？(三)『學生』就是要注意學生本身生活的需要。將這三種要素合起來，才成功教育的全體。

現在新式的教育，對於這三種要素，是並重的。從前舊式的教育只注重一種死的『科目』；對於學生的本身及社會的生活，都不顧及。所以最近教育的新趨勢，就是要注重學生本身的動作，及能力的發展，並要注重學生生活與社會生活的聯絡，補足舊式教育的缺漏。

適才所講大家不要誤會新式教育是不注重『科目』；只偏重社會及學生啦！不過因爲學生將來必要參與社會生活，不能不於在學校的時候，養成各種的經驗，所以不但

徐州中外名人演講錄 一

1919年6月，美国杜威博士来徐参加中外名人讲演大会，作题为《教育的新趋势》等演讲。

## 全文（节选）：

### 教育的新趋势

杜威博士讲演 刘伯明博士译 曹寅甫、滕仰支笔记

今天来到徐州，承各界殷勤招待；感幸的〔得〕很！住在Mr Brown家里；蒙他招待一切；也是非常的感激的！应先向大家声明，今天的讲题叫做“教育的新趋势”。

凡一切教育，皆是由以下三种要素组织成功的：（一）“社会的生活”，就是要先讨论人生为什么要受教育？以现在社会生活状况，决定教育的目的。（二）“科目”，须先研究科目应如何组织？就是

应授与学生以何种的智识技能？（三）“学生”，就是要注意学生本身生活的需要。将这三种要素合起来，才成功〔为〕教育的全体。

现在新式的教育，对于这三种要素，是并重的。从前旧式的教育，只注重一种死的“科目”；对于学生的本身，及社会的生活，都不顾及。所以最近教育的新趋势，就是要注重学生本身的动作，及能力的发展，并要注重学生生活与社会生活的联络？补足旧式教育的缺漏。

适才所讲，大家不要误会，新式教育是不注重“科目”；只偏重社会及学生啦！不过因为学生，将来必要参与社会生活，不能不于在学校的时候，养成各种的经验。所以不但要教以亲切而有兴趣的智识技能，还要与社会生活连接起来；然后这种智识技能，才是一种有用的，不是空泛孤立与社会无关的。在〔再〕进一层说，教育的起点，注重在学生的本身。无论教授那种“科目”，一面须适合学生的需要，使之发生兴趣，发展他的动作，助长他的经验；一面要拿“科目”当作一个桥梁，现在学校与将来社会相离的生活，借这桥梁渡过去。

旧教育的缺点，在以“科目”当作“目的”。以为教授一种科目，只要学生能领会，就算达到目的了。所以到了结果，虽是得了许多的智识，与社会生活方面，仍不发生丝毫的关系，这是不知拿“科目”作中间连接器具的原因。就是旧式教育最大的缺欠啦！世间可读的书，很多；小学校可教的智识，也是很不少的；若是不顾学生生活需要不需要，对于环境适合不适合，漫然行一种无目的教授，是最不合宜的；所以必要加一番选择。选择的“标准”，有两种：“第一种标准”，是须与学生的生活，动作，经验，各方面有关的。就是要先研究这种智识，究竟用着用不着？与学生现在的生活，有没有关系？如小学校里，教“阴阳五行”，是极没有道理的。“第二种标准”，是须与环境有关的，就是要先研究学校环境的生活状况，究竟怎么样？实业政治怎么样？教授一种与实业政治有关系的知识，然后出世作事，才可以应用。

以上是就正面说的；若就反面论，旧式教育的弊病，是很大的。如教材要是不适于学生的生活，那么就以不需要的原故，不发生关系；因无关系的原故，不发生兴趣；教师行强迫的注入，学生只好勉强记忆；久而久之，将学生养成一种被动的习惯，不愿意自由吸收智识；教材与学生的生活，就分离开了；好比注水器中，水与器有什么关系呢？况且旧式教育，还有一层短处；就是注意“模仿”。专使学生用记忆力，模仿成人的言语行为；就“学之为言效也”一句话，看起来，就可知旧式教育的意义啦！要知学生何以不自用其耳，目，思想，去发明一切，归画〔规划〕一切，甘居被动的地位呢？实因学校太重视教材；以教材为“目的”，不以教材为“手段”；学校设施，又不与学生生活相联络；所以始终无自由发表，自由创作的机会。比如以学生的头脑为空杯，教师的头脑为水池，教授好比作水管，将水池里的水，用水管灌到空杯里去就算了。这样学生，毋得能自动呢？

从前法国人，好吃鹅肉；特用管子，装些食物，灌到鹅肚里去，使之肥胖；至于鹅能消化不能消化，他是不管的。现在教师，只顾教学生多得智识，就将些无用的教材，强行注入，以为非如此不能增长学问，不顾学生天然的需要，不思设法引起动机，使学生有自动的研究兴趣；有时还责备学生不愿读书；这不是与法国人喂鹅的法子一样么？

由此可知学生所以无自动精神的原故，全由于教材不合学生的需要，动作，经验，兴趣，不能发生动机所致。如人饥了渴了，都知思食思饮，因有饮食的需要，所以发生动机。若是不饥不渴，因无饮食的需要，就不发生动机；如此刻强之饮食，反有害处。因教材不合学生的需要，所以学生往往视读书如苦工，容易发生逃学的弊病。教师因要强迫学生读书，遂不得不生出赏罚记功记过的方法，威吓利诱，勉强学生；学生也只得勉强遵行，日日去读那枯寂无兴趣的书本。教师与学生的精神，时间，两不经济；这不是与不饥渴而强饮食的害处一样么？

世人每谓学生喜读书者少，非加以强制不可；这话真是荒谬。譬如植物种子，若是没有病，种在地下，自能吸收地下的水分，在地上的枝叶，自能吸收日光；人若是没有胃病，饥渴自然思饮食；学生读书，也是这样；若是精神健康，没有脑病，没有不喜欢求知识的，小儿学话，进步的〔得〕很快；及到学校里学外国语，则进步很迟；究竟是什么原故呢？因为儿时对于言语很需要，并且觉得很有意思，很有兴趣，出于自动的学习；所以进步的〔得〕很快。对于外国语或外国故事，觉得没有什么需要，与他目前的生活及经验上，都没有什么关系；因不发生兴趣，就认为困难，其进步自然迟缓。所以教授非与生活的状况联络，发生密切的关系是不可的。

比之教地理：天然的气候形势山水等等，与环境生活，本有密切的关系；这种教材，学生当然愿学的，惟教者若仅教以抽象的智识；如只限于地图或课本的教授，则学生以为与他的生活无关，不发生动机；觉得这种教材为无用的，不愿学习。更进一层说，地理本有关于人生，有扩充智识经验范围的价值，并可增长其好奇心。倘不与环境联合，不过徒增死的智识；如只识得某山某水之名，不能解决一切人生自然问题这样的智识，在脑筋中，如佩戴一种徽章；或一种宝物，藏在包裹里一样；是极无价值的。

再比之教数学：这种科目，本是与人生有密切的关系的；未有曾习过度量衡，尚不能解决浅近的斤两问题的。这样的情形，都是由于教师只知以抽象的智识注入，不顾及与日用生活有没有关系。所以这种不合学生生活的智识，是没有用处的，学生决不愿学的。

以上所说：教材与学生的生活，需要，经验，兴趣，以及社会状况。若是分离了，不但学生所学的智识，没有什么实用；习惯下来。〔，〕学生的心理，亦不在乎有实用了；认为在某学校里毕业，差不多像得了一种官衔一样；或脑筋中记得几本书，就算是士君子之流，高出于群众了。像这样的智识，好比一块美玉，佩戴在身上，当作一个装饰品罢了；这不是很坏的事情么？

总括起来说：新教育的教材改组，可分为三层：（一）教师的责任，要指导学生的活动，要满足学生的欲望；使他自行解决一切问题，以主动的方法，代被动的方法。（二）要与学生固有的智识，经验联络，使他自己认为是需要的，才能发生动机，才能有愿学的兴趣。（三）教授学生各种科目，当选择与学生生活及社会生活，有密切的关系的，不要认为是一种美玉徽章，要能解决社会种种问题，终极的目的，当拿他作为一种富强国家的要紧的工具。今天所讲的，是教材改组的大概，有系统的讨论，以待下次罢。

**全文：**

## 青年的修养

黄任之博士讲 滕仰支、郑梦九笔述

今日到会听讲的人，有学生，有教职员；其实教职员来听讲，也是为的学生；就是办这讲演会，也没有不是为学生的。今天趁这有点机会，我供献给学生诸君几句话，权作临别赠言。（因为讲演日期于今日告终）

近年来，新思潮大发达，很受一般学者的欢迎；因为他提倡新的主义，其中最有价值，最宝贵最亲切的一点，就是自从新思潮发达后，个个人脑中，都有研究真理的思想，不肯盲从；能用自己的智识良心，去研究判断，以求真理；可为中国思想界放一线的光明。我们因此，就有两个问题提出来：就是

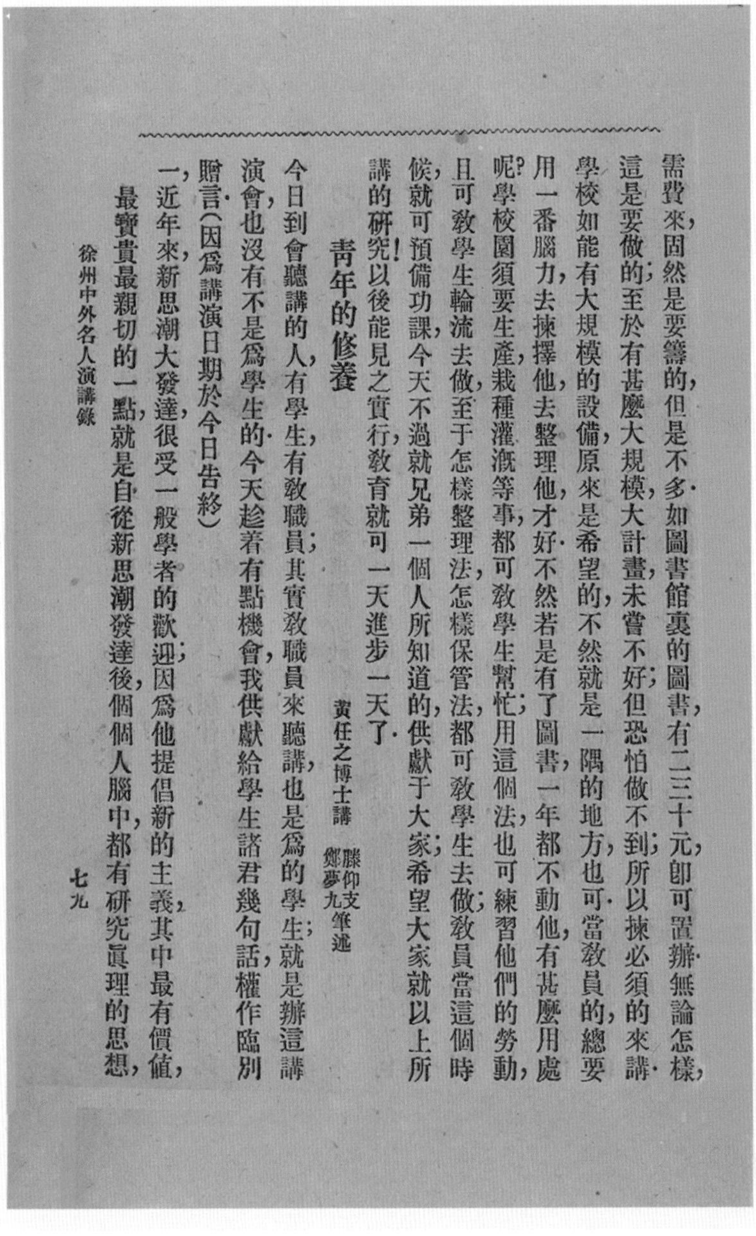
需費來，固然是要籌的，但是不多·如圖書館裏的圖書，有二三十元，卽可置辦·無論怎樣，這是要做的；至於有甚麼大規模大計畫，未嘗不好；但恐怕做不到；所以揀必須的來講·學校如能有大規模的設備，原來是希望的，不然就是一隅的地方，也可·當教員的，總要用一番腦力，去揀擇他，去整理他，才好·不然若是有了圖書，一年都不動他，有甚麼用處呢？學校園須要生產，栽種灌漑等事，都可教學生幫忙；用這個法，也可練習他們的勞動，且可教學生輪流去做，至于怎樣整理法，怎樣保管法，都可教學生去做；教員當這個時候，就可預備功課，今天不過就兄弟一個人所知道的，供獻于大家；希望大家就以上所講的研究！以後能見之實行，教育就可一天進步一天了·

青年的修養

黃任之博士講 滕仰支 鄭夢九筆述

今日到會聽講的人，有學生，有敎職員；其實敎職員來聽講，也是爲的學生；就是辦這講演會，也沒有不是爲學生的·今天趁着有點機會，我供獻給學生諸君幾句話，權作臨別贈言·（因爲講演日期於今日告終）

一，近年來，新思潮大發達，很受一般學者的歡迎；因爲他提倡新的主義，其中最有價値，最寶貴最親切的一點，就是自從新思潮發達後，個個人腦中，都有研究眞理的思想，

徐州中外名人演講錄 七九

1919年6月，黄炎培来徐参加中外名人讲演大会，作题为《青年的修养》等演讲。

"是什么？""为什么？"不论现在过去未来的事，都可以用他来解决；譬如学生先要想一想，什么是学生？为什么做学生？因此一想，自不难了解为学生的道理，乃为学生应做的事。

现在学生可分两派：一派是专门用功学问的学生；一派是专想做社会服务的事，用功学问的学生，只知用功，不问外边事。服务社会的学生，只知做社会服务的事，便不去研究学问。这两派都有点儿不对，因为学问是有用的，倘若置国家於不顾，学有何用？倘若没有真正的学识，如何可以任事？所以蔡子民先生有说的，"爱国不废求学"，"求学不忘爱国"。这两句话，真是至理名言。所以学生一方面，要读书；一方面，要做事；然后有了学心，在〔再〕加以热心，那才可以担当大事。

自从五四运动以来，青年的思想，也发展解放了；因而看时事书的很多，研究科学的很少，而研究理化的更少。书店里边，也是关于时事的书，销售的多，科学的书销售的少。其实救国根本，还是在科学发达；现在我国荒山无人开，荒地无人理，因此国里的实业不发达，国家不富足，其不危险的〔得〕很么？所以想求国富，要振兴实业，〔。〕实业振兴。〔，〕全赖科学发达；这研究科学的事，是很要紧的，不要说是非当务之急。

学生自治的权，是校长给予的，教学生发挥自己的能力，练习公民习惯，养成社会精神；中小学校，都要提倡的。但是不能妨碍学校行政。

五四运动以后，去年学生在社会服务现象，很好；到今年渐渐儿坏下去了，什么缘故呢？因为去年，学生做抵制日货的事，对于一般商人，先婉商请他不卖日货；不许，便哀求他，叩拜他，哭感他，所以商人被学生感动了，很帮学生的忙。今年学生，态度同以前不同了，手段很强硬的，对于商人总是责骂他，说是"奸商"，弄得结果很坏；这就是方法有善有不善了。从前的方法，是软的方法，所以容易奏效；现在是硬的方法，所以不容易奏效；所以以后我们做事只要用软的方法，事体没有做不成的道理。

社会大病，在虚伪，苟且；我们不要以为社会太坏，便嫌恶他；我们对于他要异常亲爱。譬如徐州人有刚强不屈的气慨，这是很好的，要能给合团体，十分亲爱拿去对外，就有大用。如用作对内，便不妥了。就如算术两数相乘，其积固大；就是两数相加，数也不小。如果相减，便等于零了。

青年的思想，是直的，不是曲的；爱国救国，都是本着良心做的，不是怕人非笑攻击就灰心的。

我们做事，只要手段软，功夫久，没有做不成的事。世上人做事不成，不是手段硬，便是工夫不长久。

关于青年修养八条意思，我都说完了；我对于学生诸君，不是要求诸君就去做，我要求诸君先去想；想过之后，良心上以为对的，再去做。这就是王阳明先生所说的，"知行合一"了。

# 《江苏省立徐州女子中学概况》

**保管单位：**徐州市档案馆

**内容及评价：**

《江苏省立徐州女子中学概况》于1930年编印出版，其内容包括校史、大事记、校规、课程、训导方针、教职员、师生一览表等26个章节，共154页。封面书名由绘画史论家、画家、美术教育家俞剑华题写。该书图文并茂，资料翔实，不仅收录了校旗、校徽、校歌，师生、教员肖像，各种纪念摄影、校景影片、校舍图等图片资料，而且收录了学校的组织大纲、工作条例、工作规程、学校各部办事细则以及学生惩奖、请假、膳食规则和招生简章、课程、训导标准等大量文献资料。尤为珍贵的是，该书第十六章节“学历”部分记载了该校1928年第一学期每周的教学情况，对研究民国时期徐州教育制度和女子教育历史具有重要的价值。

《江苏省立徐州女子中学概况》
（15cm×23cm）

江苏省立徐州女子中学校徽

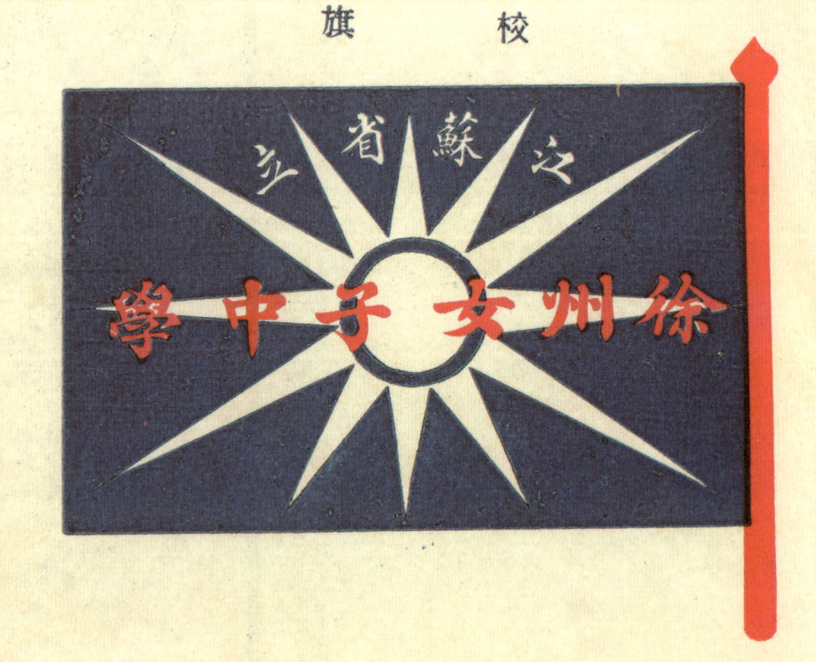


江苏省立徐州女子中学校旗

江苏省立徐州女子中学办公室

江苏省立徐州女子中学教室

# 《中国抗战画史》

**保管单位：**徐州市档案馆

**内容及评价：**

《中国抗战画史》，联合画报社1947年出版，竖排。曹聚仁、舒宗侨编著。全书共10章444页，插配60幅反映战争形势的地图和1100余张珍贵的历史照片，附录收载抗战史料述评、各战区将领一览和抗战大事记。该书图文并茂，真实、生动地记录抗日战争时期世界形势、国共两党主要领导人活动和重要战役的详细经过，受到朱自清和杨奎仁等作家、学者高度评价。更为重要的是，该书曾作为证据和资料，在审判战争罪犯的军事法庭上使用。

1947年联合画报社出版的《中国抗战画史》（26cm×19cm）

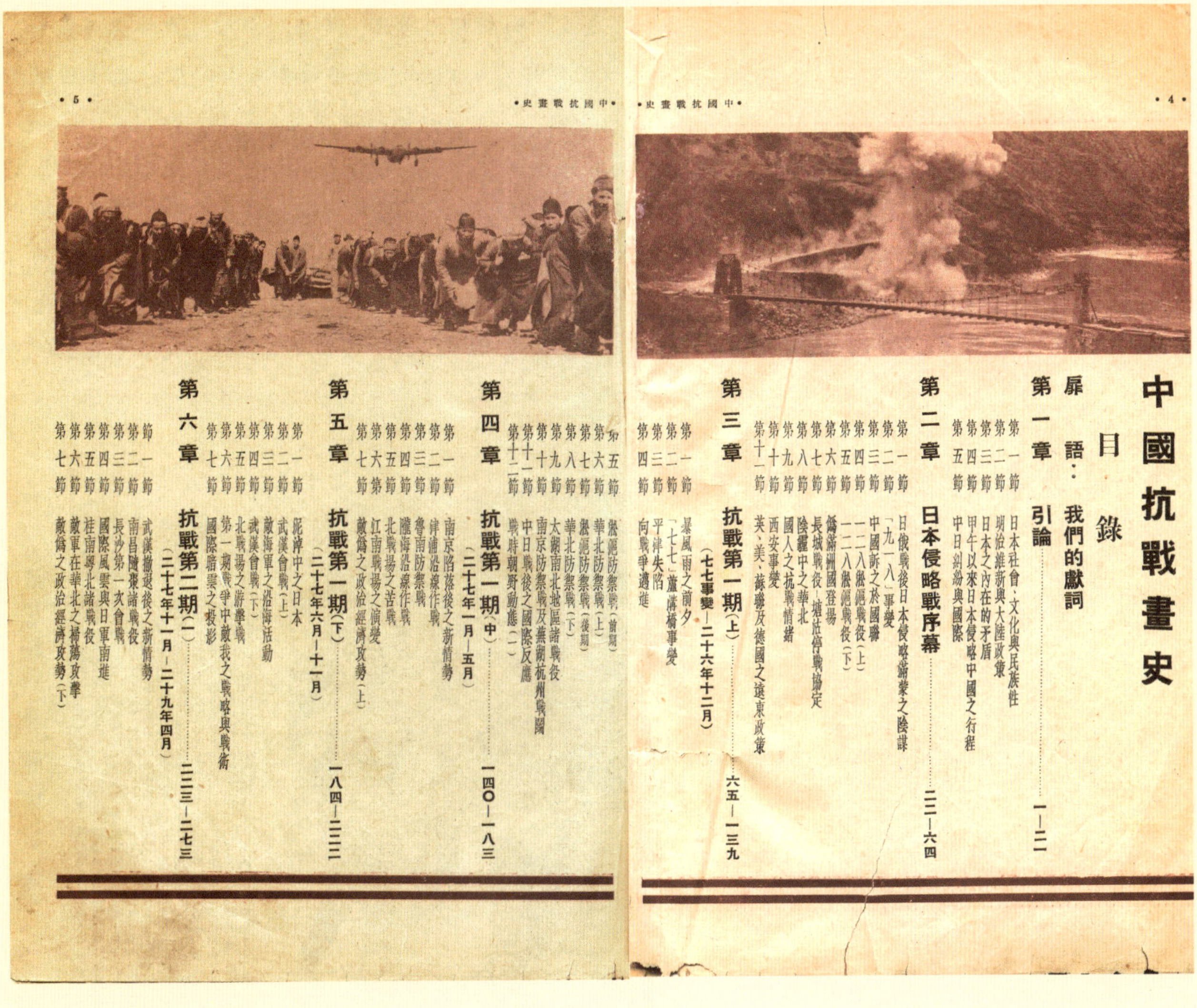


# 中國抗戰畫史

## 目錄







《中国抗战画史》目录

**全文（节选）：**

1. 从二十七年3月中旬到5月中旬，这两个月间，战事中心在鲁南地区，而以徐州攻防为主要目标。其间经过几次重要的战斗：临沂战斗—台儿庄战斗—鲁南对峙及徐州放弃诸战斗，尤以台儿庄战斗，歼灭顽敌（坂垣、矶谷两师团主力）为抗战以来最光荣之战果。（《中国抗战画史》第150页）

2. 盖徐州位黄淮二河之间，地介鲁豫皖苏四省之交，为南北之通津，中原之屏障，在中国历史上，徐州之得失，有关国家之兴替。顾栋高云："彭城（今徐州）之地，南守则略河南山东，北守则瞰淮泗，于兵家为攻守要地，经营天下，岂可以彭城为后图哉。"（《中国抗战画史》第150页）

3. 台儿庄战斗，开始于三月二十三日；二十三日敌军命令："二十三日出发，占取台儿庄据点，前进直达运河，并沿运河布防，确保台儿庄。"终结于四月七日清晨，敌军日记："晨五时，奉令退出台儿庄；午前十一时，到达泥沟。"这个战役，以台儿庄为中央防线正面据点，而整个战线，左翼运动，则北至肥城、大汶口、兖州，南至两下界河；右翼运动，则东自临沂，西迄向城，正面据点，除台儿庄外，枣庄、峄县、韩庄、兰陵、洪山皆为重要据点；全战线约一百公里。（《中国抗战画史》第152页）

4. 台儿庄居民凡三千四百余户，驻石为土城，中有碉楼七十余座；南北距一公里，东西相距二公里，为鲁西唯一大村落。其地西北距驿县三十四公里，西南距运河四十六公里，陆有铁路，水有运河，民物殷阜，经此浩劫，荡然无存，但它从此成为中华民族史上不可磨灭的光荣墟落了！（《中国抗战画史》第153页）

《中国抗战画史》节选

•中國抗戰畫史• •130•

南京大屠殺

中國軍隊被日軍殺頭

由官長指揮下活埋我軍民

殺頭之後推入溝中，日兵環繞觀覽，藉以取樂。

槍殺後擲於池中，池水成爲血漿，池中有積屍達三百餘具。

《中国抗战画史》南京大屠杀

•131• •中國抗戰畫史•

死人三十萬

被反縛刺殺中之我軍

槍斃及被活埋之南京軍民

強姦後之南京婦女

姦後被剖腹，五臟露於身外。

《中国抗战画史》大战台儿庄（一）

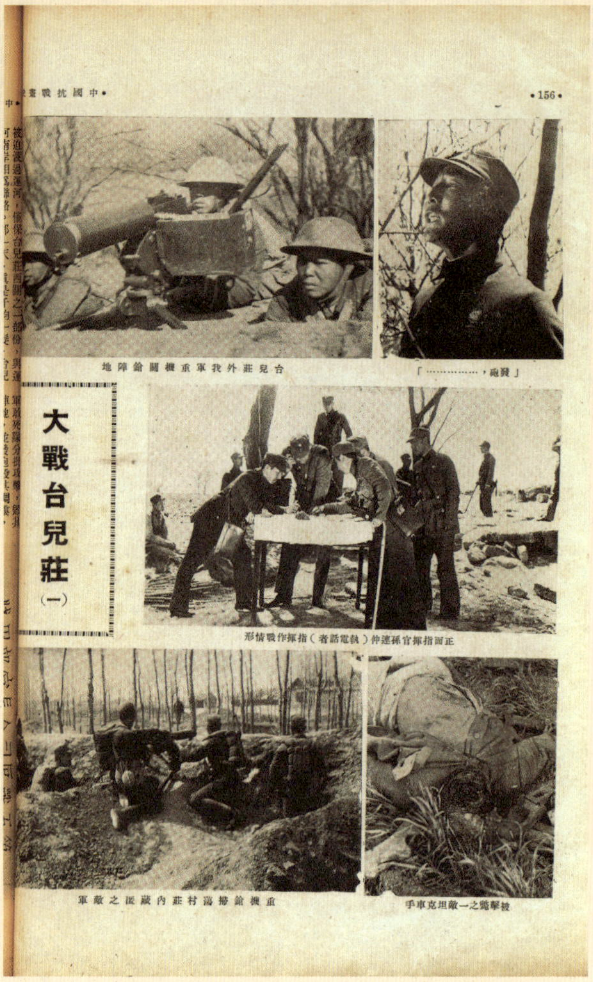

•中國抗戰畫史• •156•

大戰台兒莊（一）

台兒莊外我軍重機關鎗陣地

「發砲，……………」

正面指揮官孫連仲（執電話者）指揮作戰情形

重機鎗掃蕩村莊內藏匿之敵軍

被擊斃之一敵坦克車手

•159• •中國抗戰畫史•

大戰台兒莊（二）

以重大代價奪回之台兒莊，插上鮮艷光榮之國旗。

軍長田鎮南（左）與師長池峯城

日機械部隊總庫被焚燬

敵人遺下之彈殼

日軍由台兒莊逃竄撤退

《中国抗战画史》大战台儿庄（二）

·161·　　·中國抗戰畫史·

大戰台兒莊（三）

李司令長官親赴台兒莊西南八里之車輻山前綫督戰

我士兵參觀擊毀之日坦克車

俘虜之一部

台兒莊前臨時搭建之浮橋

日軍遺屍在台兒莊外就地火葬

《中国抗战画史》大战台儿庄（三）

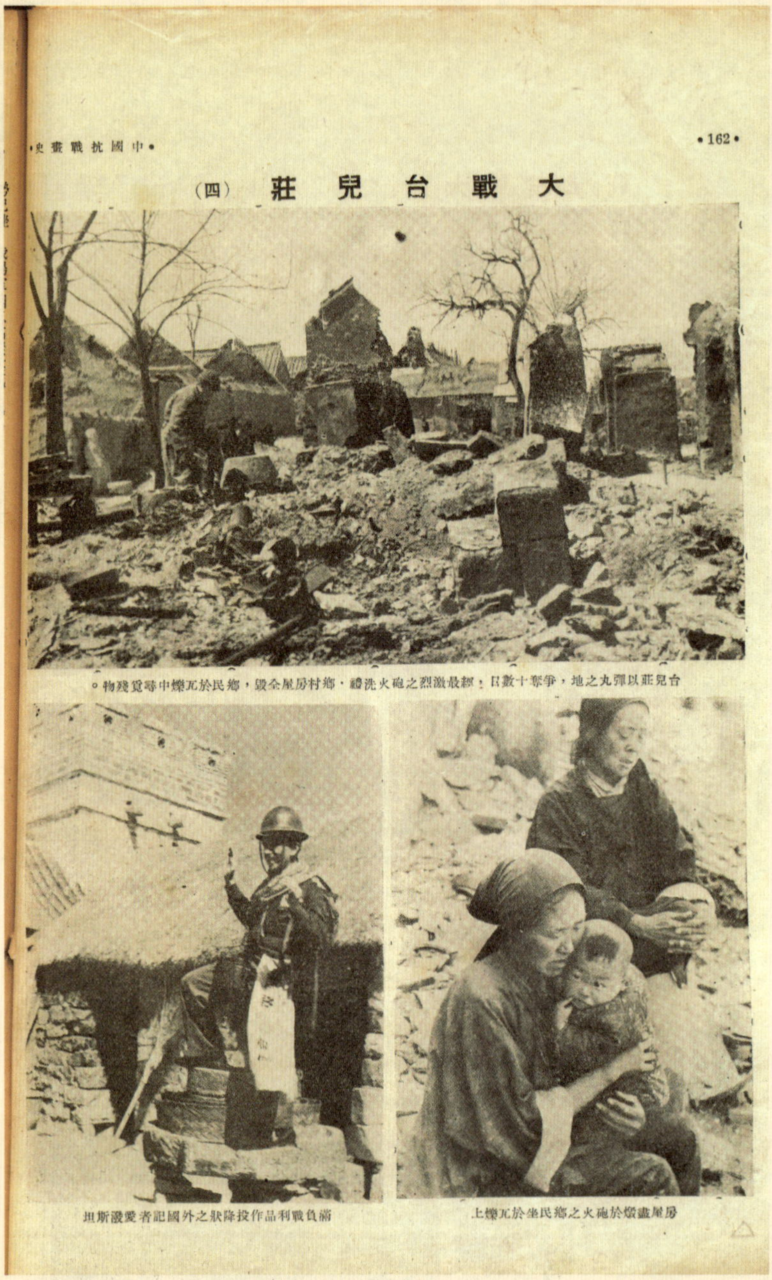

中國抗戰畫史　•162•

大戰台兒莊（四）

台兒莊以彈丸之地，爭奪十數日，經最激烈之砲火洗禮，鄉村房屋全毀，鄉民於瓦礫中尋覓殘物。

滿負戰利品作投降狀之外國記者愛潑斯坦

房屋盡燬於砲火之鄉民坐於瓦礫上

《中国抗战画史》大战台儿庄（四）

**相关知识：**

曹聚仁（1900~1972），浙江浦江人，中国现代作家、学者、记者。

舒宗侨（1913~2007），湖北浦圻人，复旦大学新闻系新闻摄影教授，著名新闻摄影家、记者。

# 民国时期徐州地方报纸创刊号汇集

**保管单位：**徐州市档案馆

**内容及评价：**

民国时期徐州地方报纸创刊号汇集，主要包括《徐州日报》、《新徐日报》、《徐州公报》、《晨报》、《新晚报》等31种33件徐州地方报纸的创刊号，从媒体的角度反映了民国时期徐州地区的政治、经济、科技、文化、社会发展以及报刊业的创业情况。该创刊号汇集始自1920年，迄于1948年，时间跨度较长，种类全面，内容丰富，存世较少，收藏价值较大，具有较高的史料价值和历史研究意义。

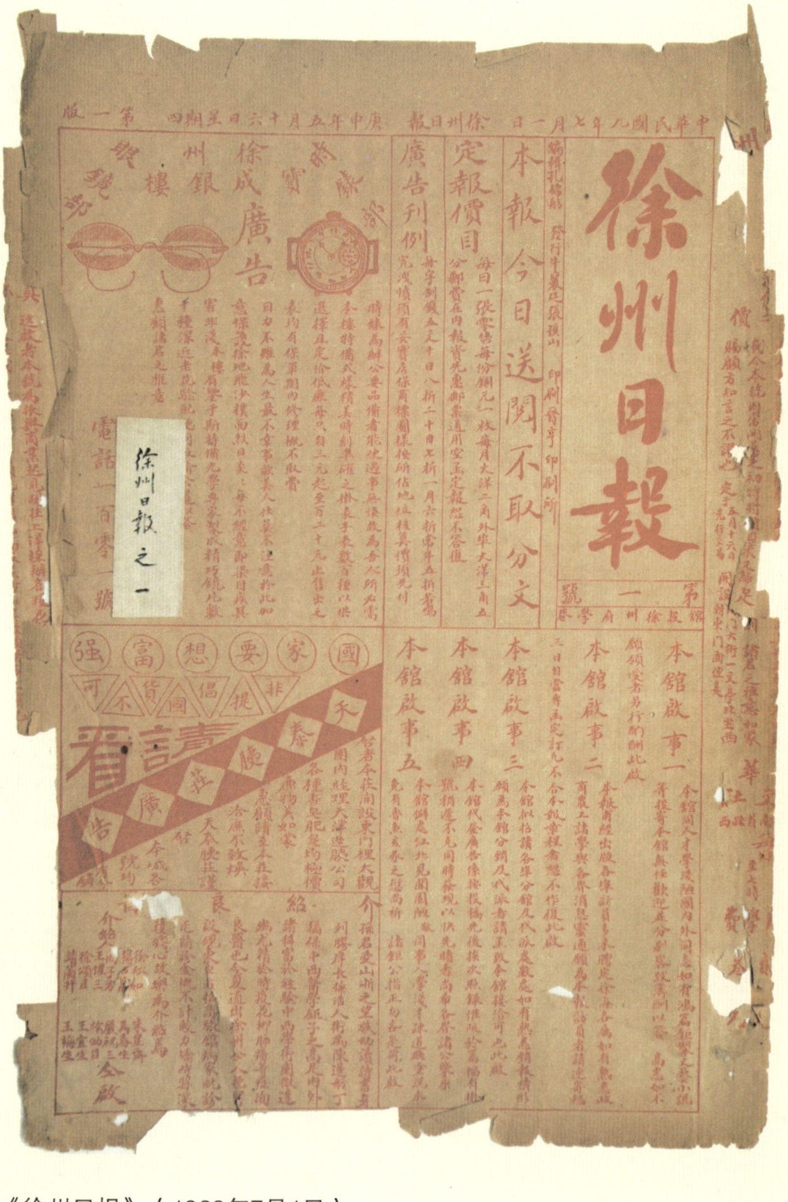

中華民國九年七月一日 徐州日報 庚申年五月十六日星期四 第一版

徐州日報

第一號

本報今日送閱不取分文

定報價目

廣告刊例

廣告

本館啟事一

本館啟事二

本館啟事三

本館啟事四

本館啟事五

國家要想富强

非提倡國貨不可

請看

介紹良

徐州日報之一

《徐州日报》（1920年7月1日）

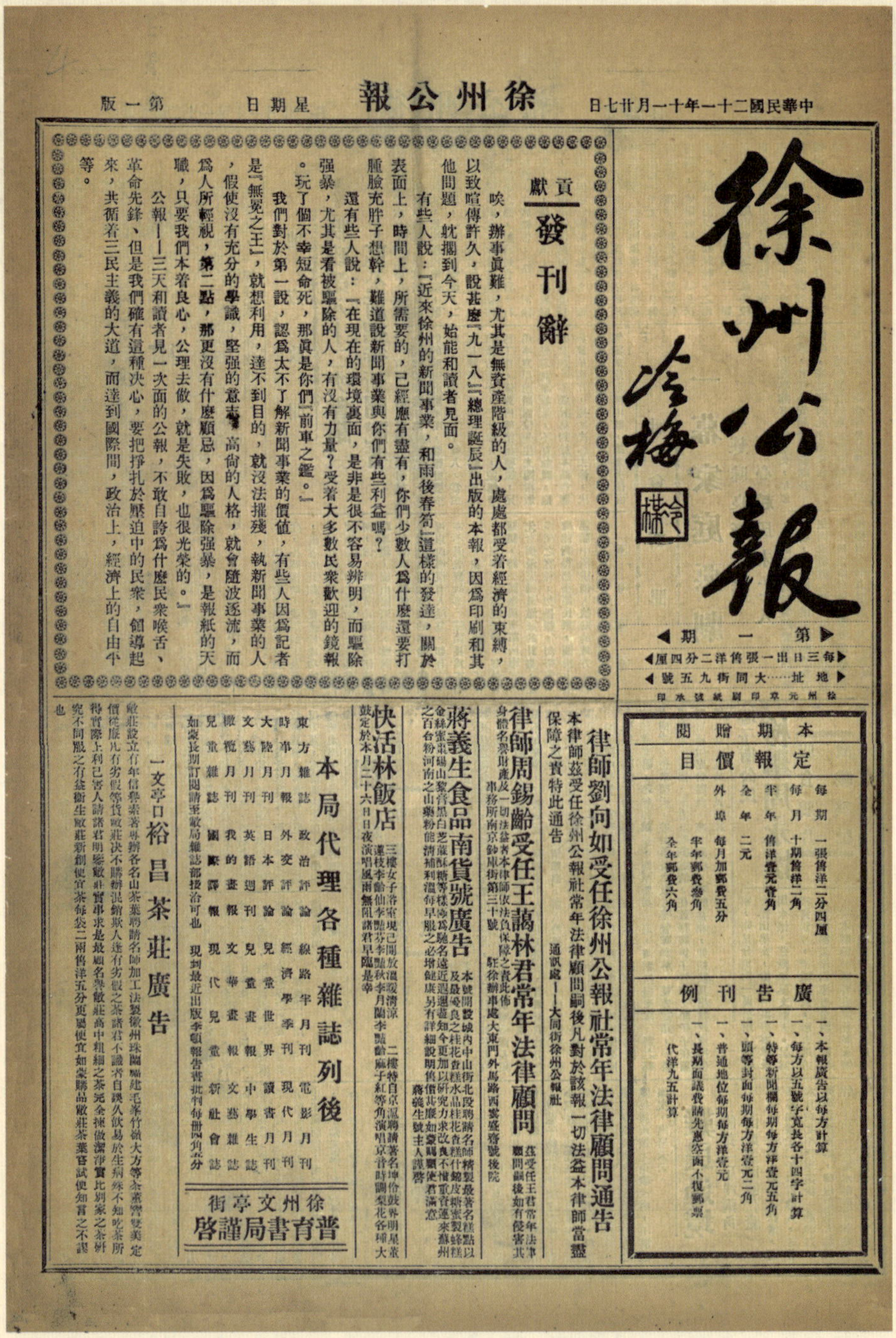

中華民國二十一年十一月廿七日　徐州公報　星期日　第一版

# 徐州公報

冷梅

第一期

每三日出一張售洋二分四厘

地址……大同街九五號

徐州元章印刷紙號承印

## 發刊辭

貢獻

唉，辦事眞難，尤其是無資產階級的人，處處都受着經濟的束縛，以致喧傳許久，說甚麼『九一八』『總理誕辰』出版的本報，因爲印刷和其他問題，就擱到今天，始能和讀者見面。

有些人說：『近來徐州的新聞事業，和雨後春筍』這樣的發達，關於表面上，時間上，所需要的，已經應有盡有，你們少數人爲什麼還要打腫臉充胖子想幹，難道說新聞事業與你們有些利益嗎？

還有些人說：『在現在的環境裏面，是非是很不容易辨明，而驅除强暴，尤其是看被驅除的人，有沒有力量？受着大多數民衆歡迎的鏡報。玩了個不幸短命死，那眞是你們『前車之鑑。』

我們對於第一說，認爲太不了解新聞事業的價值，有些人因爲記者是『無冕之王』，就想利用，達不到目的，就沒法摧殘，執新聞事業的人，假使沒有充分的學識，堅强的意志，高尙的人格，就會隨波逐流，而爲人所輕視，第二點，那更沒有什麼顧忌，因爲驅除强暴，是報紙的天職，只要我們本着良心，公理去做，就是失敗，也很光榮的。』

公報——三天和讀者見一次面的公報，不敢自詡爲什麼民衆喉舌、革命先鋒、但是我們確有這種決心，要把掙扎於壓迫中的民衆，領導起來，共循着三民主義的大道，而達到國際間，政治上，經濟上的自由平等。

本期贈閱

定報價目

| | |
|---|---|
| 每期 | 一張售洋二分四厘 |
| 每月 | 十期售洋二角 |
| 半年 | 售洋壹元壹角 |
| 全年 | 二元 |
| 外埠 | 每月加郵費五分<br>半年郵費叁角<br>全年郵費六角 |

廣告刊例

一、本報廣告以每方計算
一、每方以五號字寬長各十四字計算
一、特等新聞欄每期每方洋壹元五角
一、頭等封面每期每方洋壹元二角
一、普通地位每期每方洋壹元
一、長期面議費請先惠空函不復郵票代洋九五計算

### 律師劉向如受任徐州公報社常年法律顧問通告

本律師茲受任徐州公報社常年法律顧問嗣後凡對於該報一切法益本律師當盡保障之責特此通告

通訊處——大同街徐州公報社

### 律師周錫齡受任王藹林君常年法律顧問

茲受任王君常年法律顧問嗣後如有侵害其身體名譽財產及一切法益者本律師依法負保障之責此佈

事務所南京鈔庫街第三十號　駐徐辦事處大東門外馬路西寶盛齋號後院

### 蔣義生食品南貨號廣告

本號開設城內中山街北段聘請名師精製最著名糕點以及最優良之桂花香糕水晶桂花香糕什錦皮糖蜜製蜂糕金絲蜜棗碭山梨膏黑白芝麻酥糖等糕尙爲馳名遠近遐邇盡知今更加以研究力求改良不惜重資運來蘇州之百合粉河南之山藥粉能滋補利溫每早服之必增健康另有詳細說明僞價甚廉如蒙賜顧便君滿意

蔣義生號主人謹啓

### 快活林飯店

三樓女子浴室現已開放溫暖清涼　二樓特自京滬聘請著名坤伶鼓界明星蓮枝李齡仙李艷芬李艷秋李月關李豔齡麻子紅等角演唱京音時調梨花各埠大鼓定於本月二十六日日夜演唱風雨無阻諸君早臨是幸

### 本局代理各種雜誌列後

東方雜誌　政治評論　線路半月刊　電影月刊
時事月報　外交評論　經濟學季刊　現代月刊
大陸月刊　日本評論　兒童世界　讀書月刊
文藝月刊　英語週刊　兒童畫報　中學生誌
橄欖月刊　我的畫報　文華畫報　文藝雜誌
兒童雜誌　國際譯報　現代兒童　新社會誌

如蒙長期訂閱請至敝局雜誌部接洽可也　現到最近出版李頓報告書批判每冊四角五分

徐州文亭街
普育書局謹啓

### 一文亭口裕昌茶莊廣告

敝莊設立有年信譽素著專辦各名山茶葉聘請名師加工法製徽州珠蘭福建毛峯竹葉大方等茶素譽雙美定價從廉凡有劣假等貨敝莊決不賭辦混銷欺人迨有劣假之茶諸君不識者自謂久飲易於生病殊不知吃茶所得實際上利已害人請諸君明鑒敝莊實事求是最廣名譽敝莊高中粗細之茶完全揀做潔淨實比別家之茶研究不同服之有益衛生敝莊新創便宜茶每袋二兩售洋五分更屬便宜如蒙賜品敝莊茶葉嘗試便知言之不謬也

《徐州公报》（1932年11月27日）（27cm×39cm）

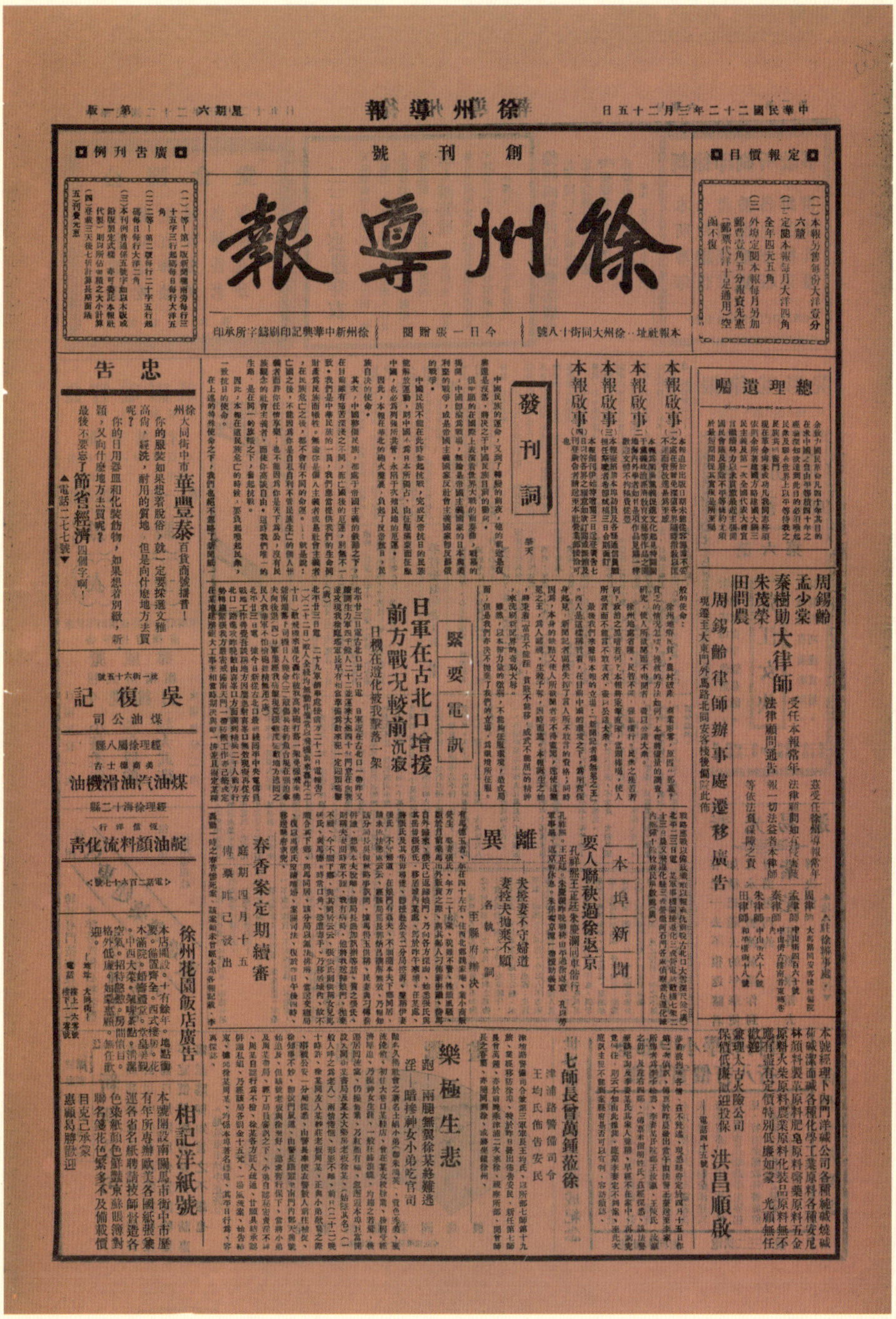
中華民國二十二年三月二十五日
徐州導報
星期六
第一版
創刊號
徐州導報
定報價目
廣告刊例
總理遺囑
本報啟事
發刊詞
忠告
華豐泰
節省經濟
周錫齡
大律師
緊要電訊
日軍在古北口增援
前方戰況較前沉寂
吳復記
本埠新聞
要人聯袂過徐返京
離異
春香案定期續審
徐州花園飯店廣告
樂極生悲
七師長曾萬鍾蒞徐
洪昌順啟
相記洋紙號

《徐州导报》（1933年3月25日）（39cm×56cm）

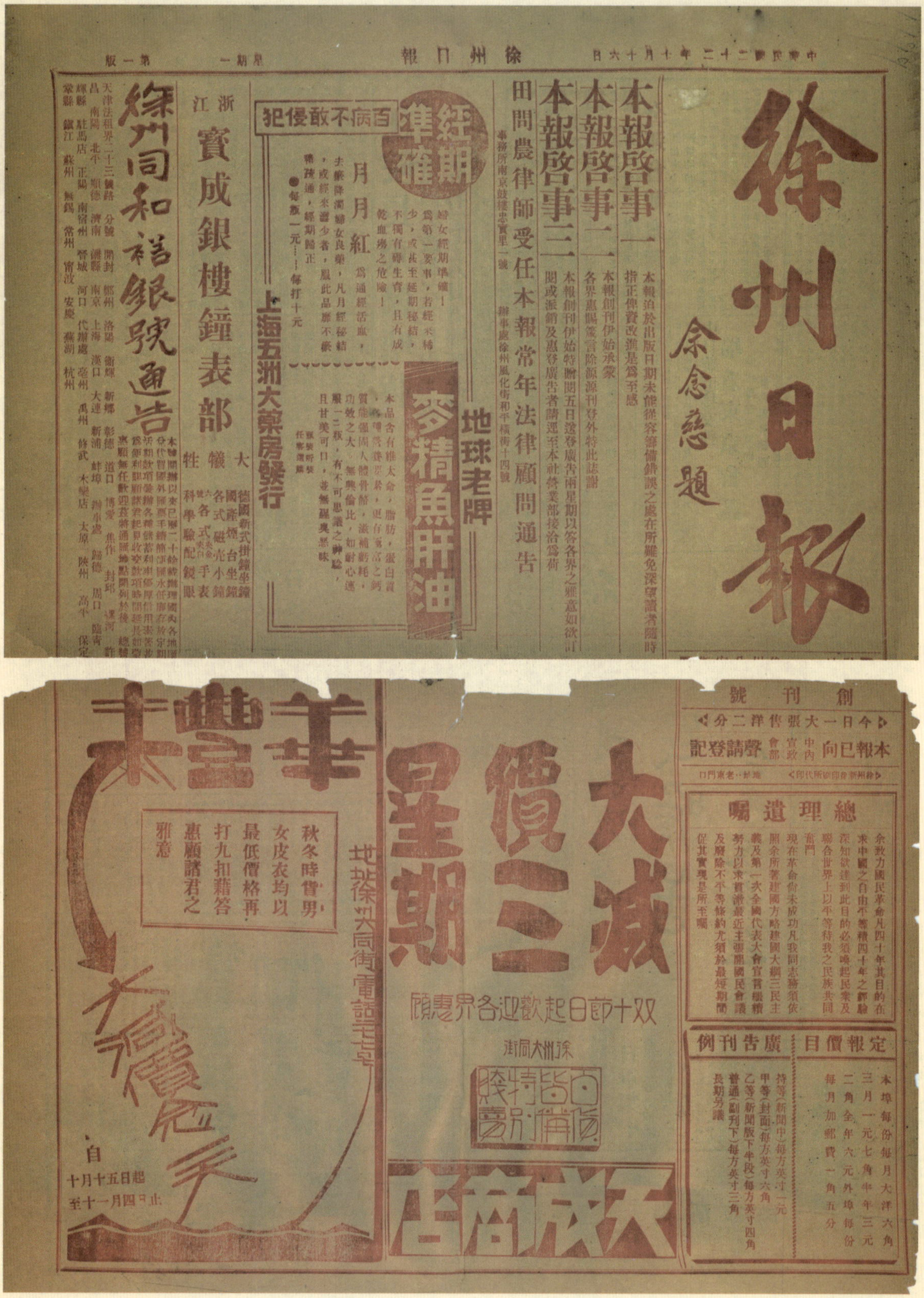

中華民國二十二年十月十六日　徐州日報　星期一　第一版

# 徐州日報

余念慈題

## 本報啓事一

本報迫於出版日期未能從容籌備錯誤之處在所難免深望讀者隨時指正俾資改進是爲至感

## 本報啓事二

本報創刊伊始承蒙各界惠賜箴言除源源刊登外特此誌謝

## 本報啓事三

本報創刊伊始特刪閱五日送登廣告兩星期以答各界之雅意如欲訂閱或派銷及惠登廣告者請逕至本社營業部接洽爲荷

## 田問農律師受任本報常年法律顧問通告

事務所南京鼓樓忠實里一號　辦事處徐州風化街和平橫街十四號

紅朝準確

百病不敢侵犯

月月紅

婦女經期準確！爲第一要事，若經來稀少，或甚至延期秘結，不獨有礙生育，且有成乾血癆之危險！月月紅爲通經活血，去瘀降濁婦女良藥，凡月經秘結，或經來澀少者，服此品靡不應驗，經期歸正

每瓶一元……每打十元

地球老牌麥精魚肝油

本品含有維太命，脂肪，蛋白質，……更有富之鈣質能强固人體骨骼，滋補虧耗，功效之大，無與倫比，如耐心連服一二瓶，有不可思議之神驗，且甘美可口，並無腥臭黑昧

上海五洲大藥房發行

浙江　寶成銀樓鐘表部

大犧牲

德國新式掛鐘坐鐘　國產煙台坐鐘　各式磁壳小鐘　各式手表　科學驗配鏡眼

徐州同和裕銀號通告

天津法租界二十三號路　分號　開封　鄭州　洛陽　衛輝　新鄉　彰德　道口　博愛　焦作　封邱　許昌　南陽　北平　順德　濟南　濰縣　南京　上海　漢口　大連　新浦　蚌埠　辦事處　歸德　周口　臨清　輝縣　駐馬店　正陽　南宿州　碭城　河口　代辦處　亳州　禹州　修武　木樂店　太原　陝州　高平　保定　常縣　鎮江　蘇州　無錫　常州　寧波　安慶　蕪湖　杭州

創刊號

今日一大張售洋二分

本報已向中內會部宣政部聲請登記

總理遺囑

余致力國民革命凡四十年其目的在求中國之自由平等積四十年之經驗深知欲達到此目的必須喚起民衆及聯合世界上以平等待我之民族共同奮鬥現在革命尚未成功凡我同志務須依照余所著建國方略建國大綱三民主義及第一次全國代表大會宣言繼續努力以求貫澈最近主張開國民會議及廢除不平等條約尤須於最短期間促其實現是所至囑

定報價目

本埠每份每月大洋六角三月一元七角半年三元二角全年六元外埠每份每月加郵費一角五分

廣告刊例

特等(新聞中)每方英寸一元　甲等(封面)每方英寸六角　乙等(新聞版下半段)每方英寸四角　普通(副刊下)每方英寸三角　長期另議

大減價三星期

双十節日起歡迎各界惠顧

徐州大同街

天成商店

華豐樓

秋冬時貨男女皮衣均以最低價格再打九扣藉答惠顧諸君之雅意

大減價

自十月十五日起至十一月四日止

《徐州日报》（1933年10月16日）（39cm×54cm）

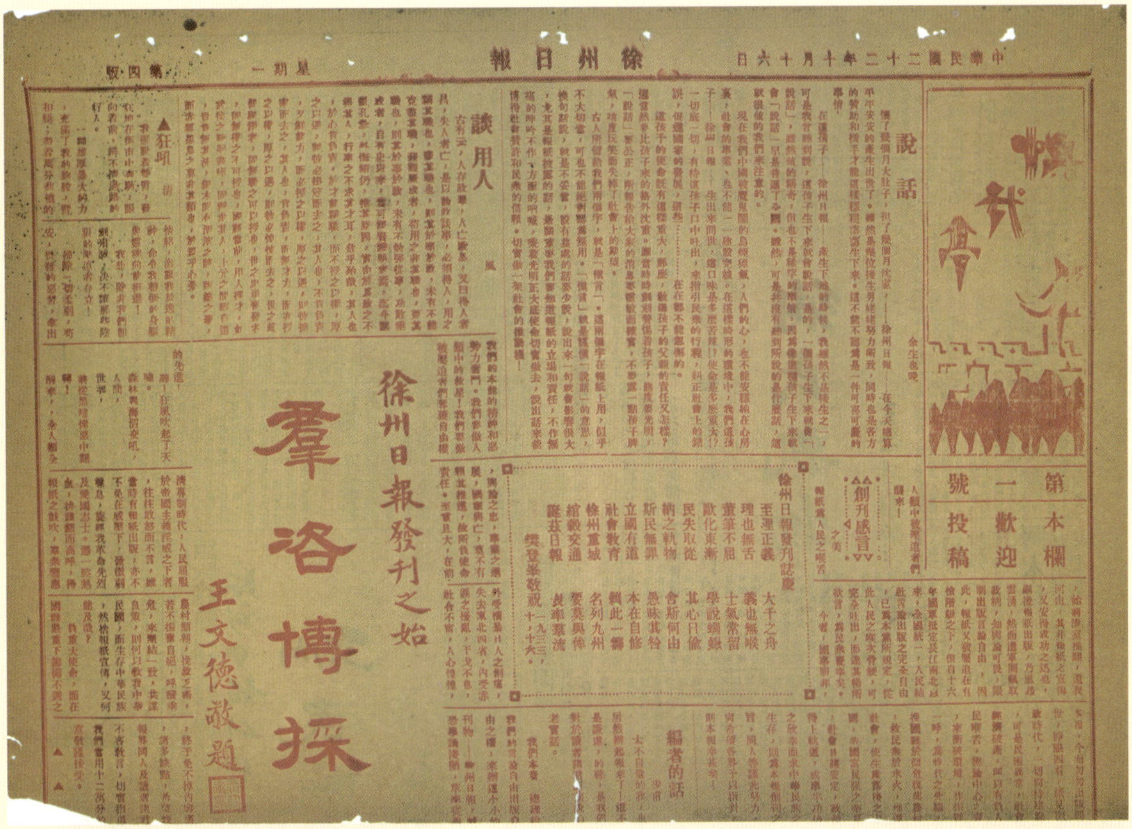
中華民國二十二年十月十六日 徐州日報 星期一 第四版

說話

第一號

本欄歡迎投稿

徐州日報發刊之始

羣洛博採

王文德敬題

談用人

創刊感言

徐州日報發刊誌慶

編者的話

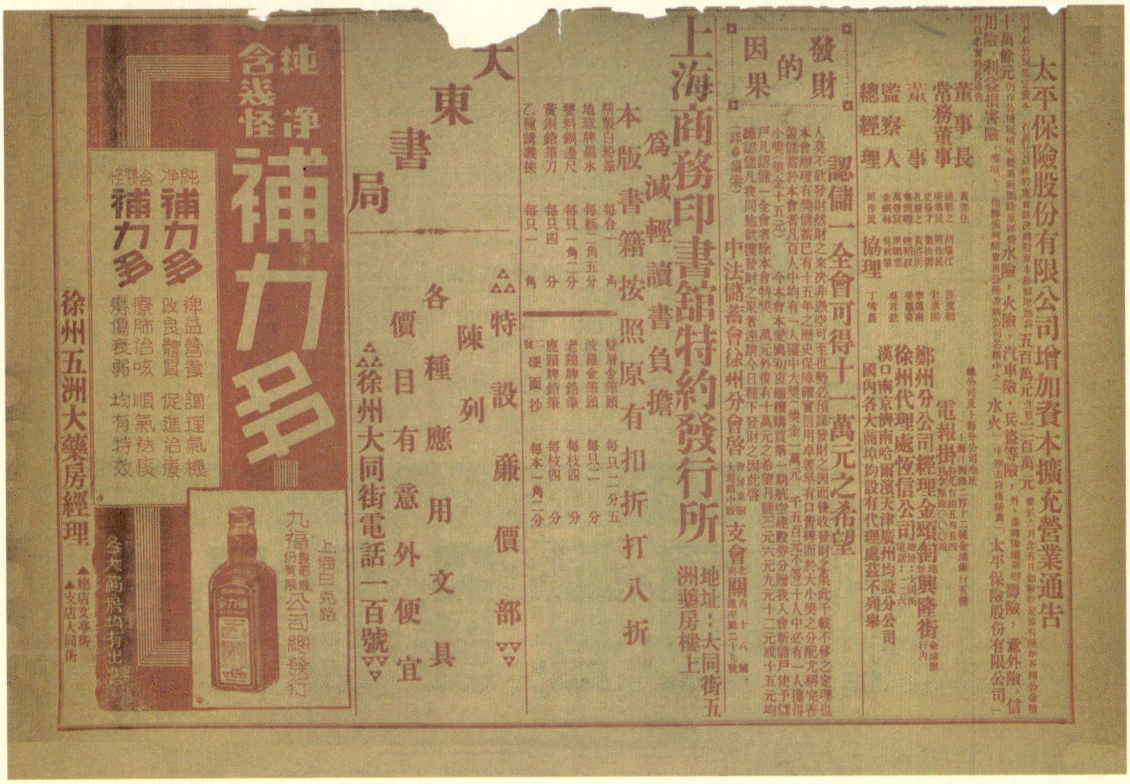

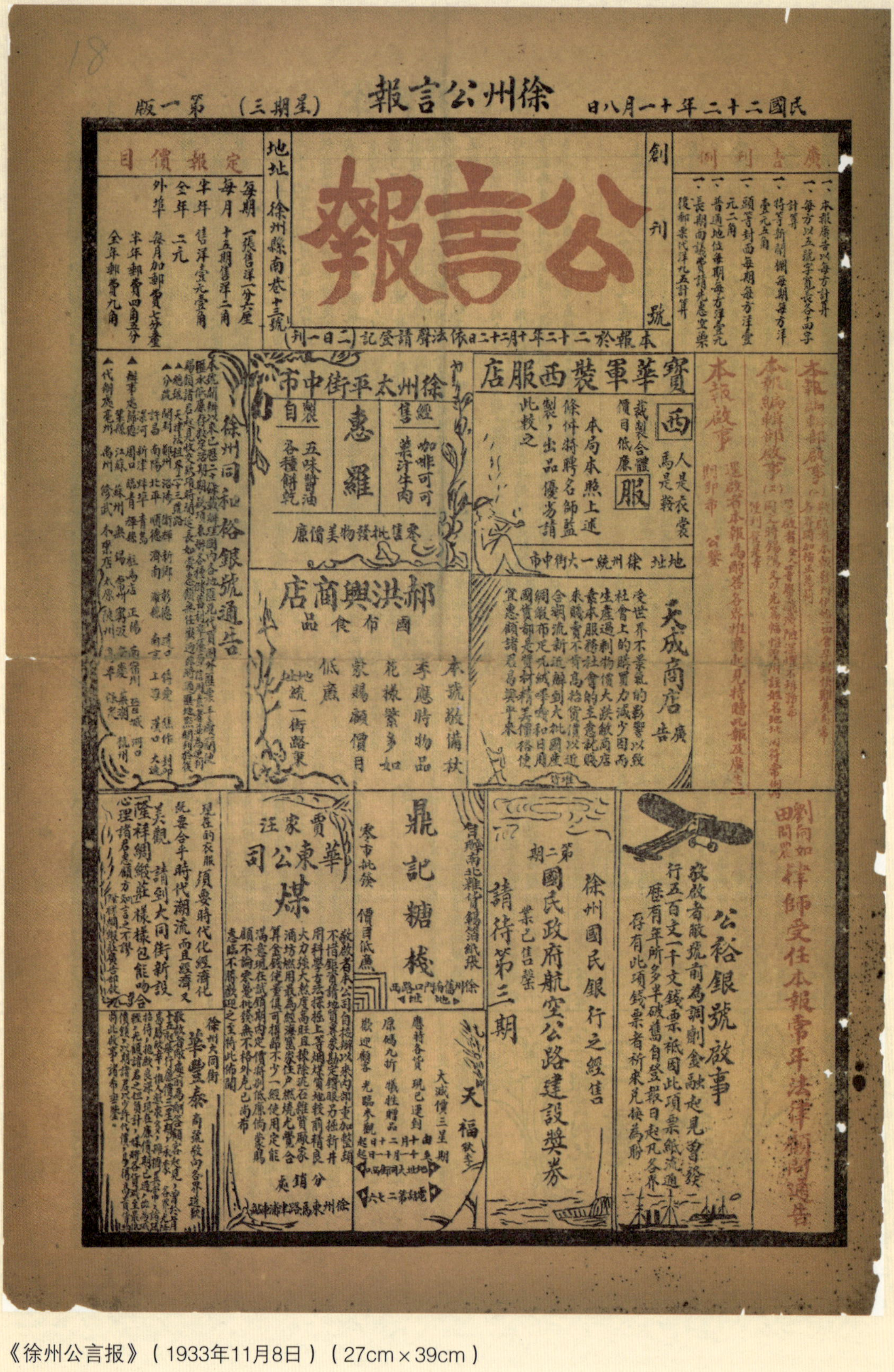

民國二十二年十一月八日　徐州公言報　(星期三)　第一版

公言報

創刊號

地址—徐州縣南巷十三號

本報於二十二年十二月二十日依法聲請登記(二日一刊)

定報價目

每期　一張售洋一分六厘

每月　十五期售洋二角

半年　售洋壹元壹角

全年　二元

外埠　每月加郵費七分叁　半年郵費四角五分　全年郵費九角

廣告刊例

一、本報廣告以每方計算

一、每方以五號字寬長各十四字計算

一、特等新聞欄每期每方洋壹元五角

一、頭等封面每期每方洋壹元二角

一、普通地位每期每方洋壹元

一、長期面議費請先惠定彙

後郵票代洋九五計算

徐州太平街中市　惠羅　經售　咖啡可可　菓汁牛肉　自製　五味醬油　各種餅乾　零售批發物美價廉

寶華軍裝西服店　人是衣裳馬是鞍　西服　裁製合體　價目低廉　本局本照上述條件特聘名師監製，出品優劣請比較之　地址　徐州統一大街中市

郝洪興商店　國布食品　本號敬備秋季應時物品花樣繁多如款竭顧價目低廉　地址　統一街路東

天成商店廣告

徐州同和裕銀號通告

劉向如　田問農　律師受任本報常年法律顧問通告

現在的衣服須要時代化經濟化既要合乎時代潮流而且經濟又美觀請到大同街新設「隆祥綢緞莊」樣樣包能吻合心理請君惠顧方知言之不謬

華東公司　賈家汪　煤

鼎記糖棧　零市批發　價目低廉

徐州大同街　華豐泰

天福

徐州國民銀行之經售　第二期　國民政府航空公路建設獎券　業已售罄　請待第三期

公裕銀號啟事



《徐州公言报》（1933年11月8日）（27cm×39cm）

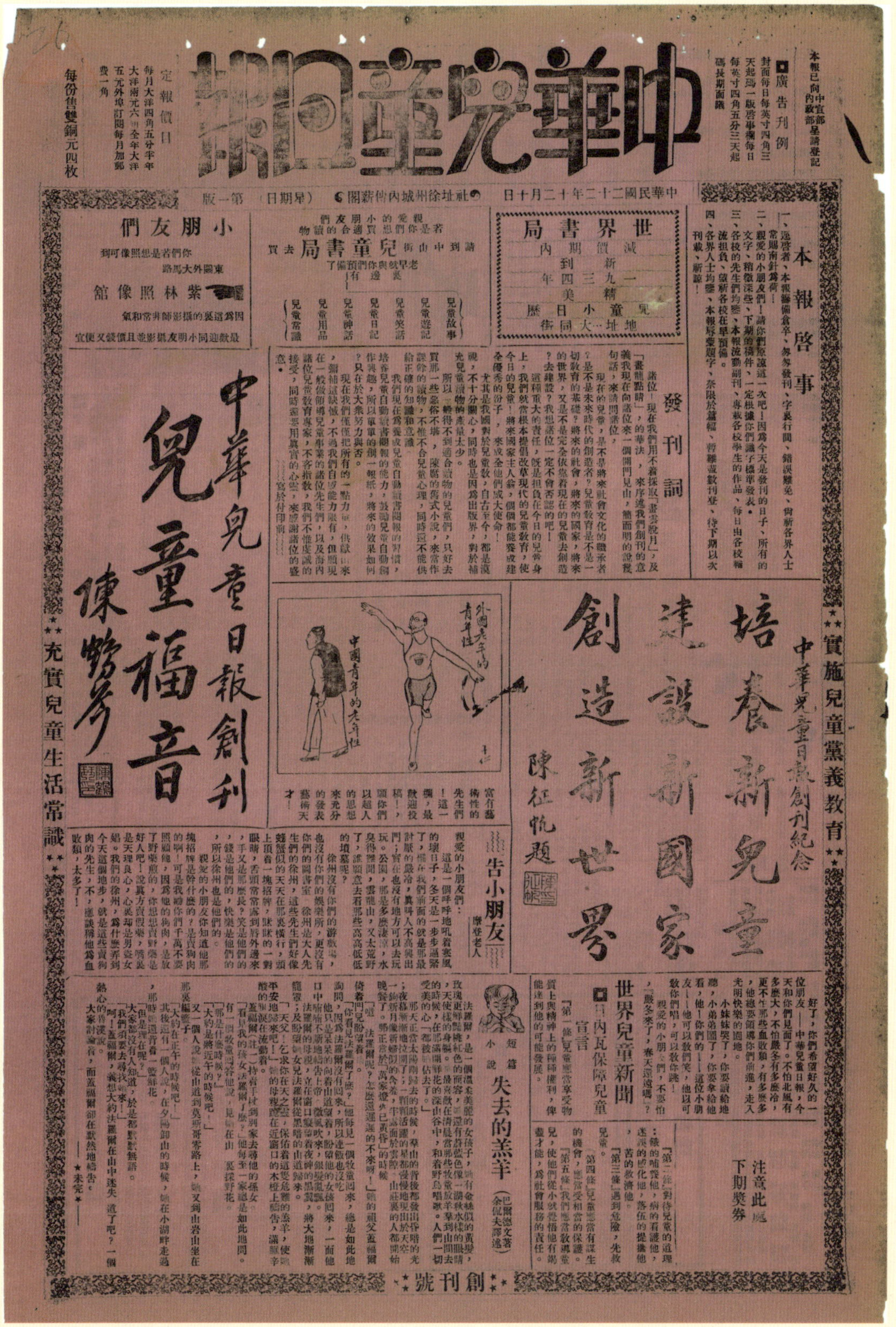

中華兒童日報

每份售雙銅元四枚

定報價目　每月大洋四角五分半年大洋兩元六角全年大洋五元外埠訂閱每月加郵費一角

本報已向中宣部內政部呈請登記

廣告刊例　封面每日每英寸四角三天起碼一版普通每日每英寸四角五分三天起碼長期面議

中華民國二十二年十二月十日　社址徐州城內倚新閣　（星期日）　第一版

本報啓事

世界書局　減價期內　一九三四年新到精美兒童小日歷　地址：大同街

小朋友們　紫林照像館

發刊詞

中華兒童日報創刊　兒童福音　陳□□

培養新兒童　建設新國家　創造新世界　中華兒童日報創刊紀念　陳征帆題

實施兒童黨義教育

充實兒童生活常識

告小朋友

失去的羔羊

世界兒童新聞

注意此處　下期獎券

創刊號

《中华儿童日报》1933年12月10日（32cm×46m）

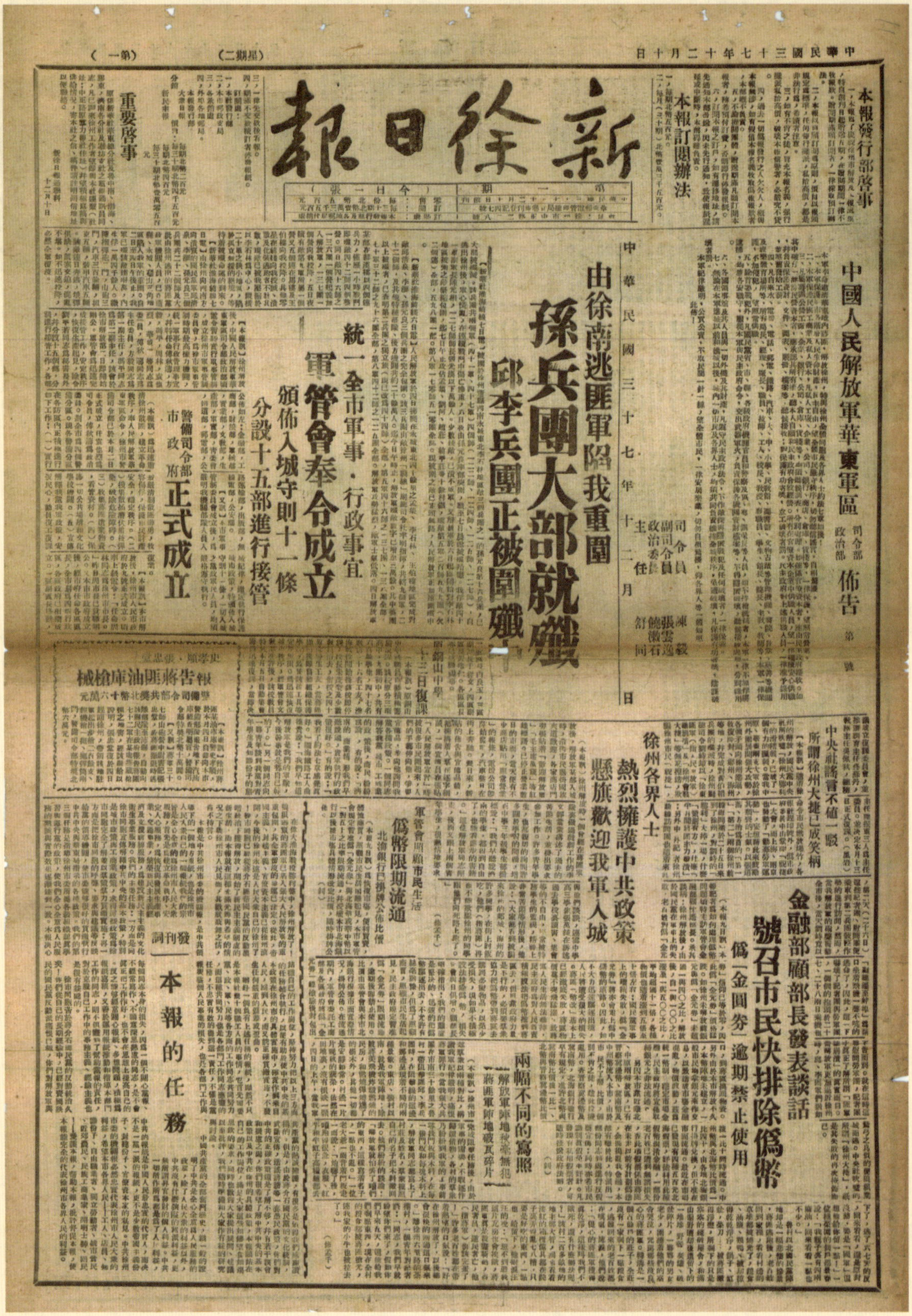
中華民國三十七年十二月十日

新徐日報

本報發行部啓事

本報訂閱辦法

重要啓事

中國人民解放軍華東軍區 司令部 政治部 佈告

司令員 陳毅

副司令員 張雲逸

政治委員 饒漱石

主任 舒同

中華民國三十七年十二月 日

由徐南逃匪軍陷我重圍 孫兵團大部就殲 邱李兵團正被圍殲

統一全市軍事·行政事宜 軍管會奉令成立 頒佈入城守則十一條 分設十五部進行接管

警備司令部 市政府 正式成立

報告蔣匪油庫槍械

十三日復課

中央社謊言不值一駁 所謂「徐州大捷」已成笑柄

徐州各界人士 熱烈擁護中共政策 懸旗歡迎我軍入城

金融部顧部長發表談話 號召市民快排除偽幣 偽「金圓券」逾期禁止使用

軍管會關顧市民生活 偽幣限期流通 北海銀行已掛牌公佈比價

兩幅不同的寫照

發刊詞 本報的任務

1948年12月10日创刊的《新徐日报》，详尽报道了徐州解放前后的史实。（38cm×54cm）

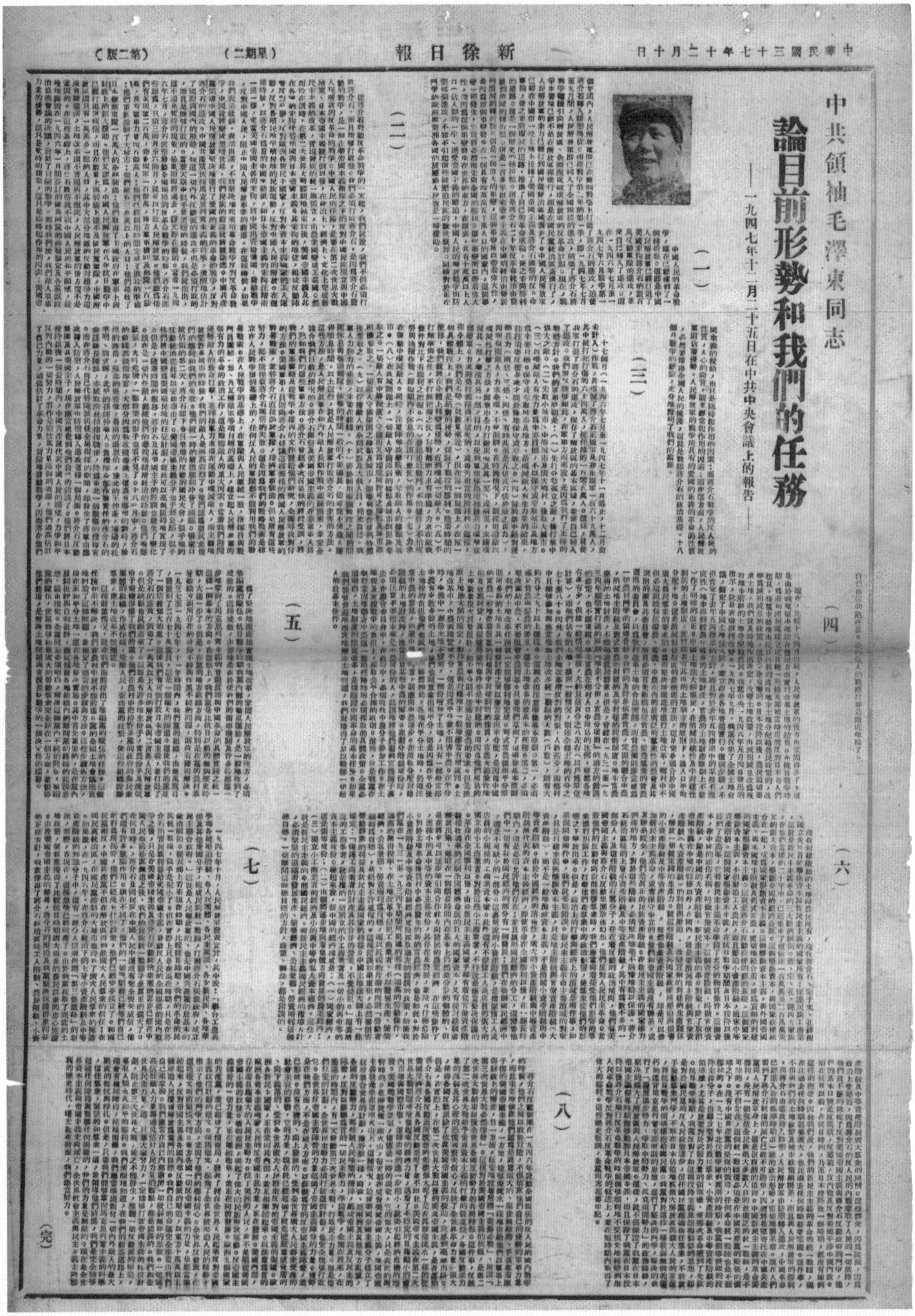
中華民國三十七年十二月十日
新徐日報
（星期二）
（第二版）
中共領袖毛澤東同志
論目前形勢和我們的任務
——一九四七年十二月二十五日在中共中央會議上的報告——

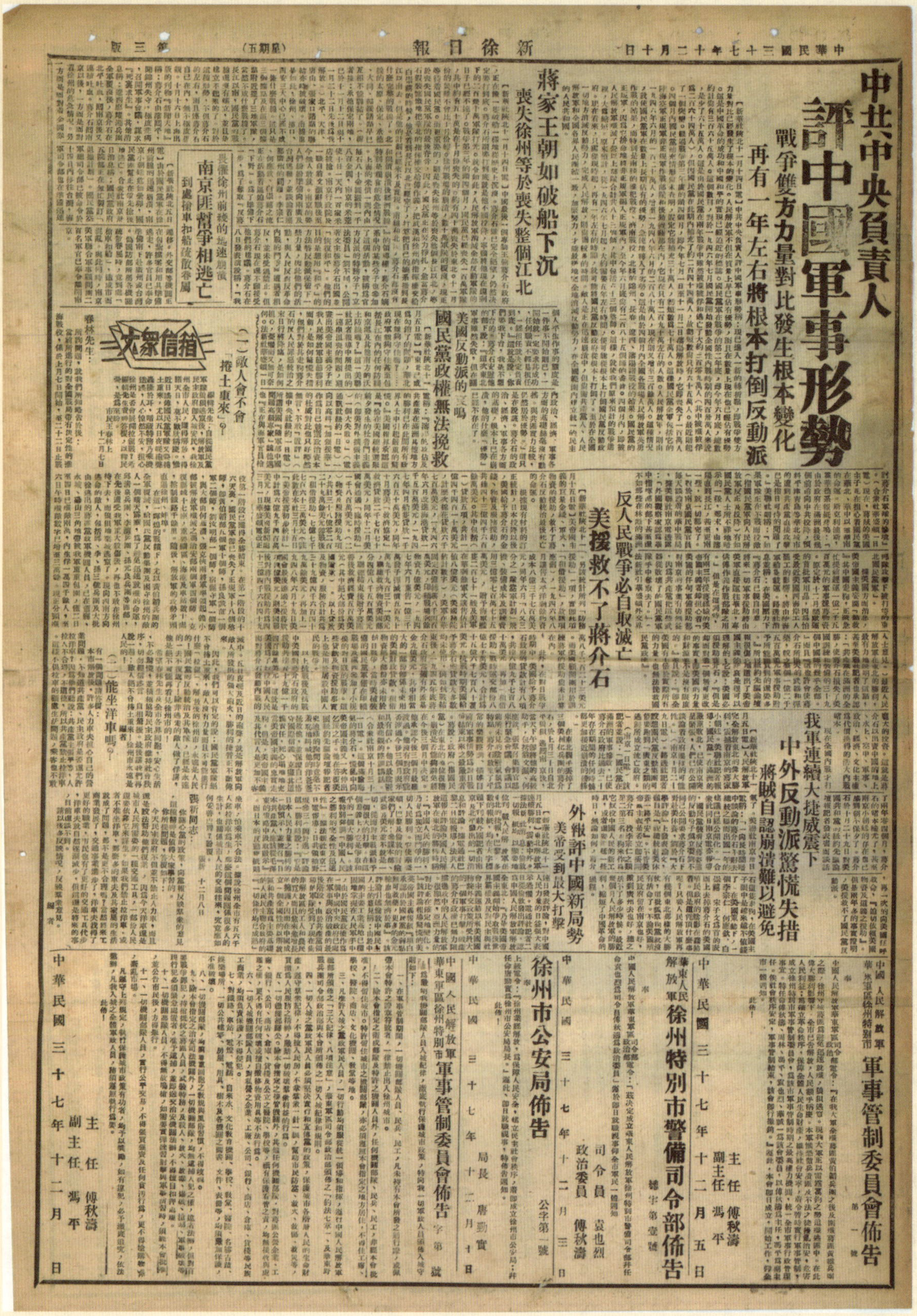

中華民國三十七年十二月十日
新徐日報
（星期五）
第三版
中共中央負責人評中國軍事形勢
戰爭雙方力量對比發生根本變化
再有一年左右將根本打倒反動派
蔣家王朝如破船下沉
喪失徐州等於喪失整個江北
國民黨政權無法挽救
美國反動派的哀鳴
反人民戰爭必自取滅亡
美援救不了蔣介石
我軍連續大捷威震下
中外反動派驚慌失措
蔣賊自認崩潰難以避免
外報評中國新局勢
美帝受到最大打擊
南京匪幫爭相逃亡
大家信箱
(一)敵人會不會「捲土重來」?
(二)能坐洋車嗎?
中國人民解放軍華東軍區徐州特別市軍事管制委員會佈告
主任 傅秋濤
副主任 馮平
中華民國三十七年十二月五日
華東人民解放軍徐州特別市警備司令部佈告
司令員 袁也烈
政治委員 傅秋濤
中華民國三十七年十二月三日
徐州市公安局佈告
公字第一號
局長 唐勁實
中華民國三十七年十二月一日
中國人民解放軍華東軍區徐州特別市軍事管制委員會佈告
主任 傅秋濤
副主任 馮平
中華民國三十七年十二月 日

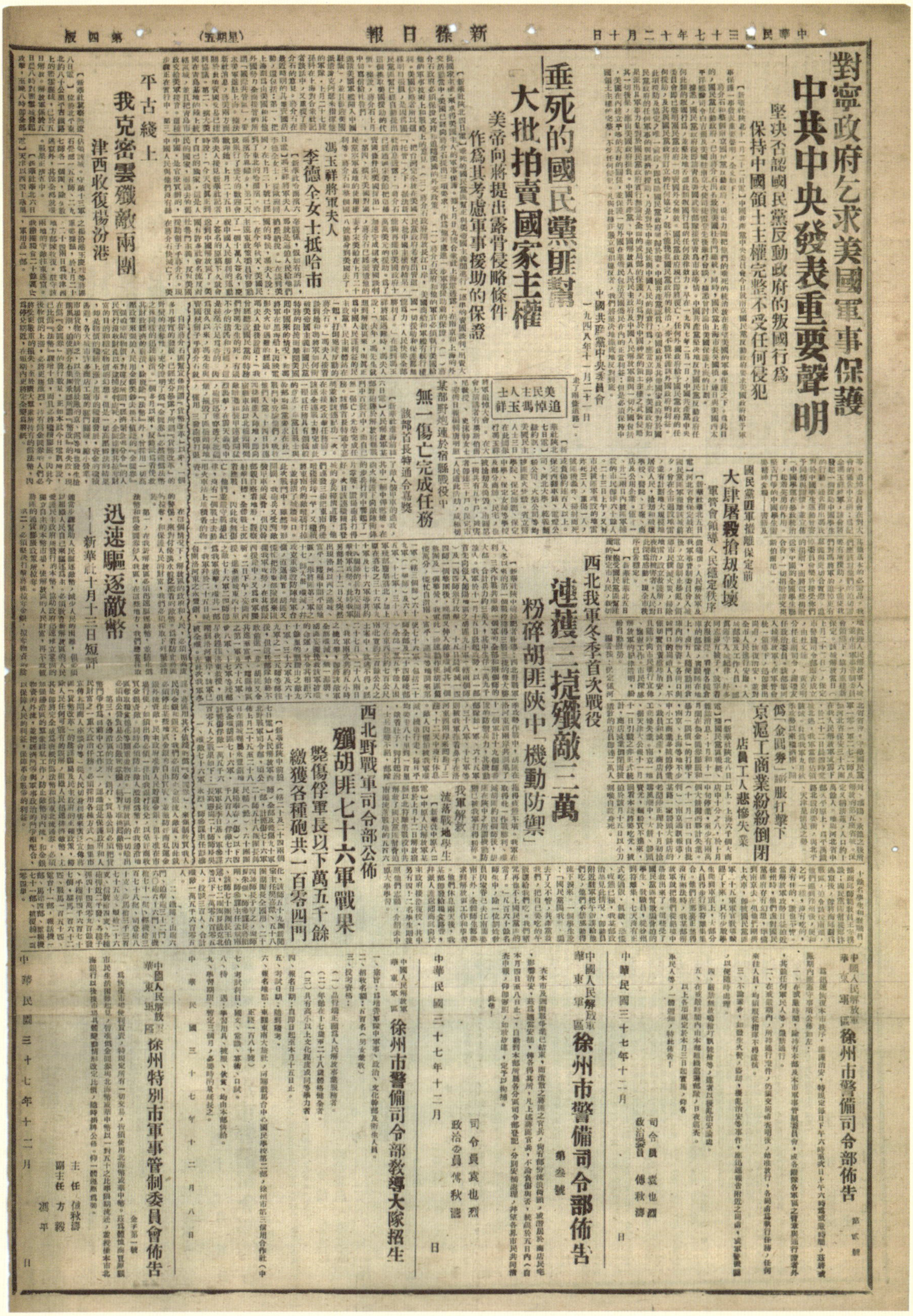
中華民國三十七年十二月十日
新徐日報
(星期五)
第四版
對寧政府乞求美國軍事保護
中共中央發表重要聲明
堅決否認國民黨反動政府的叛國行為
保持中國領土主權完整不受任何侵犯
中國共產黨中央委員會
一九四八年十一月二十一日
垂死的國民黨匪幫
大批拍賣國家主權
美帝向蔣提出露骨侵略條件
作為其考慮軍事援助的保證
馮玉祥將軍夫人
李德全女士抵哈市
平古綫上
我克密雲殲敵兩團
津西收復楊汾港
美民主人士追悼馮玉祥
無一傷亡完成任務
該部首長特通令嘉獎
迅速驅逐敵幣
——新華社十月十三日短評
國民黨匪軍撤離保定前
大肆屠殺搶劫破壞
軍管會領導人民穩定秩序
偽"金圓券"一蹶難打擊下
京滬工商業紛紛倒閉
店員工人悲慘失業
西北我軍冬季首次戰役
速獲三捷殲敵三萬
粉碎胡匪陝中"機動防禦"
西北野戰軍司令部公佈
殲胡匪七十六軍戰果
斃傷俘軍長以下萬五千餘
繳獲各種砲共一百零四門
中國人民解放軍華東軍區徐州市警備司令部佈告
中國人民解放軍華東軍區徐州市警備司令部佈告
中華民國三十七年十二月
中國人民解放軍華東軍區徐州市警備司令部教導大隊招生
中華民國三十七年十二月
中國人民解放軍華東軍區徐州特別市軍事管制委員會佈告
中華民國三十七年十二月

民国时期徐州地方报纸创刊号名录

| 序号 | 报刊名称 | 版面页数 | 时间 |
|---|---|---|---|
| 1 | 徐州日报 | 1张2版 | 1920年7月1日 |
| 2 | 新徐州 | 1张2版 | 1925年8月16日 |
| 3 | 新徐州报创刊纪念 | 1张2版 | 1925年8月16日 |
| 4 | 徐海日报 | 2张4版 | 1927年10月12日 |
| 5 | 徐州民国日报 | 2张4版 | 1928年1月1日 |
| 6 | 民众晚报 | 1张4版 | 1928年9月3日 |
| 7 | 徐州民报 | 1张4版 | 1928年11月1日 |
| 8 | 新徐日报（创刊） | 2张6版 | 1930年5月10日 |
| 9 | 徐州镜报 | 1张4版 | 1932年3月15日 |
| 10 | 晨报 | 1张4版 | 1932年7月11日 |
| 11 | 我们的晚报 | 1张2版 | 1932年7月18日 |
| 12 | 徐州光华通讯 | 3张3版 | 1932年10月11日 |
| 13 | 徐州公报 | 2张4版 | 1932年11月27日 |
| 14 | 徐州导报 | 1张2版 | 1933年3月25日 |
| 15 | 诚报 | 2张4版 | 1933年8月27日 |
| 16 | 钟报 | 1张2版 | 1933年9月19日 |
| 17 | 徐州日报 | 1张2版 | 1933年10月16日 |
| 18 | 公言报 | 1张4版 | 1933年11月8日 |
| 19 | 徐海新闻 | 2张8版 | 1933年11月24日 |
| 20 | 商报 | 1张4版 | 1933年12月2日 |
| 21 | 中华儿童日报 | 1张2版 | 1933年12月10日 |
| 22 | 苏北通讯 | 1本8页 | 1934年1月20日 |
| 23 | 徐州鸣报 | 1张2版 | 1934年3月1日 |
| 24 | 徐州实报一（创刊号） | 2张4版 | 1934年3月10日 |
| 25 | 徐州实报二（创刊号增刊） | 1张2版 | 1934年3月10日 |
| 26 | 新晚报 | 1张2版 | 1935年3月19日 |
| 27 | 徐报（复刊） | 半张 | 1945年9月14日 |
| 28 | 中报 | 1张2版 | 1945年10月10日 |
| 29 | 中原日报 | 1张2版 | 1945年12月1日 |
| 30 | 徐州民报 | 1张2版 | 1946年3月12日 |
| 31 | 新徐周报 | 1张4版 | 1946年4月1日 |
| 32 | 新生日报 | 1张4版 | 1948年5月20日 |
| 33 | 新徐日报 | 1张2版 | 1948年12月10日 |

# 后记

历时近两年，在市、县（市）、区档案馆和市有关部门的共同努力下，《江苏省明清以来档案精品选·徐州卷》终于付梓出版。

2011年末，江苏省档案局组织全省13家市级国家综合档案馆共同编纂《江苏省明清以来档案精品选》丛书，公布档案资源建设的丰硕成果，展示档案精品的独特价值，彰显江苏历史文化的深厚底蕴。按照省档案局的统一部署，徐州市档案馆举全市档案系统之力，充分酝酿，精心策划，广泛征求意见，制定了凸显徐州档案资源地方特色的档案精品申报标准和编写纲目、体例。依据申报标准，各相关单位深入挖掘馆藏资源，悉心搜集，严谨求证，共申报档案和资料约200余件（组）。在此基础上，市档案馆组织开展全市珍贵档案评选，广邀省、市有关专家、学者参与，最终确定57件（组）档案精品入选本书。继而组织精干力量，一一化解编纂中的难点与问题，经数易其稿，本书终于杀青，这是一个凝聚着集体智慧和辛劳的成果。

本书在编纂过程中，得到各县（市）、区档案馆、淮海战役纪念馆、徐州矿务集团档案馆等单位的大力支持，保证本书内容编写和照片提供等工作得以顺利完成。江苏省档案馆研究馆员奚博凯担任本书顾问，负责全篇审定，提出了许多精当、具体的修改意见，徐州工程学院教授陈为建对本书的英文目录进行了严谨的校核，徐州市档案馆的杨晓燕、吴海花、宫晓敏、李烁等同志为查阅档案提供了良好的服务，书中引用了徐州有关文史专家、学者的研究成果和专著文章等，在此一并向他们表示由衷的谢忱！

限于编者水平，在选材、加工和编排等方面，错误和疏漏在所难免，敬请读者提出批评和建议。

**编 者**

2013年7月

**图书在版编目（CIP）数据**

江苏省明清以来档案精品选·徐州卷 / 江苏档案精品选编纂委员会编. --南京：江苏人民出版社，2013.10
ISBN 978-7-214-10840-1

Ⅰ. ①江… Ⅱ. ①江… Ⅲ. ①档案资料—汇编—徐州市 Ⅳ. ①K295.3

中国版本图书馆CIP数据核字（2013）第240074号

| | |
|---|---|
| 书　　名 | 江苏省明清以来档案精品选·徐州卷 |
| 编　　者 | 江苏档案精品选编纂委员会 |
| 责任编辑 | 韩鑫　朱超　石路 |
| 责任监制 | 王列丹 |
| 出版发行 | 凤凰出版传媒股份有限公司<br>江苏人民出版社 |
| 出版社地址 | 南京市湖南路1号A楼，邮编：210009 |
| 出版社网址 | http://www.jspph.com<br>http://jspph.taobao.com |
| 经　　销 | 凤凰出版传媒股份有限公司 |
| 照　　排 | 江苏凤凰制版有限公司 |
| 印　　刷 | 江苏凤凰新华印务有限公司 |
| 开　　本 | 880毫米 × 1230毫米　1/16 |
| 总 印 张 | 227.5　插页56 |
| 总 字 数 | 1800千字 |
| 版　　次 | 2013年10月第1版　2013年10月第1次印刷 |
| 标准书号 | ISBN 978-7-214-10840-1 |
| 总 定 价 | 1500.00元（全14卷） |